集体协商
与
集体谈判

主 编◎唐 鑛 嵇月婷

COLLECTIVE CONSULTATION
AND COLLECTIVE BARGAINING

中国人民大学出版社
·北京·

前言

　　19 世纪末 20 世纪初，集体谈判作为欧美市场经济国家调整劳动关系的核心制度之一得以正式确立。之后经历过蓬勃发展的阶段，后又随着工会覆盖率的下降而逐渐走向没落，但中国的集体协商制度正稳步发展。党的十八大首次将"推行企业工资集体协商制度，保护劳动所得"写入报告，十八届三中全会进一步提出"健全工资决定和正常增长机制，完善企业工资集体协商制度"。在中央精神的指导下，中华全国总工会推出"两个普遍"战略部署，即"依法推动企业普遍建立工会组织"和"依法推动企业普遍开展工资集体协商"。根据中华全国总工会的数据，全国集体合同覆盖企业由 2009 年的 211.21 万家增至 2018 年的 402.1 万家，从数量上来看，我国的集体协商发展迅猛，但在质量上一直存在争议。因此，为了让更多的读者了解集体协商、充分发挥集体协商的效能，本书围绕集体协商的具体流程，立足中国情境，牢牢把握集体协商的中国特色，深入剖析集体协商的制度设计，为企业方和职工方主动拥抱集体协商提供基础，为更好地使用集体协商这一工具维护职工利益并促进企业发展提供思路。

一、从"集体谈判"到"集体协商"

　　本书中的集体协商与集体谈判是两个完全不同的概念。中国将西方的集体谈判制度本土化为集体协商制度，反映了劳动关系领域的中国特色，强调了在劳资关系中的合作而不是敌对关系。集体协商制度的中国特色产生的根本原因在于中国工会的独特性。在西方，工会仅代表工人的利益，并通过集体谈判使企业与员工处于平等地位。但是在中国，工会具有双重功能，它既代表国家的利益，又代表工人的利益。中国工会一方面必须坚持中国共产党的领导，党是工会思想、政治和组织上的领导，引导着工会的正确方向；另一方面，中国工会必须依照工会章程独立自主开展工作，履行各项职能。这使得中国集体协商的双方主体之间不存在根本冲突。另一个导致集体协商制度的中国特色产生的原因是中国的文化传统。首先，中国是一个权力距离比较大的国家。在这样的文化背景下，只要不影响个人与组织的生存，社会成员普遍接受人与人之间、组织与组织之间的权力差异，在这种文化背景下不易演变出西方那种地位相对平等的谈判机制。其次，中国拥有传统的"和合"思想。我国传统文化提倡"礼之用，和为贵"，"大一统"观念是"合"思想的主要体现。因此，中国的集体协商是建立在"劳动关系双方是命运共同体"这一基本共识之上的。这一基本共识，在民营企业表达为"家文化"，即企业和职工是一家人；在国有企业表达为"国有企业职工的主人翁地位"，即"职工是企业的主人"。因此，中国的集体协商是"协商"而非"谈判"。

二、中国集体协商的模式：统合模式

中国的集体协商模式可以概括为统合模式，这里的"统合"主要体现在两方面。一是集体协商代表的统合。在中国现实中，企业与职工双方要谈起来的话，往往需要一个有威信的组织者或召集人，因此在集体协商中一般有一个最高的领导者或统合者。在民营企业中，集体协商的最高领导者或统合者一般是企业的董事长，因此在很多进行集体协商的民营企业中，从集体协商筹备开始，会设立由民营企业所有者担任组长的集体协商工作领导小组；在国有企业，则是党委，因此国有企业从职工方协商代表的确定、协商议题的确定到最后形成的协商结果都会汇报给企业党委，听取党委的意见。同时，在很多企业工会并非独立，而是企业的一个组成部分。国有企业工会的本质特征是体制内工会，工会是企业的一个部门，工会主席相当于副总经理的级别。很多民营企业的工会也延续了这一特点，任命管理层人员担任工会主席。这都是集体协商企业方代表和工会代表统合的表现。二是集体协商目标的统合。中国集体协商双方的目标都是达成企业与员工的共赢。虽然在集体协商中企业方有关于效率的诉求，员工方有关于薪酬和劳动条件的诉求，但是通过理性的考量和交换妥协，最终企业行政方和员工方都会认同对方要求的合理性。这样的协商保证了双方的利益，实现了双方的长期合作与持续共赢。

三、中国集体协商的出路：与民主管理制度相结合

中国集体协商最大的问题在于形式化，为了解决这一问题，最好的方式就是将企业内部的集体协商制度与民主管理制度相结合。一方面，集体协商制度是民主管理制度的重要补充。通过集体合同可以将其他民主管理制度中达成的协商结果进一步固化，将其提升为集体合同确定的内容，增强了对于企业和员工双方的约束力。另一方面，民主管理制度为集体协商的有效运行提供了基础，是推行集体协商机制的重要依托。将民主管理机制贯穿于"集体协商启动前准备—正式集体协商—集体合同落实与履行"的全过程，可以使集体协商的内容得到更加充分的讨论与沟通，调动员工参加协商的积极性，也逐步解决集体协商流于形式的问题。

另外，将集体协商和民主管理相结合，还有其他优势。首先，扩大了集体协商的议题范围。民主管理的内容包含人力资源管理的各个方面，如员工招聘、岗位配置、培训发展、绩效考核、薪酬制度、职务晋升等。通过将集体协商与民主管理结合起来，可以在与职工切身利益有关的各个环节都进行集体协商。其次，增强了员工的参与感。在集体协商中，只有员工代表或者工会代表能够参加，但是在民主管理中，每个员工都可以发出声音，因此，集体协商前的民主协商程序，可以通过增加员工参与感增强员工对企业的心理契约，从而提高员工的满意度。最后，通过将集体协商与大民主管理制度相结合，使之成为企业的一个管理工具，帮助企业减少劳动关系双方的冲突，促进企业可持续健康发展，使得企业真正能够主动拥抱集体协商。

四、编写说明

集体协商的实践性很强，本书非常注重理论与实践的结合。本书涉及的理论知识均采用"经典之通说"，并以适用为度，避免过多地陷入理论争鸣。实践内容丰富，涉及集体协商的各个环节，既包括集体协商的一般策略和技巧、集体协商过程控制、僵局的处理等内容，还包括针对我国的集体协商制度提出的特别策略和技巧，以及细分不同议题的协商策略等，适于读者学习掌握和实际应用。案例的选取力求浓缩精华，具有针对性和典型性，有助于提高读者运用相关知识分析和处理实际问题的能力。

本书在结构上，针对集体协商活动的全过程，按照模块化的方式，分

别进行编写。根据集体协商的实际操作流程，本教材从四个部分来进行架构，共 12 章：第一部分是对集体协商的综合介绍，共四章，分别是集体协商概述、劳动关系与集体协商、国外集体谈判、集体协商的内容；第二部分是从流程的角度介绍如何进行企业集体协商，共四章，分别是集体协商的准备、集体协商的过程、集体协商的策略与技巧、集体合同的履行、变更、解除与终止。第三部分是指导如何进行区域性和行业性集体协商，共两章，分别是行业性与区域性集体协商概述、行业性与区域性集体协商的流程设计和过程控制。第四部分是集体协商制度的完善和争议处理，共两章，分别是集体协商争议的预防与处理、集体协商评估与改进。

尽管我们付出了很大努力，但由于研究水平有限，疏漏之处在所难免，敬请读者批评指正。

目录

第1编　导　论

Part¹

第 1 编

导　论

第 1 章

集体协商概述

↘ 学习目标

学完本章后，你应该能够：

- 理解为何进行集体协商。
- 理解什么是集体协商，集体协商与其他概念的区别和联系。
- 初步认识如何进行集体协商，集体协商的主体、内容是什么。
- 掌握我国集体协商制度的发展以及中国情境下集体协商的特色。

↘ 开篇引例

湖北省屈姑食品有限公司（简称"屈姑公司"）是一家从事农产品深加工的企业。虽然屈姑公司在经营过程中致力于提高科技水平，但从本质上说屈姑公司仍然是劳动密集型的制造业企业。随着我国经济发展方式的转变与供给侧结构性改革的推进，传统制造业的用工形势愈发严峻，这种行业的困境也影响了屈姑公司。在用工方面，屈姑公司存在职工方生产积极性不高、学习动力不足、流动性大等问题。屈姑公司花费大量人力、物力、财力研发出的新工艺、新产品随着研发人员的跳槽也被一并带到了对手企业，还往往伴随着客户信息、产品报价等商业机密的泄露，对屈姑公司的经营管理、长远发展极为不利。

在此情形下，屈姑公司尝试建立集体协商制度来加强企业与职工方之间的沟通协商，从而增强企业的凝聚力，减少职工方的流失率。2013 年，屈姑公司开展了第一次集体协商尝试，并在 2014 年开始了集体协商的进一步探索。随着集体协商的不断推进，集体协商内容从工资福利扩展到劳动安全保护等领域，现今屈姑公司已与职工签订了 1 次集体合同、4 次工资集体协商合同、1 次女职工权益保护合同及 1 次安全生产专项合同，就劳动报酬、工作时间、休息休假、劳动安全卫生等有关事项达成了合意。集体协商有效地缓和了劳企双方的矛盾，缓解了长期困扰屈姑公司的用工难题，打造了职工与公司高层之间沟通协商的平台，为其他企业集体协商工作的开展树立了"屈姑范例"。

第 1 节 ▶▶ 集体协商的界定

一、集体协商的基本概念

集体协商（collective consultation）在很多市场经济国家被称为"集体谈判"（collective bargaining）或"劳动关系争议谈判"。国际劳工组织在 1981 年通过的第 154 号公约《集体谈判公约》中将集体谈判概括为："雇主或雇主组织作为一方与工人组织作为另一方之间进行的所有协商活动，目的是决定工作条件和就业条款、规范雇主与工人之间的关系、规范雇主或雇主组织与一家或多家工人组织之间的关系。"由此看来，集体协商是指职工方集体性地通过工会或其代表人与企业方谈判雇佣条件，企业方必须参与，谈判结果具有法律约束力的一种解决劳动关系矛盾的机制和方式。

在中华全国总工会的官方网站上所提供的文件等相关信息中，均使用的是"集体协商"这一概念。这是由我国的语言文化和政治环境所决定的，汉语中的"谈判"，一般被认为带有对立、争斗的意味，"协商"则更强调劳动关系双方利益一致。我国集体协商制度是让双方在尽量考虑对方利益并做出让步的前提下共同商讨解决劳动关系的矛盾和问题，这是由法律保障的劳动力供需双方进行平等对话、民主决策的制度。

总体来说，在我国，集体协商是指职工一方的代表与企业方面的代表，就签订集体合同或专项集体合同或其他劳动关系的事项，依法进行商谈的行为。①

二、集体协商制度的功能与作用

集体协商制度是劳动关系调整的重要机制。集体协商制度在保护和增进劳动者权益、促进企业健康发展、构建和谐劳动关系方面，都具有不容忽视的独特作用。

（一）集体协商制度有助于实现职工参与和民主管理

在个别劳动关系中，企业的经营管理规则、劳动条件、劳动报酬的确定往往都是企业单方面的行为，企业管理方说了算。集体协商制度则搭建了平等协商这个平台，使劳动关系双方可以共同讨论和分析企业经营发展状况，商议确定劳动条件、劳动标准，甚至包括重要的企业规章。劳动关系双方协商的过程，就是职工关注企业发展、参与企业管理，管理方与职工方交流、沟通、互动的过程。这种协商民主的制度安排，有利于促进企业管理的民主化和社会的民主化。

（二）集体协商制度有助于减少劳动关系双方的冲突

企业集体协商是在企业内部解决劳企冲突的重要途径，也是冲突管理系统的重要组成部分。企业构建集体协商这一机制的重要原因就是希望在内部第一时间解决劳企冲突。集体协商的本质是职工方参与，在日常的劳企沟通过程中将双方的分歧化解，集体协商会议、签订集体合同只是这一系列劳企沟通过程的结果。

在集体协商的过程中，大部分可能的冲突都被集体协商制度以及前期的民主沟通的制度化解，避免了大规模的劳企冲突对劳企关系的破坏。因此，企业集体协商是企业进行冲突管理的重要机制，主要作用体现在冲突的预防和解决两方面。

（三）集体协商制度有助于发挥劳动者团体的力量

集体协商制度，由劳动者的代表组织工会实施，有助于缓解个别劳动

---

① 中华全国总工会组织部，中华全国总工会集体合同部．全国工会工资集体协商培训教材．北京：中国工人出版社，2011.

关系中双方地位不平等的境况。在个别劳动关系中，劳动者处于明显的弱势地位，单个的劳动者很难与强大的资方抗衡；劳动者组成工会，通过集体的力量与资方协商，才能实现劳动关系双方力量的相对均衡。借助集体的力量使劳动关系双方的实际地位处于相对平等的状态。

国际劳工组织积极鼓励各国劳资双方自愿进行集体协商，通过签订集体合同来规定工人的就业条件，调整劳动关系。集体协商制度的实施，促进劳动关系体系内的权利结构的相对平衡。

（四）集体协商制度有利于从整体上维护职工的利益

伴随经济的发展、社会的进步，广大劳动者迫切希望分享发展成果，改善和增进自己的权益。要满足这些诉求仅仅依靠法定的基本标准是远远不够的。集体协商制度为职工提供了一个平台，保障职工群体可以通过法定的途径和手段，与企业方平等地坐在一起，协商讨论上述话题，表达职工群众的期望与诉求，更好地保护和增进职工的权益。通过集体协商确定的优于劳动法标准的劳动条件与标准，覆盖到每个职工的劳动合同，使每个职工受益，从整体上维护和增进了劳动者的利益。

（五）集体协商制度促进企业可持续健康发展

从企业运行角度看，集体协商制度的有效运行也可以促进企业健康发展。虽然集体协商的主要内容是维护和增进职工的权益，但在协商过程中双方本着求同存异、平等合作的态度共同商讨企业经营管理，特别是劳动关系领域的各项事务，在企业生产发展的基础上改善职工的劳动条件，使其能够分享经济发展的成果，其客观效果能够达到调动劳动者生产积极性的目的。即便遇到不利环境，劳动关系双方也可以通过协商，共同应对。劳动者权益得到保护和增进，可以促进劳动关系的稳定，从而为企业的生产经营提供良好的可持续发展的环境，实现双赢。

（六）集体协商制度有助于形成企业与职工的命运共同体

集体协商最重要的价值并非达成的利益分割结果，而是在追求民主参与、劳企合意的过程中形成的劳动关系双方相互信任的命运共同体。集体协商的价值在于虽然是对工资、劳动保护等问题进行协商，但是双方建立在长期合作意愿的基础上，为了企业更好地发展、共同发展进行协商。同时，通过集体协商，职工方更加了解企业的经营状况、发展规划，企业方也更加了解职工方的个人诉求和发展预期，双方由原本斤斤计较的利益关系转化为一种基于长期信任的事业共同体甚至是命运共同体，这将整个企业的劳企关系格局提升了一个档次。

三、集体协商与个别协商的区别与联系

集体协商区别于雇主与单个劳动者之间的个别协商。前者的目的是签订集体合同，后者的目的是签订劳动合同。集体合同制度与劳动合同制度都属于重要的劳动法律制度，它们的目的都是规范双方的权利义务关系，解决工作场所中共同关注的问题，但它们又是两种完全不同的制度，两者之间存在明显的区别。

（一）两种合同的主体不同

劳动合同是由劳动者个人与企业方签订的，签订劳动合同意味着双方建立了劳动关系。集体合同是由工会或职工推选的代表与企业方签订的。我国《劳动法》第三十三条规定，"集体合同由工会代表职工与企业签订；没有建立工会的企业，由职工推举的代表与企业签订"。由此可见，集体合同的主体一方是用人单位，另一方是职工的代表——工会，没有建立工会的则是全体职工推举的代表。总之，集体合同的劳方主体是劳动者经法定民主程序产生的全体劳动者的代表者而不是劳动者个人。

（二）两种合同的内容不同

劳动合同的内容是确定劳动者个人与企业的劳动关系，规定劳动者具体的劳动条件、劳动报酬，约定劳动关系双方的权利义务关系，规范个体劳动关系。集体合同是从整体上调整企业的劳动关系，约定用人单位全体劳动者的劳动标准及劳动条件，涉及集体劳动关系的调整。

（三）两种合同的效力层次不同

劳动合同和集体合同都具有法律效力，但是集体合同的效力要高于劳动合同。我国《劳动法》第三十五条规定："依法签订的集体合同对企业和企业全体职工具有约束力。职工个人与企业订立的劳动合同中劳动条件和

劳动报酬等标准不得低于集体合同的规定。"换句话说,从适用范围看,集体合同确定企业整体劳动条件、调整企业整体劳动关系,其内容适用于企业全体职工;劳动合同只涉及劳动者个人与企业的个别劳动关系,因此效力范围有限。另外,集体合同是企业订立劳动合同的重要依据,集体合同约定的标准对劳动合同具有约束作用。

显然,集体合同与劳动合同存在明显的区别,具有不同的功能,不可相互替代。但是,两种合同都涉及劳动关系的重要内容,所以又存在着紧密的联系。在个别劳动关系中,劳动者个人与用人单位通过劳动合同建立劳动关系,明确双方的权利和义务。但由于劳动者具有人身隶属性,其在与企业签订劳动合同的过程中,往往处于一种弱势的地位。为了缓解个别劳动关系的不平等,劳动者个人可以通过工会和职工代表与企业进行平等协商,用集体的力量以协商方式对劳动关系进行规范和调整,并最终通过集体合同确定和提升全体职工的利益,弥补劳动合同的不足。因此,劳动合同与集体合同又存在着密切的联系。

四、我国集体协商制度的发展沿革

我国的集体合同制度最早起源于劳动立法运动。1922 年,中国共产党建立的公开领导工人运动的总机关——中国劳动组合书记部发布的《劳动法大纲》中明确提出劳动者有缔结团体契约权。国民党政府 1930 年颁布的《团体协约法》承认工人团体有与雇主或雇主团体通过集体协商缔结团体协议的权利。同期,在中国共产党领导下的革命根据地,集体合同制度也受到了党和人民政权的重视。1930 年全国苏维埃区域代表大会通过的《劳动保护法》明确规定工会为代表工人利益机关,有代表工人与雇主缔结团体契约之权。1931 年中华苏维埃工农兵第一次代表大会通过了《中华苏维埃共和国劳动法》,对建立集体合同制度做出规定,并对集体合同的内容、法律效力提出了具体要求。

中华人民共和国成立后,集体合同制度经历了比较曲折的发展过程。中华人民共和国成立初期曾经在私营企业和国营企业中实行过集体合同制度,如 1949 年 11 月 22 日中华全国总工会颁布了《关于私营工商企业劳资双方订立集体合同的暂行办法》;1953 年纺织工业部和中国纺织工会全国委员会发布了《关于在国营工厂中签订集体合同的联合指示》;1955 年中华人民共和国重工业部和中国重工业工会全国委员会联合发布了《关于生产厂矿签订集体合同的指示》。随着资本主义工商业社会主义改造的基本完成和计划经济体制的完全确立，集体合同制度逐步停止实行。

改革开放以来，集体协商集体合同制度得以恢复，制度确立和发展经历了三个主要阶段。

（一）制度确立阶段（1978—2000 年）

1978 年以来，随着经济体制改革的推进，我国的社会主义市场经济体制逐步确立，经济组织的结构、劳动组织形式、劳动者就业形式、分配关系等发生了深刻的变化，劳动关系也随之发生了深刻的变化，迫切需要建立健全适应社会主义市场经济发展要求的劳动关系调整机制。原有对国有企业工资的计划性管理手段逐步退出历史舞台，对于非公有制企业又迫切需要建立起符合市场经济体制要求的工资和劳动标准决定机制。

在这种背景下，集体协商集体合同制度呼之欲出。1992 年修订的《工会法》提出，工会可以代表职工与企业、事业单位行政方面签订集体合同。1993 年国家提出通过行业或企业的集体协商谈判确定工资水平增长的改革目标，到 1994 年，《劳动法》和《集体合同规定》发布，确立了企业职工一方与企业就劳动报酬及多项劳动标准进行平等协商、签订集体合同的要求。

1996 年《劳动事业发展"九五"计划和 2010 年远景目标纲要》提出，要通过试点，逐步建立以集体协商和集体合同为基本形式的劳动关系主体自主协商机制。非公有制企业和实行现代企业制度的国有企业以及其他具备条件的企业，要通过集体协商签订集体合同确定企业的劳动标准，规范企业经营者和职工的劳动行为。此后，在部分外商投资企业、私营企业以及改组为股份有限责任公司的企业中试行了集体协商决定工资标准和增资水平的制度。2000 年，劳动和社会保障部颁发《工资集体协商试行办法》（部令第 9 号），规范了工资集体协商和签订工资集体协议的行为，确定了已建立企业工会的非公有制企业和已改制的国有企业积极实施工资集体协商的思路。

集体协商制度建设也得到劳动关系三方的共同重视和支持，为加大集体协商推进力度创造了有利条件。全国总工会下发《工会参加工资集体协商的指导意见》，详细规定了工资集体协商的范围、原则、内容和程序等。大连、镇江、上海、北京等地还率先培训工资集体协商的专业人员，组建了工资集体协商顾问团、义务指导员等各种形式的协商指导员队伍。

（二）全面推进阶段（2001—2013 年）

在各类企业普遍推进集体协商集体合同工作的基础上，2003 年我国首次提出了开展区域性行业性集体协商、签订区域性行业性集体合同试点的要求。为进一步扩大集体协商特别是工资集体协商的覆盖面，解决大量中小企业劳动关系不规范、职工工资低和增长缓慢的问题，2006 年劳动和社会保障部、中华全国总工会、中国企业联合会/中国企业家协会联合发布了《关于开展区域性行业性集体协商工作的意见》，明确提出"要将职工工资水平、工作时间以及与此直接相关的劳动定额、计件单价等劳动标准作为区域性行业性集体协商的重点，通过集体协商妥善处理各方的利益分配关系，推动企业建立正常的工资决定机制"。

自 2007 年起，国家协调劳动关系三方会议明确提出在全国范围内启动集体合同制覆盖计划；2008 年实施的《劳动合同法》设专门章节对集体协商和集体合同制度再次进行法律层面的规范，不仅明确规定企业劳动关系双方可订立工资调整机制专项集体合同，也明确规定了行业性和区域性集体协商的法律地位。2008 年 3 月，推进集体协商制度工作第一次写入政府工作报告。2009 年 7 月，中华全国总工会下发了《关于积极开展行业性工资集体协商工作的指导意见》。

2010 年，人力资源和社会保障部、中华全国总工会、中国企业联合会/中国企业家协会联合下发了《关于深入推进集体合同制度实施彩虹计划的通知》，提出了"整体部署，依法推进，因企制宜，分类指导"的总体思路和原则，确立了用三年时间基本在各类已建工会的企业实行集体合同制度的目标任务。在这些法规、政策和文件的指导下，各地加大了促进集体协商制度建设工作力度，结合本地实际采取了多种措施推进集体协商。2011 年《人力资源和社会保障事业发展"十二五"规划纲要》强调以企业集体协商为主体，以行业性、区域性集体协商为补充，努力扩大集体合同制度覆盖面。

（三）提质增效阶段（2014 年至今）

2014 年，针对集体协商建制不平衡、实效性不强，部分集体合同质量不高等问题，国家三方四家（人力资源和社会保障部、中华全国总工会、中国企业联合会、中华全国工商业联合会）联合下发了《关于推进实施集体合同制度攻坚计划的通知》，实施分类指导，做到因企制宜、分企施策，努力增强集体协商针对性和实效性；继续以非公有制企业为重点对象，积极推进工资集体协商。同年，中华全国总工会在初步实现集体协商建制目标的基础上，根据新时期广大职工对美好生活的多元化需求，下发了《关于提升集体协商质量增强集体合同实效的意见》《中华全国总工会深化集体协商工作规划（2014—2018 年)》。这些政策文件高度强调把提升集体协商质量、增强集体合同实效作为今后一个时期的工作重点，提出建立健全以维护职工合理权益、改善企业生产管理、促进劳动关系和谐稳定为导向的，指标可量化和操作性较强的质效评估办法，逐步形成规范有效的集体协商机制。

2015 年，中共中央、国务院《关于构建和谐劳动关系的意见》将推行集体协商和集体合同制度作为健全劳动关系协调机制的重要内容。2017 年十九大报告要求完善政府、工会、企业共同参与的协商协调机制。

截至 2017 年末，全国报送人力资源和社会保障部门审查并在有效期内的集体合同累计为 183 万份，覆盖职工 1.6 亿人。

第 2 节 集体协商的类型

按照不同的标准，可将集体协商分为多种不同的协商类型。按照集体协商涉及的内容，可分为综合性集体协商和专项集体协商[1]；按照集体协商覆盖的范围，可分为全国性集体协商、产业（集团）级集体协商、行业性集体协商、区域性集体协商和企业集体协商。我国主要以后三种类型为主。

一、按照集体协商涉及的内容划分

（一）综合性集体协商

综合性集体协商是指劳动关系双方就劳动报酬、工作时间、休息休假、

---

[1] 张建国. 集体协商工作问答. 北京：新华出版社，2012.

劳动安全卫生、女职工和未成年工特殊保护、职业技能培训等所有与劳动关系相关的问题进行的综合性协商。

(二) 专项集体协商

专项集体协商是指劳动关系双方单独就劳动关系中的某一方面问题，如工资、女职工特殊权益保护、劳动安全卫生等问题进行的协商。如工资集体协商是指劳动关系双方就企业内部工资分配制度、工资分配形式、工资支付办法、工资标准等事项进行平等协商的行为。目前，我国的专项集体协商主要包括工资集体协商、女职工权益保护专项集体协商和劳动安全卫生专项集体协商。

二、按照集体协商覆盖的范围划分

总的来说可以分为两类：企业集体协商以及行业性与区域性集体协商。其中行业性与区域性集体协商又可分为全国性集体协商、产业（集团）级集体协商、行业性集体协商以及区域性集体协商。

(一) 全国性集体协商

又叫中央级集体协商，是指由企业的全国性组织与劳动者整体的全国性组织，就劳动关系的根本性问题举行的集体协商形式。举行中央级集体协商的国家比较少，世界上比较著名的有比利时、芬兰、挪威、爱尔兰、丹麦等国家。

(二) 产业（集团）级集体协商

由产业工会与相应的产业雇主团体就产业内劳动关系有关问题进行协商。这个级别的集体协商主要集中在西欧和北欧国家，如法国、荷兰、德国、意大利、西班牙等国家。[1] 目前，我国法律没有关于开展产业级集体协商的规定，但有这方面的实践，如上海有不少产业（集团）进行了产业（集团）级的集体协商。

---

[1]　刘燕斌．国外集体谈判机制研究．北京：中国劳动社会保障出版社，2012.

（三）行业性集体协商

行业性集体协商是指在同行业企业相对集中的区域，由行业工会组织代表职工与同级企业代表或企业代表组织，为签订行业内集体合同或专项集体合同进行商谈的行为。行业性集体协商有助于针对行业的特点对本行业的突出问题进行改进，更好地协调行业劳动关系问题，减少劳动冲突和劳动纠纷。在突出行业特点的基础上，有助于推动劳动关系双方就各方的权利和义务制定更为合理、完善的行业集体合同。

（四）区域性集体协商

区域性集体协商是指以行政区域（如镇、区、街道、村、经济开发区、工业园区等）为单位，由区域工会组织与相应的区域企业组织或区域内企业方推选产生的代表，依照国家法律法规，为签订覆盖本地区所有企业的区域性集体合同而进行的商谈的行为。区域性集体协商有助于解决我国非公有制小企业发展过程中出现的劳动关系问题。非公有制小企业数量多、分布广、规模小、职工流动性大，更容易产生劳动关系方面的冲突和纠纷。区域性集体协商可以增强职工自我保护意识和能力，同时也可以帮助缺乏解决劳动问题经验的企业更好地协调劳动关系双方的矛盾。

（五）企业集体协商

企业集体协商是指在企业内部，由企业方与劳动方，就本企业劳动关系具体问题，为签订企业内集体合同、专项集体合同或解决劳动关系问题进行商谈的行为。这种类型的集体协商在国际上主要出现在日本、韩国、美国和英国等国家。它包括企业集团层次的集体协商、企业工作场所的集体协商，以及像英国一些地方出现的车间或部门的集体协商。

企业集体协商维护了劳动者的利益，同时也为用人单位的利益提供了一种保障。首先，职工方与用人单位进行协商，用人单位更易了解劳动者的真实想法，减少获取这些信息的人力、物力的支出，并且能够获得真实可靠的信息，为之后做出正确的决策奠定良好的基础。其次，通过实行集体协商制度，劳动者的权利得到切实保障，同时也使劳动者更全面地了解企业的发展状况和未来的发展方向，并以此作为劳动者今后工作的目标和使命。通过集体协商，劳动者与用人单位之间更能成为利益共享、风险共担的利益共同体，劳动者会为企业和自己的利益加倍努力，实现双方共赢的局面。最后，劳动关系双方发生冲突时，劳动者往往会采取比较极端的行为，给用人单位造成损失。如果双方长时间没有沟通，彼此会产生不信任和误解，形成一种恶性循环。定期的集体协商可以使双方的矛盾在沟通中化解，形成良好的劳动关系。

我国目前的集体协商主要是在企业这一层面上推行实施的。企业集体协商操作简单、灵活性强、经济实用性高。企业内部有效开展集体协商有利于协调劳动关系，预防和化解劳动关系纠纷，提高职工参与治理的积极性。

第3节 集体协商的范围

根据《劳动法》第三十三条的规定："企业职工一方与企业可以就劳动报酬、工作时间、休息休假、劳动安全卫生、保险福利等事项，签订集体合同。"《劳动合同法》第五十一条规定："企业职工一方与用人单位通过平等协商，可以就劳动报酬、工作时间、休息休假、劳动安全卫生、保险福利等事项订立集体合同。"国际劳工组织第154号公约《促进集体谈判公约》第2条指出，集体谈判的目的包括：（1）确定劳动和就业条件；（2）解决雇主和工人间的关系；（3）解决雇主或其组织同一个或数个工人组织之间的关系。可见集体协商可以包括劳动报酬、工作时间、休息休假、劳动安全卫生、保险福利乃至劳动关系等诸多内容。

一、劳动报酬问题

西方市场经济国家的集体谈判大多有劳动报酬问题。日本工会每年"春斗"的主要内容就是劳动报酬问题。劳动报酬问题包括：工资水平与增幅、工资结构、最低工资、加班工资、工资支付等。工会与企业方面的协议往往是双方权衡的结果，工会可在对企业经营、劳动生产率、通货膨胀率、行业（地区）工资水平等数据进行综合分析后提出自己的要求。

二、工作时间问题

工作时间的缩短是工会长期奋斗的结果，国际劳工组织第 47 号公约要求各国实现每周 40 小时工作制。根据国务院的规定，从 1995 年 5 月 1 日起我国实行每天 8 小时、每周 40 小时工作制。但是一些企业在谋取利益时采取侵占劳动者的正常休息时间的方式。工会可在集体合同中对于工时问题进行规定。

三、休息休假问题

享受不进行劳动或工作的休息时间和法定节假日是劳动者的合法权益。通过休息，劳动者可以充分恢复体力和精力，提高工作效率。在集体合同中可根据企业的实际情况，确定不少于国家规定的休息休假时间，并对加班职工做出补偿安排。

四、劳动安全卫生问题

保护劳动者的人身安全，本着"安全第一，预防为主"的原则，改进劳动条件和安全水平是工会的重要任务，也是在集体合同中需要考虑的条款。在集体合同中可根据实际生产运营情况，要求雇主提高劳动保护水平，防范职业病，并就安全生产和劳动卫生问题进行培训。

五、保险福利问题

保险涉及劳动者的"未来收入"，福利是普遍性、集体性地帮助职工改善生活水平和质量的物质帮助。在企业可承受的范围内，在集体合同中可就此方面做出规定。同工资一样，能够提高工作效率、企业效益的相关内容往往容易得到双方认同。

六、其他内容

集体协商还可包括如下内容：

（1）女职工和未成年工特殊保护。主要包括：女职工和未成年工禁止从事的劳动，女职工的经期、孕期、产期和哺乳期的劳动保护，女职工、未成年工定期健康检查，未成年工的使用和登记制度。

（2）职业技能培训。主要包括：职业技能培训项目规划及年度计划，职业技能培训费用的提取和使用，保障和改善职业技能培训的措施。

（3）劳动合同管理。主要包括：劳动合同签订时间，确定劳动合同期限的条件，劳动合同变更、解除、续订的一般原则及无固定期限劳动合同的终止条件，试用期的条件和期限。

（4）奖惩。主要包括：劳动纪律，考核奖惩制度，奖惩程序。

（5）裁员。主要包括：裁员的方案，裁员的程序，裁员的实施办法和补偿标准。

（6）集体合同期限。

（7）变更、解除集体合同的程序。

（8）履行集体合同发生争议时的协商处理办法。

（9）违反集体合同的责任。

（10）双方认为应当协商的其他内容。

第4节　集体协商的主体

集体协商的主体，也是签订集体合同的当事人，仅限于劳动关系中的职工方和企业方。集体协商不是职工方个体和企业方的协商而是一种团体行为，即企业方及其组织与职工方组织的协商和谈判。各国对于集体协商主体的要求不尽相同，下面以我国《集体合同规定》为例，介绍集体协商主体。

一、企业方主体

企业方主体，一是具有法人资格的企业和实行企业化管理的事业单位，或企业法人根据情况授权委托的分支机构；二是雇主或雇主代表组织；三是小企业以进行集体协商为目的的行业性与区域性企业联合会组织。

二、职工方主体

职工方主体是与企业一方主体相对应的全体职工或全体职工依照法定程序推举产生的职工代表。在集体协商制度实践中，建立工会组织单位的职工协商代表一般由本单位工会经相应的民主程序认定后选派，或由工会提名候选人，经工会会员代表大会或职工代表大会民主选举产生。首席代表由工会主席担任，未建立工会组织单位的职工协商代表由本单位职工民主推举，并须经本单位半数以上职工同意。行业性与区域性职工协商代表由所在的乡、镇、街道、社区、村工会组织所覆盖的辖区内企业的职工代表会议民主选举产生或从该职工代表会议的职工代表中推荐，经该职工代表会议审议通过后予以确认。

三、第三方组织

（一）政府

1. 政府的角色

政府"第三方"角色主要体现在：第一，政府是集体谈判制度和规则的制定者，政府通过法律法规的形式介入集体谈判；第二，政府是劳动关系纠纷的调停者和仲裁者。中国政府在集体协商中不仅扮演"第三方"的角色，有时还参与协商过程。在《劳动法》及《集体合同规定》等法律法规中，政府被赋予的仍然是"第三方"的角色，这种角色和身份与欧美国家相差无几。但是，在党政主导情况下，一方面，政府扮演"第三方"的角色，制定集体协商的制度与规则；另一方面，在签订集体合同和扩大覆盖面工作上，政府作为主导者，直接与企业方博弈。因此，在中国，集体协商虽然在法律上仍然被界定为劳动关系双方协商，但在具体工作中则成为党政联合工会与企业方的博弈。①

2. 政府的职责

（1）规范集体协商。政府行使规范集体协商的职责，是指为集体协商制度确立法律和政策依据，明确双方的权利义务，明确开展这项工作的程

---

① 吴清军. 集体协商与"国家主导"下的劳动关系治理——指标管理的策略与实践. 社会学研究，2012（3）：66－89＋243.

序、内容和争议解决途径，认可集体合同或协议的法律效力。主要包括促进立法、订立规则、认可集体合同的法律效力。

促进立法是指政府赋予集体协商集体合同制度法定地位，保护劳动者行使集体协商的权利，创建劳动关系双方互相平等对话、互相制衡的机制，为开展自主平等的协商铺平道路。政府应通过法律明确主体双方的资格，规定主体双方参加集体协商的责任和义务，明确集体合同的约束力，等等。政府作为促进立法的主体，还应制定劳动基准法律和各项基本劳动标准，促使劳动关系双方在遵循劳动法基本规则和基本劳动标准的基础上协商确定适合其特点的劳动标准。

订立规则是指政府不断完善集体协商机制，制定和完善一系列实施集体协商的具体规则和准则，为集体协商的形式、内容、程序等提供规范性要求，确定集体合同的生效方式，使集体协商行为有序进行。

认可集体合同的法律效力是指政府依据行政权力，宣布集体协商过程有效、集体协商结果具有法律效力，使之得到法律支持和保护。目前法律效力证明的形式是人力资源社会保障行政部门对集体协商主体报送的集体合同进行审查。在集体合同有效期限内，由于签订集体合同所依据的客观情况发生重大变化或因不可抗力的原因致使集体合同不能履行，需要提前解除集体合同的，也可以通过书面形式报告审查该集体合同的行政部门。

（2）促进集体协商有效开展。承担促进集体协商普遍有效开展的职责，是指政府为实施集体协商集体合同制度创造良好的条件、提供有益的支持，主要包括倡导协商文化、推进集体协商主体建设、为协商主体提供指导和服务。

倡导协商文化是指政府提升和推广全社会对集体协商集体合同制度必要性、重要性的认识，打消顾虑、消除误解，鼓励诚信协商和平等协商，为企业方和工会之间开展集体协商创造良好的社会环境，促进双方更好地开展协商与对话。

均衡对等的地位、自主的权利和意愿表达是集体协商机制的基本原则，我国劳动关系双方主体及其组织的发育均不成熟、不到位，在一定程度上影响和制约着这个基本原则的实现。推进集体协商主体建设是指政府以适当方式培育合格的、规范的主体双方，建立和完善企业组织，推动工会和企业组织更好地发挥作用，为开展集体协商做实组织基础。这是具有中国特色的政府职责内容。

为协商主体提供指导和服务是政府对开展集体协商进行间接引导支持的方式，包括做好政策宣传、解读，向协商双方提供有助于达成集体合同（专项集体合同）的各种数据、信息和分析指引，如重要宏观趋势、行业发展形势和用工状况等，使集体协商主体更好地了解和把握政府的调控意图，避免用工双方的盲目行为，顺利高效地达成和履行集体合同。

（3）预防和处理集体协商争议。集体协商机制本身是一种利益协调机制和冲突解决机制，以平衡劳动关系双方诉求差异和解决冲突为其首要目的。但是如果双方在集体协商过程中对于相关规定和政策的理解不一致、不到位，或者在协商过程中不能有效协调双方的具体利益差异，或者不能完全履行已生效的集体合同，反而会带来与集体协商相关的争议。政府有责任预防和减少因集体协商产生的分歧，妥善处理集体协商争议。

预防集体协商争议主要是指政府促进双方履行协商责任和义务，避免因不能开展协商而引发的权利争议。在权利争议发生时，能够及时介入，在必要时依法依规进行调解、处置；政府采取适当方式对集体合同履行情况进行监督检查和指导，也是避免集体协商争议的重要内容。

处理集体协商争议是指集体协商遇到障碍时或发生利益争议时，政府有责任针对集体合同执行中出现的矛盾或纠纷引导主体双方协商处理，或进行调处，或导入仲裁及诉讼等途径。

此外，为了使集体协商集体合同制度建设有良好的环境，人力资源社会保障行政部门还应不断在规划就业、开发人力资源、支持劳动力市场开放、劳动监察和加强社会保障制度建设等方面发挥更积极有效的作用。

劳动关系运行存在普遍突出问题的行业主管部门，如交通、建设、市政等行业的主管部门亦应主动参与、积极协调，维护特定劳动者群体的基本劳动保障权益，解决相关企业的劳动关系突出问题，构建行业集体协商集体合同制度，发挥好协同作用。国有资产监管等部门有责任推动国有和国有控股企业开展适应国有企业特点的集体协商，根据国家宏观调控原则和方向，重点协商确定企业内部的分配制度、分配形式和分配差异等问题。

市场监管、税务、中国人民银行等有关管理部门，可以探索支持集体协商制度建设的激励约束的政策措施。

从长期来看，在劳动关系双方协商共决的机制完备成熟，法制环境及社会环境也比较充分完善时，政府的职能就可以逐步收缩，从主导推动的角色相应地调整为以监督执行和调节调停、妥善处理矛盾，维护有序的劳动关系运行和正常生产秩序及社会秩序为主。

（二）国际劳工组织

国际劳工组织支持各国政府履行其国际义务，即尊重、促进和实现集体谈判权利的有效承认，并采取措施鼓励自愿协商机制的充分发展。具体措施包括建立一个监督体系，以此来帮助批约国实施公约并为其提供技术援助。监督体系方面，国际劳工组织有一个独特的监督体系，以确保国际劳工标准得到实施。该监督体系有两个主要组成部分，即一个标准实施的正常监督体系和一个结社自由特殊程序。技术援助方面，国际劳工组织通过咨询服务、技术合作项目、研究与知识分享以及培训为成员国提供援助。

拓展阅读

国际劳工组织与集体谈判

国际劳工组织成立于1919年，1946年成为联合国处理劳工问题的专门机构，总部设在瑞士日内瓦。国际劳工组织制定国际劳工标准、促进工作中的权利、提倡体面的就业机会、加强社会保护，并针对工作相关的议题开展对话。国际劳工组织具有独特的三方成员架构，它将政府、雇主和工人代表汇集在一起，以平等的地位共同推动人人享有体面劳动。

结社自由和有效承认集体谈判权利是工作中的基本原则和权利，并被载入国际劳工组织章程中。国际劳工组织制定了一系列的规范，在鼓励和促进集体谈判的充分发展方面为各成员国提供指导和帮助。

国际劳工组织制定的关于集体谈判的规范框架由宣言、公约和建议书构成。后两者通常被称为国际劳工标准。

一、国际劳工组织宣言

宣言是关于原则、政策和愿景的正式声明。宣言经由国际劳工大会通过并适用于所有国际劳工组织成员国（目前有187个成员国）。多项国际劳工组织宣言均正式提及集体谈判。

1944年《费城宣言》是国际劳工组织章程的附件和不可缺少的组成部分，国际劳工组织在该宣言中承诺促进集体谈判权利的有效承认。

1977年《关于多国企业和社会政策的三方原则宣言》（2017年更新至第5版）就结社自由、组织权利与集体谈判权利作为构建良好产业关系的要素提供了指导。

1998 年《关于工作中基本原则和权利宣言》将四项工作中的原则和权利确立为基本原则和权利：

（1）结社自由和有效承认集体谈判权利。

（2）消除一切形式的强迫或强制劳动。

（3）有效废除童工。

（4）消除就业与职业歧视。

该宣言规定所有成员国，即使没有批准相关公约（见下文中的基本公约），基于其成员国身份，也有义务本着诚信原则和根据章程规定尊重、促进和实现这些公约中规定的基本权利和原则。因此，只要加入了国际劳工组织，所有成员国就接受了一项义务，即尊重、促进和实现集体谈判权利的有效承认。

最后，2008 年通过的《国际劳工组织关于争取公平全球化的社会正义宣言》重申，结社自由与有效承认集体谈判权利对于实现体面劳动四大战略目标（就业、社会保护、社会对话、工作中的权利）尤其重要。

二、国际劳工标准

国际劳工标准是由国际劳工组织三方成员制定的法律文件，规定了工作中最为基本的原则和权利，基本形式包括公约和建议书。

公约是可以由成员国批准的具有法律约束力的国际条约。公约中规定了批约国要实施公约的基本原则。批准公约具有法律约束力。国家批准一项公约，即承诺在本国法律和实践中适用公约，并就实施公约所采取的措施定期提交报告。国际劳工组织目前有 189 项公约，中国批准了其中的 25 项公约，包括《同工同酬公约》《最低就业年龄公约》《禁止童工劳动公约》《就业和职业歧视公约》四个核心公约。

建议书是没有法律约束力的指导性文件。建议书可以独立存在，也可以作为公约的补充文件，就如何实施公约提供更加详细的指引。国际劳工组织目前有 205 项建议书。

与集体谈判相关的主要国际劳工标准如下。

（1）公约。

● 第 87 号《结社自由和保护组织权利公约》，1948 年。

● 第 98 号《组织权利和集体谈判权利公约》，1949 年。

● 第 150 号《劳动行政管理公约》，1978 年。

● 第 151 号《（公务员）劳动关系公约》，1978 年。

● 第 154 号《集体谈判公约》，1981 年。

（2）建议书。

● 第 91 号《集体协议建议书》，1951 年。

● 第 92 号《自愿调解和仲裁建议书》，1951 年。

● 第 94 号《企业合作建议书》，1952 年。

● 第 158 号《劳动行政管理建议书》，1978 年。

● 第 159 号《（公务员）劳动关系建议书》，1978 年。

● 第 163 号《集体谈判建议书》，1981 年。

● 第 198 号《雇佣关系建议书》，2006 年。

第5节　中国特色集体协商的具体特征

　　我国的政治体制和文化环境决定了我国的集体协商机制从建立之初就与西方的集体谈判制度有很大区别。西方国家的集体谈判遵循的是市场化和契约化的基本理念，我国的集体协商则存在较为明显的党政领导特征。现有的集体协商是基于国情并借鉴西方先进做法所形成的极具中国特色的集体协商制度。我国企业在了解国外集体谈判制度的基础上，深入理解中国特色集体协商的具体特征，有助于企业更好地构建集体协商制度，发挥集体协商的作用。

一、社会主义性质的劳动关系调整机制

　　劳动关系是生产关系的重要组成部分，具有较强的政治属性。我国现阶段实行的是以公有制为主体、多种所有制条件下的社会主义性质的劳动关系。劳动关系的社会主义性质，决定了我国集体协商机制从建立之初就与西方集体谈判制度存在不同的逻辑。劳动关系的运行在遵循市场化和契约化的基本理念的同时，也蕴含着"协商共事、机制共建、效益共创、利益共享"的追求。集体协商双方的根本利益是一致的，只是在具体利益的诉求上有所差别。

社会主义性质的劳动关系也决定了我国劳动关系的政治特点就是在中国共产党的坚强领导下，坚持发挥总揽全局、协调各方、层层部署的领导核心作用，将构建和谐劳动关系摆在全局工作的突出位置，与经济社会发展同部署、同推进，加大对劳动关系工作的支持力度，推动协商民主广泛、多层、制度化发展，将协商民主的理念贯彻在每一个基层用人单位。

在当前劳动关系治理格局下，面对纷繁复杂的劳动关系，事实上法律体系也很难进行"一刀切"式的规制与救济，主管部门的劳动关系治理思路已经逐渐转变为党领导下的"源头治理"。其中，党的领导主要是政治、思想和组织的领导，并非直接领导，也并非直接参与集体协商，因而并没有改变集体协商由企业方和职工方协商的基本面。目前，我国形成了党委领导、政府负责、社会协同、企业和职工参与、法治保障的劳动关系治理模式。

拓展阅读

东宝集团集体协商中的党政结合智慧

公司背景：包头东宝生物技术股份有限公司成立于 1997 年，是一家专业的明胶及延伸产品胶原蛋白生产企业。东宝生物公司采取了"体制嵌入"的模式，既继承了老国企的党委和工会制度，又融合了私营企业的先进的管理与经营模式；既主动地让党委和工会监督自己，又充分利用先进的制度模式极大地促进了企业自身的发展。在东宝，党委和工会不是企业发展的"绊脚石"，不是集体协商的"不安分子"，相反，党委和工会成为企业发展、职工方发展的"顶梁柱"，成为集体协商的"助推器"。东宝的集体协商包括正式和非正式的集体协商两个方面。

聚焦东宝集团的正式集体协商可以发现其党政发挥作用的具体实践智慧。

（1）党政工共建的常态机制是其保障。公司党委和工会于 1997 年成立。在集体协商工作开展进入瓶颈期之后，公司决定由公司党委书记兼任工会主席。工会主席于建华认为，党委书记和工会主席的合二为一，有利于充分发挥党委的先进性、积极性，更好地促进集体协商。党委是工会的"后台"，是广大职工最坚强的后盾。

公司下设工会经费审查委员会、女工委员会、劳动保护委员会、劳动争议调解委员会、文体委员会五个分工会。党委委员应当成为工会的重要组成部分，成为工会的骨干力量。分工会的主任一般由分党委书记兼任，例外情形下，分党委书记兼任工会委员。党委介入工会并参与集体协商是为了给职工壮胆，让职工敢协商、能协商、会协商，避免集体协商走流程、搞形式。

（2）各级政府部门和各级工会建立集体协商指导和约束机制。事实证明，东宝集体协商离不开上级工会和人社部门的支持、引导、鼓励和监督。自公司成立以来，每年的集体合同也都由劳动局（现更名为"人社局"）进行审核，并提出修改意见。近年来，内蒙古自治区和包头市各级工会、各级人社部门都十分重视企业的集体协商工作。自治区工会、自治区人社厅多次出台规范性文件，并派专职集体协商指导员赴东宝公司指导、监督集体协商工作的开展。

东宝集团的集体协商向我们证明集体协商需要"内力"和"外力"因素的联合推动，这个"内力"正是完善企业党建和工建工作，实行党政工联动领导机制。

二、中国特色工会

我国的工会是中国特色的社会主义工会，是发展社会主义新型劳动关系的重要社会力量。工会组织具有双重责任，各级工会不仅是市场经济中代表劳动者参与协调劳动关系的重要一方，还是党和国家的桥梁、纽带、基础、支柱，承载着党联系广大职工群体的职责。我国工会的组织体制是典型的一元化体制。全国建立统一的中华全国总工会，基层工会、地方各级总工会、全国或者地方产业工会组织的建立，必须报上一级工会批准。

这种独特的职责和组织体制要求工会组织按照促进企事业发展、维护职工权益的原则，支持行政方依法行使管理权力，组织职工参加民主管理和民主监督，与行政方建立协商制度，保障职工的合法权益，调动职工的积极性。因此，各级工会组织在集体协商集体合同制度建设中，既着力解决劳动者最关心、最直接、最现实的利益问题，满足职工群众对美好生活的需要，也有责任维护发展和稳定的大局，引领职工积极践行社会主义核心价值观，团结和动员劳动者以主人翁姿态建功立业。

拓展阅读

湖北省武汉市硚口区建筑行业集体协商中工会的作用

一、工会在推进集体协商中的作用

2010 年全国总工会提出"两个普遍"的重点工作要求，促进了工资集体协商的深入开展。2014 年，区总工会对辖区二级资质以上的建筑企业进行了重点调研，了解到企业用工存在四个方面的问题。为此，需要建立行业集体协商机制，维护职工特别是农民工的合法权益，平衡劳动关系双方的利益，构建和谐劳动关系，稳定职工队伍，促进建筑行业良性发展。

2014 年 12 月人力资源和社会保障部、住房和城乡建设部、安全生产监督管理总局和全国总工会联合印发了《关于进一步做好建筑业工伤保险工作的意见》（人社部发〔2014〕103 号）。政策规定为硚口区开展建筑行业集体协商提供了依据，为保障建筑工人特别是农民工的合法权益提供了保障。这也是中国工会特有的一种作用，在推动劳动关系领域法律法规的建立方面起着重要作用。

二、工会在协商准备中的作用

首先，积极争取党政领导支持。区总工会把工资集体协商定为 2014 年度区人民政府与工会联席会议的主要内容。为加强领导，成立了由区委副书记、区总工会主席任组长的建筑行业工资集体协商领导小组，劳动关系三方机制成员单位的主要领导都是领导小组的成员，制定了《全区建筑行业建立集体协商机制的方案》，为开展建筑行业工资集体协商打下了组织基础。

其次，主动协调行业主管部门配合。2014 年，区总工会最初与区建设局、建管站沟通开展建筑行业工资协商时，建设局等部门对参与开展行业工资集体协商仍存在顾虑。区总工会领导到区建设局与他们一起学习了省委、市委工会工作会议精神，进一步提高了建筑行政管理部门对工会地位和作用的认识。

最后，广泛发动企业和职工参与。区总工会采取召开企业会议和深入工地、到企业办公地的方式，向企业经营者和广大职工宣传党的十八大精神和中华全国总工会深化集体协商工作五年规划要求。区总工会还帮助企业分析经济形势和发挥工人阶级创造力的优势，使建筑行业企业经营者看到集体协商所带来的好处，增强了他们参与行业工资集体协商的主动性。

协商前的宣传发动充分地得到企业的认可和广大职工的赞赏，对区总工会深入了解企业的经营现状和工资分配情况起到很大的帮助作用。

三、工会在集体协商过程中的作用

硚口区建筑行业工会在集体协商过程中的作用主要包括：完善行业工会组织，推选谈判代表，搭建协商平台；调研工资现状，准备谈判资料，起草合同草案；依照程序协商，达成一致意见，签订集体合同；建立监督机制，及时进行沟通，保证履约执行。

三、中国特色企业代表组织

中国的企业代表组织也与西方存在着很大区别。《中共中央、国务院关于构建和谐劳动关系的意见》明确，要坚持促进企业发展、维护职工权益，企业联合会、工商联合会等作为企业代表组织参与三方机制建设，共同研究解决有关劳动关系重大问题，参与群体性事件应急处置，参与协调劳动关系，加强对企业经营者的团结、服务、引导、教育，积极反映企业利益诉求，依法维护企业权益，教育和引导广大企业经营者主动承担社会责任，自觉关心爱护职工，努力改善职工的工作、学习和生活条件，帮助他们排忧解难，加大对困难职工的帮扶力度。加强对企业经营者尤其是中小企业经营管理人员的劳动保障法律法规教育培训，提高他们的依法用工意识，引导他们自觉保障职工合法权益。

中国企业联合会（以下简称"中国企联"）以为企业、企业家服务为宗旨，维护企业、企业家的合法权益，促进企业、企业家守法、自律，发挥企业与政府之间的桥梁纽带作用，协调企业与企业、企业与社会、经营者与劳动者的关系。中国企联作为企业代表组织，代表企业、企业家参加由人力资源和社会保障部、中华全国总工会及中华全国工商业联合会组成的国家协调劳动关系三方会议。积极参加国际劳工组织和国际雇主组织有关活动，发展与其他国家雇主组织及国际机构的交流与合作。向政府及有关部门反映本会会员、企业、企业家的意见和要求，为国家制定与企业相关的法律、法规和政策提供建议。引导企业、企业家遵纪守法，规范自身行为，维护市场经济秩序；提倡诚信经营，推动节能环保，积极承担社会责任，自觉维护企业职工的合法权益。全面推进集体协商制度是中国企联系统的重要工作职责。中国企联和地方各级企联致力于积极推动集体协商制度，并在参与有关法律法规政策的制定修改，贯彻协调劳动关系三方机制关于推进集体协商制度的各项工作部署，开展丰富多样的宣传、培训和调研活动等方面取得了积极的成效。

中华全国工商业联合会是中国共产党领导的面向工商界、以非公有制企业和非公有制经济人士为主体的人民团体和商会组织，是党和政府联系非公有制经济人士的桥梁纽带，是政府管理和服务非公有制经济的助手。其主要职能之一是参与协调劳动关系，协同社会管理，促进社会和谐稳定，其中包括参与协调劳动关系三方会议，引导非公有制企业构建和谐劳动关系，依法与工会就职工工资、生活福利、社会保险等涉及职工切身利益的问题进行平等协商，签订集体合同，尊重和保障职工合法权益等。近年来，各级工商联充分发挥组织健全、会员广泛、贴近企业的优势，积极参与三方协调机制建设，通过与其他成员单位开展对话沟通、反映企业合理诉求、推动劳动立法协商、推进集体协商制度建设、开展劳动关系监测、参与纠纷调解仲裁，推动了中国特色和谐劳动关系的实践。

四、中国特色文化传统

中国的集体协商充分体现了中国协商民主的政治思想，这一思想的形成离不开中国特色的文化传统。《关于加强社会主义协商民主建设的意见》中指出，社会主义协商民主是中国社会主义民主政治的特有形式和独特优势，是党的群众路线在政治领域的重要体现，是深化政治体制改革的重要内容。协商民主是在中国共产党领导下，人民内部各方面围绕改革发展稳定重大问题和涉及群众切身利益的实际问题，在决策之前和决策实施之中开展广泛协商，努力形成共识的重要民主形式。

协商民主的形成离不开中国特色的文化传统。中国拥有悠久、独特的历史背景，衍生出中国特色的社会文化。文化的作用是深远的，又是潜移默化的。中国的协商民主在文化背景的影响下，比起个人主义更强调集体主义，更注重社会价值选择。中国情境下发展的社会主义坚持个人与社会价值的辩证统一，而不是个人本位的价值观。因此，中国的协商民主融合了马克思主义和中华民族传统文化中崇尚团结和谐的集体主义精神，具有深厚的理论底蕴和丰富的实践经验，体现了公平、多元、兼容、互惠双赢的政治理性以及天下为公的理念。

中国的协商民主根植于中华民族深厚的社会历史文化传统之中。中国共产党领导的多党合作和政治协商制度是马克思主义政党理论和统一战线学说同中国实际相结合的产物。中国的历史文化传统对政协思想有着重要的影响。一是"天下为公"观念和集体主义精神。中国传统文化坚持个体之间的联系，突出个体与群体成员间的相互和谐，认为人是共同体的一部分，不能独立于共同体之外。二是民本思想。受民本思想的影响，中国传统政治思想和政治机构设置中就存在协商因素。三是传统的"和合"思想。我国传统文化提倡"礼之用，和为贵"。"大一统"观念是"合"思想的主要体现。"和合"思想体现了尊重差异、开放包容、和而不同的思想内涵，是中国协商民主形成的重要历史文化渊源。在继承中国深厚文化传统的基础上，在马克思主义的指导下，现实生活中具有不同利益诉求和不同文化背景的群体之间较容易在协商中达成共识。

在中国，完全对抗式的集体协商既与传统美德相背离，也与现实相左。从传统美德来看，中国自古既有"和为贵"的传统，也有"合则两利，斗则俱伤"的传世佳话。从现实来看，完全对抗式的协商只会造成大面积的罢工，甚至造成严重的暴力事件，给企业带来巨大的损失，也会大大增加职工方的失业率。集体协商的重点在于不断完善集体协商的准备工作，在充分调查分析的基础之上，协商代表充分考虑双方的诉求，对诉求的合理性加以判断，在经过多轮磋商后，以书面的形式确定协商成果，自然可以在一定程度上避免严重的对抗，甚至是冲突。《关于加强社会主义协商民主建设的意见》也提出我国需要稳步开展基层协商，其中包括推进企事业单位的协商。健全以职工代表大会为基本形式的企事业单位民主管理制度。畅通职工表达合理诉求渠道，健全各层级职工沟通协商机制。积极推动由工会代表职工与企业就调整和规范劳动关系等重要决策事项进行集体协商。逐步完善以劳动行政部门、工会组织、企业组织为代表的劳动关系三方协商机制。

五、小结

总的来说，党的领导、中国特色的工会、中国特色的企业代表组织、中国特色的文化传统以及发展形成的和谐劳动关系理念对于中国特色的集体协商的促成发展具有重要作用。

首先，让劳动关系双方认识协商的重要性是开展协商的基础。在劳动关系双方的利益纠葛中，职工的劳动报酬决定了主人翁意识和工作积极性；企业把降低工资成本作为企业效益的重要内容，双方没有形成企业发展壮大的共识，缺乏积极性。企业之间的差异影响到职工的心理平衡。职工的诉求渠道不畅，影响了企业和职工关系，制约了企业的发展。如湖北省武汉市硚口区建筑行业工资协商将企业与职工是命运共同体的和谐劳动关系理念贯穿于协商全过程，使大家认识到双方是利益相关、命运相连、相互依存、合作发展的关系。企业是靠职工的劳动发展的，职工是依赖企业的效益生存的，这是开展工资协商的基本共识。只有双方坐下来平等协商，才能找到双方利益的"最大公约数"。

其次，让劳动关系双方站上协商的平台是开展协商的关键。劳动关系双方是天生的对立关系，但不是绝对的完全对立。然而，要站在工会的立场，从维护职工利益的角度出发，让企业老板愿意就一些事项开展协商，并不是件容易的事情。工会能否想办法让企业方接受商谈的形式，同意和职工方搭建共同商议的平台，成为能否开展有效协商的关键。如硚口区建筑行业集体协商中硚口区工会向企业和职工广泛宣传工资集体协商的意义，并分别组织双方协商代表学习了《劳动法》《湖北省集体合同条例》等相关法律法规，观看了工资集体协商教学片，提高双方的法律意识和政治觉悟。学习讨论中，老板的企业发展意识和社会责任感增强了，职工代表的维权意识和代表责任感增强了，协商平台也水到渠成搭建好了。

最后，让劳动关系双方看到协商的好处是开展协商的动力。实现双赢，是做好工资集体协商工作的根本目的。要实现双赢，必须建立相互依靠的利益共享机制、相互信任的交流平台，选择相互理解的沟通方式，有效调动双方积极性。企业要树立以人为本的理念，将企业效益和职工利益予以共同考虑，满足职工的合理要求，激发职工的创造活力，让广大职工实现体面劳动，享受到企业发展的成果。职工要增强主人翁意识，树立企业兴旺我光荣的观念，爱岗敬业，勤奋工作，不断提高综合素质，从而积极支持企业实现更好的发展。双方都认识到，只有企业和职工实现了互利双赢，才能推动经济发展和社会进步，才能实现梦想。在形成共识的基础上，双方向着互利共赢目标努力，才能达成集体协商的一致意见。

本章小结

推进集体协商制度是构建和谐劳动关系的重要手段，是建设企业与职工利益共同体，调动职工积极性，增强企业活力和凝聚力的重要途径。本章是对集体协商的整体介绍，分别对什么是集体协商、为何进行集体协商、如何进行集体协商进行概述，使读者认识到集体协商的重要性并对其有初步的了解；通过简单梳理国外目前集体协商的发展情况，并结合国内的集体协商现状归纳得出了中国特色集体协商的一些显著特点。本章运用案例分析方法介绍这些特点在集体协商中发挥了什么作用以及怎样发挥作用，从而使读者在关于中国企业进行集体协商时如何运用和发挥中国特色的问题上有更多的思路和视角。

关键词

集体协商　　集体合同　　协商主体　　中国情境

复习与思考题

1. 集体合同与劳动合同在法律效力上有何差异，两者在内容、程序上有什么区别？
2. 集体协商的范围是什么？
3. 中国情境下的集体协商制度与西方集体谈判有何异同？

案例分析

××公司的"集体停工"

南京××公司是20世纪80年代由老国有企业与美商合资组建的一家外商投资企业，有职工500余名，原以生产深井泵为主业，2007年下半年随着工厂生产区搬迁至工业开发区，厂区面积扩大了6倍，转为以装配为主业，进而发展为全球深井泵装配中心。

2008年3月10日上午8时，该公司职工上班打卡后无一人进入车间，全部聚集在厂区大门口，以厂方未兑现给职工增加工资的承诺为由，开始了"集体停工行动"。至 3 月 13 日下午大部分复工，3 月 14 日全面恢复正常生产运行，前后共 4 天。4 天，时间不长，但其间的波澜起伏、峰回路转十分耐人寻味。尤其是事件伊始，企业工会的介入使整个事件呈现多元发展轨迹，一起无序的群体突发性事件渐渐步入有序的协商。事件的始末如下。

第一天

2008 年 3 月 10 日（周一）上午 8 时，该厂职工进厂打卡后无一人进入车间，全部聚集在厂区大门附近，声称由于企业在 3 月 5 日发工资日没有兑现增加工资的承诺，要求大幅度提高生产线工人的工资。企业方要求企业工会出面，让工会主席说服职工先复工，声称"有关工资问题，集团高层会有妥善安排"，工会主席拒绝。其间，工会主席已将此事通报给工会聘请的顾问和工资集体协商指导员。当天晚上 19 时，工会顾问、工资集体协商指导员与工厂全体工会委员及 3 名当选的职工协商代表召开紧急会议，形成如下共识：绝大部分职工工资收入是偏低的；企业方为顺利搬迁，主要行政领导郑重宣布增加工资，企业方必须对此事件的发生负责；职工要求立即将工资提高至 3 700 元，近 4 倍的增幅显然是非理性的。

经分析，工会委员会扩大会决定：（1）由工会出面，以 3 月 7 日已向企业方发出工资协商要约书为由，要求企业方尽快坐下来与职工方谈判；（2）若企业方同意谈判或做出某种愿意协商的姿态，职工方可以考虑做出让步。对这个决定，3 名工人谈判代表坚决不同意，经工资集体协商指导员反复做工作说服，直至当晚 24 时，终于达成"根据第二天实际发生的情况，决定我们的行动是否调整"的唯一共识。

第二天

3 月 11 日，职工仍然打卡不进车间，集体围在工厂大门内外。工厂总经理、当地开发区领导、集团亚太区副总裁、人力资源总监及大中华区人力资源总经理等人陆续到场。集团高层态度强硬，对政府人员等施压，并表示让工人立即复工，否则按旷工处理。随后，工会主席与工会顾问、工资集体协商指导员协商后同样强硬回复，停工原因在于企业方未兑现承诺，要求集团高层给出相关言论的切实证据，不能因此次事件而处分任何一个职工。当天晚上，集团行政方又在相关部门及当地政府进行了一系列危机公关后，亲自与 24 名职工通了电话，嘘寒问暖，请求大家理解帮忙，能及时复工。

第三天

停工仍在继续。以工会主席为首席谈判代表的职工方 5 人谈判小组与以集团人力资源总监为首席谈判代表的 5 名企业方代表在厂会议室开始了这家工厂历史上第一次劳动关系双方的工资谈判。接下来的几个回合比较顺畅，企业方很快确定了工资总额增加 8% 以及人均再另增 125 元的方案。按这个水平测算，全厂职工工资增加水平大约为 20%，增加额在 205 元/月。戏剧性的变化发生在下午 14 时。企业方想很快公布这个方案，让职工尽快复工，但工会坚持不同意，理由是这个方案仍与绝大多数职工方的期望值距离太大，同时对一线职工方多年低水平工资的补偿不足。下午 14 时30 分，职工发现由企业行政方组织的一部分劳务派遣工已进入车间，虽然人数不多，但立即引发多数工人的骚动。此事引起工会高度关注。在下午的谈判中，工会立即提出一个方案，即以工龄为线，按 10 年以内、10~20年、20 年以上划三条线，分别设定最低工资标准，具体为 1 200 元/月、1 300元/月、1 400 元/月，并拿出了测算数据及成本分析和几类有关信息分析依据，包括当地物价水平、政府工资增加指导线等，但并未获企业方认同，谈判出现僵持。

第四天

上午 9 时，谈判开始前，企业方高层管理人员到职工中，试图与部分职工对话，商量复工事宜，在屡遭同一句话"找我们的 5 人谈判小组"的回答后，只好又回到谈判桌前。工会已在紧急磋商后做通了职工方工作，至下午 16 时，大部分职工已回到生产线。

谈判进入到下午 15 时 45 分，企业方终于松口，基本同意工会提出的增资"三条线原则"。工会提出将方案传达到每一位职工（由企业方派出高管执行）并打印成文件，由总经理签字后张榜公示，劳动关系双方的工资协商正式文本待总部授权书一到立即由双方代表签字，上报地方劳动局审核。工会考虑到企业实际面临的生产订单情况，向全体职工发出了"夺回延误时间，完成当月 3 000 万订单生产任务"的倡议书，得到多数职工方的理解和支持。

至此，自 3 月 10 日起由职工方发起、后由工会直接介入的职工集体行动，终以集体协商的方式和职工方的利益诉求基本实现而结束，前后历时整整 4 天。

思考：

1. 请从集体协商中的主要主体角度分析其行为及结果。

2. 根据此案例，分析集体协商对处理与解决企业内部管理有何优势。

第 2 章

劳动关系与集体协商

⬊ 学习目标

学完本章后，你应该能够：

● 理解企业劳动关系管理与集体协商之间的关系。
● 掌握劳动关系管理的层级和各层级的区别与联系。

⬊ 开篇引例

东风本田汽车零部件有限公司是 1994 年 12 月成立的中日合资公司，主要生产本田系列轿车发动机的机能件和底盘的保安件。公司的集体协商制度是在公司生产经营处于最困难时期起步的。公司在成立初期是一家产品 100％外销的企业，成立后不久就遇上了国家宏观经济调整，紧接着又遭遇东南亚金融风暴，出口市场骤然萎缩，工厂一度处于半停产状态。公司连年亏损，职工队伍极不稳定，劳动关系紧张，矛盾突出，经营发展跌入低谷。

你认为东风本田汽车零部件有限公司的劳动关系问题根源在哪里？应该如何解决？

企业劳动关系管理与集体协商

一、企业发起集体协商

如果说第二次世界大战以前集体谈判的产生和发展是劳动者为改善劳动条件而主动争取的结果，那么第二次世界大战后的集体谈判制度不仅是对劳动者的一种契约保障，而且成为雇主谋求"工业和平"和工业利润的手段之一。雇主在集体谈判和集体协商活动中不断谋求自身的主导地位和话语权。

实践中，劳动者往往担心制度对雇主的约束不够，比如没有明确约束集体协商的时间范围、没有明确约束集体协商的内容等，认为政府等工作场所外的第三方应该"管"集体协商。对于雇主而言，过多的刚性约束会导致其丧失雇佣意愿，减少正式用工，反而不一定能整体保护劳工权益。合理的集体协商制度必然是兼顾劳动关系双方利益的。

劳动者同质性较强的行业，雇主会更有意愿开展集体协商，因为这样有助于降低交易成本。集体协商的核心内容是工资报酬、劳动条件，其他劳动者密切关注的企业管理话题也可以通过集体协商的方式来寻求共识，如企业改革改制、招聘录用标准、劳动合同的签订与解除等。实际上对于雇主而言，如果使用得当，集体协商会成为很好的劳动沟通机制与工具。

在雇主可以主动发起集体协商的任何一场制度博弈中，起草文本的权力都是十分重要的。根据基本的管理技巧与原则，起草文本有助于建立具有导向性的规则或者习惯。例如，我国汽车行业内工资集体协商机制开展非常好的东风日产于每年 7 月由企业方发起协商要约，经过 3 个月左右的协商沟通，每年 10 月签订集体合同并报送劳动部门备案。

二、企业响应集体协商

工人（工会）和雇主均可以发起集体协商。传统意义上，工人会有较强的意愿改善自身的收入和待遇，因此集体协商往往会由工人或工会组织发起，随后劳动关系双方会按照一定规则就工资分配制度、工资分配形式、工资收入水平等事项展开谈判和博弈。当工人或工会要求集体协商时，雇主有法定义务做出积极回应。

实践中人们会要求雇主必须公开信息和善意地对工会的信息公开要求做出答复。如果雇主希望拒绝公开信息的要求，那么雇主应当对工会代表做出解释，这些解释有可能被提交给相关劳动仲裁机构。如果工会推出的授权代表要求雇主提供资料，雇主负有诚意谈判的义务，应积极响应并尽快提供与集体谈判有关的、易于理解的资料。雇主公开信息的要件包括：

- 工会或工会代表提出信息公开要求，明确需要什么信息；
- 工会或工会代表所要求的资料必须与谈判程序有关；
- 工会或工会代表所要求的资料不可"过分累赘"。

一般来说，雇主必须提供有关雇员工资和福利的资料以及工会可以提供的任何有关和必要的资料。相关性是关键。例如，虽然有关雇佣条款和条件的信息是相关的，但有关雇主财务状况的信息可能与合同谈判无关。工会代表必须表明，对财务信息的请求与引发雇主提供信息的义务的谈判有关。不提供有关资料的雇主，是不符合"诚意谈判"原则的。

例如，美国国家劳动关系委员会（NLRB）认为在健康和安全问题强制性谈判的内容上，工会可以要求雇主提供有关雇员健康的所有公司记录，包括雇主使用的所有化学化合物的通用名称。因为如果工会不知道与雇员接触的工作环境或物质有关的健康问题，工会就无法有效地就健康和安全问题与雇主讨价还价。另外，当雇主有正当的需要保护且被要求的敏感信息时，雇主可以表达对提供这些信息的关切，并提出一种可能达成双方满意的备选解决方案；或者，雇主可以声称信息是保密的，并证明拒绝交出所要求的信息是正当的。在拒绝提供资料之前，最好审慎咨询法律顾问。即便如此，如果工会能够证明这类信息是与集体谈判相关的，工会可能仍然有权获得机密信息。如果雇主确实证明所要求的资料是机密的，但有足够的保障措施可以保证资料是保密的，则工会仍可要求雇主提供资料。

企业规章制度在工作场所发挥着重要作用，是对无法面面俱到的劳动合同的一种补充，能够实现对一次性签订的合同约定的实时更新，更可以根据企业的要求不断地完善，来适应经营的需要。按照《劳动合同法》第四条的要求，企业规章制度是有程序性要求的；如果随意制定，可能会因制度制定程序的不规范和不合法而导致规章制度不合法，无法在管理实践中约束员工，进而可能使企业利益受到损失。这个原则应用到集体协商领域也是相通的，为了约束工作场所双方在集体协商过程中的行为，减少不必要的冲突风险，雇主实际上有必要从制度建设层面入手，确定雇主响应集体协商的原则、程序、参与人员、公开信息范围等。

三、企业方的成本收益

雇主方的成本可能来自几个方面，包括既有人员的人工成本增加、生产经营自主权受损、用工管理的弹性降低等。

在人工成本方面，很多行业劳动力成本持续上升。现行国家对于集体工资谈判的基调是工资每年按比例增长，但企业的经营情况是随市场变化的。特别是那些面向国际市场的出口型企业，国内竞争激烈、生产能力趋于饱和的行业中的企业，面临激烈竞争和较大市场风险，即使在近期有较大利润，对未来也不乐观，不敢轻易增加员工工资。企业担心一旦建立了一个稳定的工资协商机制，企业的劳动力成本将会持续增长，影响企业的生存发展。

在生产经营自主权方面，很多行业担心开展集体谈判工作以后，原先没有工会的企业要组建工会，和地方工会建立联系，地方工会要对企业工会人员进行工作指导，要介入集体谈判工作。地方劳动部门要对集体劳动合同进行备案，检查执行情况。这些都会使地方劳动部门和工会介入企业的日常经营活动，企业担心自己的自主经营权受到干扰。

在行业竞争方面，很多行业担心产生不公平竞争。从实际情况看，愿意进行集体协商的企业大都是一些守法经营、重视职工权利的保护、规范经营的企业，这类企业本身已经在职工福利方面投入较多，进行集体工资谈判以后基本能够做到工资逐年增长。但产生的结果就是企业直接面临生产成本提高，那些不参加的同行企业反而获得成本优势，因此从追求利润最大化的角度考虑，企业不愿意积极开展工资集体协商谈判。

雇主方的收益可能来自几个方面，包括产业治理、员工积极性和劳动关系双方互信增加等。

在产业治理方面，集体协商的核心利益相关者是劳动关系双方，那么劳动关系双方身处的行业及其现实的发展状况会深刻塑造集体协商的特征变化。首先体现在产业链的劳动关系冲突状况，地处广州的东风日产曾经由于下游零部件厂商的劳动关系纠纷频繁，影响到龙头企业的供货，加之南海本田罢工等事件为东风日产敲响了警钟，推动了东风日产在本企业内大力推行工资集体协商，并且将自身的集体协商机制向其下游供应商推介推广。

在员工积极性和劳动关系双方互信增加方面，劳动者在企业内承担着生产、研发的重要职责，通过集体协商来提高职工满意度、调动职工的生产积极性是非常有必要的。集体协商的工作场所制度与劳动关系双方沟通程序，可以推动建立劳动关系双方互信与互相尊重，推动员工树立与企业荣辱与共的观念，使员工重视企业长期营运目标。可以说，劳动关系双方合作是劳动关系的最高级形态。

在提升劳动生产率方面，大量既有研究表明，促进雇佣关系能够提高雇主产出。例如，企业可以通过减少劳动力的流动来降低劳动成本，从而减少产量的单位成本，对生产率产生积极影响；可以通过集体谈判和申诉程序改善劳动关系双方沟通渠道，降低信息成本、提高员工士气，从而对生产率产生积极影响。

第 2 节　行业和区域层面劳动关系治理中的集体协商

一、产业治理

从劳动力市场角度，产业治理的第一个作用体现在建立稳定的熟练工人队伍。迅速发展的行业往往熟练工人紧缺，以致行业内出现企业之间互挖墙脚，企业无法正常培养自己的熟练工人队伍。这就需要在行业层面推行统一的行业规则来进行约束。从这个角度来看，集体协商可以发挥产业治理作用，培育行业劳动力队伍。

从劳动力市场角度，产业治理的第二个作用体现在形成稳定的行业薪酬水平。龙头公司与竞争对手的薪酬水平对标，下游企业根据龙头公司的薪酬水平进行上下浮动，可以在整个行业内实现薪酬信息共享，逐步形成对行业发展有利的稳定的行业薪酬水平。

从劳动关系治理角度，稳定的产业劳动力队伍的形成，对于维护劳动关系稳定，预防劳动关系冲突特别是群体性事件的发生，是大有裨益的。从行业集体协商来说，行业集体协商大多发生在小企业较多、劳动力同质化较强、产品市场竞争性较强的行业。在这样的行业内，如果每个企业单独开展集体协商，需要每个企业先成立工会组织，双方收集大量的信息，再按照法定程序进行协商。这样的民主协商机制无疑是以牺牲效率为前提的，会使企业内部的交易费用严重超出制度本身所带来的收益，因此目前大多数企业层面的协商流于形式。行业协商在同质化较强的地区和行业推广，各个企业选出代表即可，行业工会和协会可以全方位收集信息，大大节约交易成本，这就是行业集体协商的效率原则。行业发展的情况随着外部环境的变化而时刻变化，先前确定的劳动标准也要进行相应的调整，这就需要通过行业集体协商，建立一个动态的劳动标准调整机制，对覆盖企业的定额、定员、工资等方面内容进行指导和外部对标，实现效率最大化。除了节约交易成本，行业集体协商也同样会发挥前面所述的行业冲突治理作用（邳州板材行业的劳动关系纠纷数量下降）、行业薪酬对标（确定整个行业的薪酬水平、最低工资和薪酬涨幅）以及行业管理水平的提升（在行业协商的同时也推动了有实力、有基础的企业进行二次协商）等效果。

我国确实存在大量劳动密集型行业处于低端无序竞争状态，产品同质化严重，劳动成本占总成本的比重较大，因此需要集体协商机制来统一工资标准。其好处是一旦将工资从竞争中剔除，行业内各个企业就可以在产品竞争、服务竞争上下功夫。

二、"市场＋政府"双重作用下的治理

如果仅仅从企业层面看集体协商，则龙头企业的协商机制作用下可以在全产业内治理冲突，甚至可以通过供应商经验分享交流会制度将龙头企业的处理劳动关系纠纷、进行劳动关系沟通的经验推广到整个行业，进而解决行业劳动关系纠纷，预防群体性事件的发生。由此可以促进整个行业内企业管理水平的提升，将先进的管理制度经验传播到下游企业。

事实上集体协商的这种行业治理与政府的行业治理有很大的不同，它实际上是一种"市场＋政府"双重作用的行业治理机制。

从市场的力量来说，它是一种劳动关系行为，确定的是劳动关系双方的规则，解决的是劳动关系双方之间的问题。企业层面的市场力量体现在沿海城市员工用脚投票的氛围非常浓厚，龙头企业的薪酬、管理等制度会促进员工由下游流动到上游。为了维护员工队伍的稳定性，企业层面的市场力量倒逼企业的这种管理改善，虽然没有强制力但是确实卓有成效。

从政府的力量来说，政府的作用无时无刻不在影响劳动关系行为。行业层面的政府作用主要体现在政府、上级工会的指导，搭建整个产业的集聚基础设施、劳动力市场。政府的手并未深入企业管理。到了行业层面，政府的作用体现得更加积极主动，是一种对协商的全流程影响。如果没有政府在背后支持推动，集体协商的行业治理机制是无法实现的。

第 3 节 ▶▶ 国家和国际层面劳动关系治理中的集体协商

一、劳动关系的国家治理

从国际角度看，劳动关系的外围主体中，政府发挥最为重要的作用。国家干预会直接塑造一国的集体谈判结构。首先，政府可以直接鼓励引导采取某种特定的谈判结构。例如在德国，行业性集体协议在整个行业的企业内必须扩展适用，这种法律规定本质上是在变相鼓励行业协商（Bispinck，2010）。其次，政府可以通过政策替代的方式对集体谈判结构施加影响，比如通过最低工资的提升替代行业协议、对劳动力市场政策放松规制等都会影响集体谈判的集中程度（Adams，1999）。例如在加拿大建筑行业（Rose，1986）、意大利的汽车行业（Tomassetti，2013）等行业的集体谈判都是在政府立法的推动下进行的。

从中国的历史角度看，我国的劳动关系治理实践实际上需要通过政府的控制、利益集团的自我管制、各个利益集团的合作，来达到劳动关系双方合作的目的。我国作为一个现代化后发国家，地域辽阔、人口众多、发展不平衡，强有力的国家权威是实现跨越式发展的必然要求，对抗性的多元主义方式的集体谈判不适合中国国情。我国的历史传统和社会主义制度消解了对抗性的多元主义，为合作性的多元主义乃至合作主义提供了权威意识和国家权威的制度保障，中国共产党领导的多党合作和政治协商制度的成功实践就是一个很好的例证；从某种意义上，是把政治领域的合作与协商的理念扩展到劳动关系之中。我国已经确立中国共产党的领导地位，更强调劳动关系上的合作主义、合作性的多元主义，反对对抗性的多元主义，强调为实现社会整体利益需要减少和控制冲突，主张组织化利益的有序实现。合作主义既注重组织自治性，也注重独立的团体利益需求。

从中国当前的政治体制角度看，工会是中国共产党领导的职工自愿结合的工人阶级群众组织，是党联系职工群众的桥梁和纽带，是国家政权的重要社会支柱。首先，工会与中国共产党血脉相连，工会是群众组织，党是先锋队；其次，工会是国家政权的一部分，拥有维护、建设、参与、教育四项职能，以及具体八项工作职责；最后，工会的组织特征是倒金字塔结构，在宏观层面上中华全国总工会的权力非常大，在微观层面上企业内部工会的权力非常小，工会像毛细血管一样成为社会组织的维稳架构。从这个角度来看，工会组织、集体协商程序都是在把党在劳动关系领域的主张落实到工作场所。

二、劳动关系的国际治理

国际劳工组织（International Labour Organization，ILO）是一个以国际劳工标准处理有关劳工问题的联合国专门机构。1919 年，国际劳工组织根据《凡尔赛和约》，作为国际联盟的附属机构成立。总部设在瑞士日内瓦，它的培训中心位于意大利都灵，秘书处被称为国际劳工局。

1946 年国际劳工组织成为联合国的一个专门机构，旨在促进社会公正和国际公认的人权及劳工权益。它以公约和建议书的形式制定国际劳工标准，确定基本劳工权益的最低标准，其涵盖：结社自由、组织权利、集体谈判、废除强迫劳动、机会和待遇平等以及其他规范整个工作领域工作条件的标准。国际劳工组织主要在下列领域提供技术援助：职业培训和职业康复；就业政策；劳动行政管理；劳动法和产业关系；工作条件；管理发展；合作社；社会保障；劳动统计和职业安全卫生。它倡导独立的工人和雇主组织的发展并向这些组织提供培训和咨询服务。该组织实行"三方机制"原则，即各成员国代表团由政府 2 人，工人、雇主代表各 1 人组成；三方都参加各类会议和机构，独立表决。

国际劳工组织的一项重要活动是从事国际劳工立法，即制定国际劳工标准。国际劳工标准采用两种形式：国际劳工公约和国际劳工建议书。公约是国际条约，以出席国际劳工大会 2/3 以上代表表决通过的方式制定，此后，经成员国自主决定，可在任何时间履行批准手续，即对该国产生法律约束力，对不批准的国家则无约束力；建议书以同样方式制定，但无须批准，其作用是供成员国在相关领域制定国家政策和法律、法规时参考。

在实践中，多采用在制定一个公约的同时，另外制定一个同样名称但内容更为详尽具体的补充建议书的办法。

第4节 ▶▶ 劳动关系管理与劳动关系治理双层模型

在中国情境下，不仅包括工作场所内部的劳动关系管理（Labor Relation Management，LRM）系统，更进一步拓展到政府层面、行业层级的劳动关系治理（Labor Relation Government，LRG）系统。如图 2-1 所示，模型包括三个层面，最高层面是国际和国家立法；中间层面是行业性与区域性集体协商、劳动标准；基层是企业集体协商、企业规章制度、绩效管理。集体协商在其中起到重要的作用。

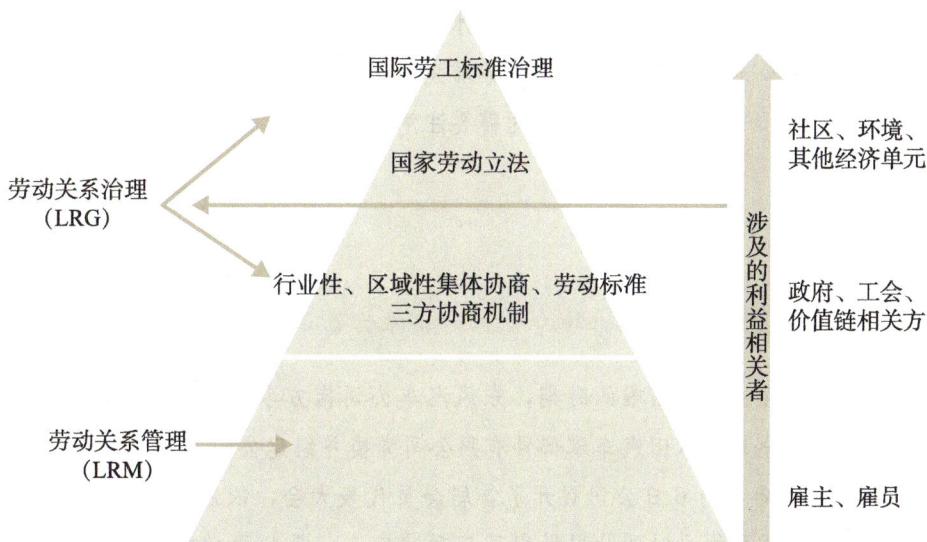

图 2-1 劳动关系管理与劳动关系治理双层模型图

在劳动关系管理层面，企业级的集体协商制度与其他员工参与、民主管理制度一起，互相补充、互相支撑，促进劳动关系和谐发展，实现劳动关系双方的共赢。在劳动关系治理层面，行业性与区域性集体协商作为协调劳动关系的重要手段，规范行业性与区域性用工，促进行业、区域经济健康发展。

↘ 本章小结

中国情境的劳动关系框架不仅包括工作场所内部的劳动关系管理，还包括行业、区域、国家、国际等更高层级的劳动关系治理系统。因此，集体协商也具有多层次、多利益相关者的特点。理解劳动关系与集体协商的层次性，有利于我们加深对集体协商重要性的认识。

↘ 关键词

企业劳动关系管理　　产业治理　　市场＋政府

↘ 复习与思考题

1. 试述劳动关系管理与集体协商的关系。
2. 试述劳动关系治理与劳动关系管理的区别及联系。
3. 劳动关系的国际治理需要注意哪些问题？

↘ 实践前沿

东风本田汽车零部件有限公司集体协商的成功经验——"会前会"①

在这个最困难的时期，东风汽车公司南方事业部党委审时度势，做出了健全东风本田汽车零部件有限公司党委并组建公司工会组织的重大决定。1998年5月6日公司召开了首届会员代表大会，依法成立了工会组织。公司党委根据当时的状况做出了三项决定：一是公司党委应牵头设法解决技术骨干和管理骨干的家属两地分居问题，稳定骨干队伍；二是支持工会推进建立集体协商制度，签订集体合同，维护职工方的基本权益；三是公司行政开展人员培训，成立项目部，寻求发展机遇。从此，在公司党委的领导下，公司集体协商工作起步。

多年来经过积极探索、逐步改进、稳步推进，公司建立起完善的集体协商制度，为和谐稳定劳动关系、调动广大职工积极性、增强企业发展后

---

① 张建国，徐微．工资集体协商典型案例分析：企业篇．北京：中国工人出版社，2014.

劲提供了制度保障，形成了公司上下齐心协力、充满信心、战胜困难、迎接挑战的良好局面，收到了公司与工会共谋发展、合作双赢的成效。

公司以规范流程为切入点开展集体协商，形成了一套成熟规范、运行有效的工作流程，按照协商前、协商中、协商后的步骤要求，逐步实现了制度化、规范化、程序化，达到良好的实施效果。其中一个行之有效的做法便是在协商前组织召开"会前会"，为协商做好充分准备。"会前会"包括三个会议。一是召开工会（职工方）协商代表预备会议。收集和分析公司上年度生产经营效益、当地 CPI 增长率、行业职工方工资水平等相关资料数据，研究协商事项及协商目标，研讨协商方法策略等。二是召开党委专题会议。重点审议工会（职工方）协商代表预备会议提出的协商事项及协商目标，形成执行决议。三是召开公司经营管理层沟通会议。公司中方总经理及高管人员与公司日方管理层进行沟通和研究，并责成公司相关部门制定具体方案。为提高协商质量和效率，确保工会（职工方）代表有充分的时间理解、思考和研究，公司承诺在正式协商前 30 天将方案向工会（职工方）协商代表通报和说明，让其事先参与到方案的修订和讨论中。一般情况下，如果双方意见一致，就直接召开集体协商会议协商方案；如果意见不一致，则分别拟定 2~3 个方案，提交集体协商会议讨论。

思考：

1. 分析为什么东风本田汽车零部件有限公司要主动推动工会和集体协商制度的完善与发展。

2. 总结东风本田汽车零部件有限公司在上述材料中体现的优秀经验。

第 3 章

国外集体谈判

学习目标

学完本章后，你应该能够：

● 理解国外集体谈判的历史沿革与发展。

● 理解国外集体谈判的主要方式与类型。

开篇引例

国外集体谈判已基本形成三大模式，即自主多元的分散化集体谈判模式、平等共决的集中化集体谈判模式与政府主导的多层级集体谈判模式。在不同的集体谈判模式中，美国、英国、德国以及澳大利亚的集体谈判制度最具代表性，这些国家因谈判环境、谈判主体、谈判层次、谈判进程以及谈判结果不同而各具特色。深入分析这些国外典型国家的集体谈判制度，可以为我国集体谈判制度的完善提供有益的借鉴和启示。

如今我国领导人在国际视野下布局的"一带一路"倡议，旨在打破原有点状、块状的区域发展模式，从海陆至空间，从纵向到横向，贯通我国东中西部和主要沿海港口城市，进而连接起亚太和欧洲两大经济圈。"一带一路"倡议所构建的新格局，富有弹性、张力和包容性，对国内企业来说，这也是一个"走出去"的最佳路径。得风气之先的中国企业应把握机遇，顺势而为，了解国外集体谈判的模式和内容，在企业"走出去"时因地制宜，顺利融入东道国的管理实践当中，做出关乎企业长远发展的战略规划。

集体谈判是解决工业革命发展中不断加剧的劳资矛盾的产物，它的产生与工业革命所带来的政治、经济、人口和社会的变化密切相关。一方面，技术革新带来的机械化使一些劳动者的传统技能没有了用武之地，劳动力市场竞争加剧。单个劳动者难以通过个体力量、个体谈判与雇主抗衡，代表工人利益的工会逐渐形成并壮大。另一方面，雇主对劳动者的剥削引起了激烈的反抗。各国工人的罢工此起彼伏，对生产力造成了极大的破坏。资方逐步意识到维护和谐劳资关系的重要性，劳资双方因此开始了谈判，以便共同确定就业条件或劳动标准。工业化国家集体谈判制度的发展大致经历了三个阶段。

一、萌芽抑制阶段

18 世纪末，英国的雇佣劳动者团体与工厂雇主签订了劳动协定，美国费城制鞋工人组成的技艺工会同雇主签订了协议，这是资本主义国家集体谈判制度的萌芽。

在资本主义发展初期，资本处于强势地位。虽然集体谈判活动在现实中已经出现，但政府方面更为推崇自由竞争的理念，因而严禁工人结社，对组建工会的人员处以刑罚、对集体行动追究民事赔偿责任。开展集体谈判、签订集体合同也在禁止之列。如英国议会 1799 年通过的《禁止结社法》就规定工会为非法团体，禁止工人参加工会，这个限制直到 1824 年才被解除。

18 世纪末至 19 世纪中期，西方工业国家出现了一些早期的工人组织。这些工人组织设立的目的不尽相同。有些组织强调设置行业用工门槛，防止本行业合格劳动力的过度供给；有些组织强调在工人由于失业、年老、疾病而失去生活来源时，工会组织可以作为一个利益共同体进行互助。到了19世纪50年代，集体谈判活动在许多行业中出现了，但并不普及，随意性也较大。此时虽然也出现过类似集体合同的协议，但由于得不到法律的保护，还不能形成一种规范化的制度。

二、立法保护阶段

19世纪后期至20世纪中期，随着工人阶级斗争的风起云涌和马克思主义的诞生发展，西方国家被迫在一定程度上放松了对集体谈判活动的限制。这一时期集体合同（有的称集体协议）大量出现，但这些集体合同都是君子协议，并不具有法律效力，法院也不受理与集体合同有关的诉讼案件。1871年，英国颁布了世界上第一个《工会法》，又于1875年颁布了允许工人团体与企业主签订契约的《企业主和工人法》。其后，各国陆续开始颁布有关集体合同的法律，从立法上承认工人享有结社权、工会享有谈判权，集体合同的法律效力逐渐得到确认。

1904年，新西兰颁布了世界上最早的有关集体合同的若干法律。奥地利、荷兰、瑞士也先后立法承认集体合同的法律效力，确立了由民法调整集体谈判和集体合同的法律体系。

第一次世界大战后，出现了一些较有影响的集体合同法律或者劳动基准法中单列的集体合同规定。如法国于1919年制定了《集体合同特别法》，后来又将该法收入劳动法典；芬兰和瑞士分别在1924年和1928年制定了集体合同法。这些法律规定，工会会员有权在不受雇主干涉、强迫和限制的情况下，通过自己选择的代表与雇主进行集体谈判。集体谈判实现了向制度化、法制化的过渡。

三、发展成熟阶段

第二次世界大战后，世界社会格局和经济结构发生了巨大的变化，劳资关系呈现对抗与合作并存的特点。欧美各国工会组织不断壮大，集体谈判和签订集体合同的范围逐步扩大，集体谈判制度的地位得到了承认。西方国家政府普遍注重运用各种措施缓和劳动关系，并发展建立起一系列规范化、制度化的法律体系和调解机制。集体谈判的功能不断增强，集体谈判机制成为劳资关系中决定规则的主要途径，不仅给劳动者提供了契约保障，而且成为雇主保证工业和平和获取利润的手段之一。

国际劳工组织制定了一系列的规范，在鼓励和促进集体谈判的充分发展方面为各成员国提供指导和帮助。

一、集体谈判的定义

国际劳工组织《促进集体谈判公约》（第154号）将集体谈判（collective bargaining）界定为雇主或雇主组织作为一方与工人组织作为另一方之间进行的所有协商活动。目的是：

（1）确定劳动和就业条件；

（2）解决雇主和工人间的关系；

（3）解决雇主或其组织同一个或数个工人组织之间的关系。

其中，劳动和就业条件包括工资、工作时间、年终奖金、带薪年假、产假、职业安全与卫生等传统主题，还包括双方自由决定要处理的主题，一些严格意义上属于就业条款与条件的主题，如提职、转岗、无通知解雇等；谈判主体之间关系的主题包括为工会代表提供便利，涉及争议处理程序、征求意见、合作和信息分享以及其他主题。

二、集体谈判与其他社会对话的区别

国际劳工组织把社会对话定义为政府、雇主和工人代表就共同关心的问题进行的所有类型的协商、征求意见或单纯的信息交流。社会对话包括所有层级进行的双边或三方征求意见和协商。社会对话有许多形式，如集体谈判、征求意见（consulation）和三方社会对话（tripartite social dialogue）。

集体谈判是西方国家社会对话的核心。集体谈判是一个共同决策过程，目的是达成一个集体协议。集体谈判各方都有权拒绝对方的提议，或提出相反意见或要求对方作出让步后接受提议。虽然集体谈判可能会牵涉到其他对话过程，例如征求意见与三方社会对话，但它依然是一个独特的社会对话形式。

征求意见是指一方在做出决定之前就共同关心的问题分享信息和听取相关方的意见。征求意见能够丰富企业层面的交流和沟通，就相关问题达成共识，通常能够为管理决策增加价值，但最终决策可能反映或不反映相关方的意见。征求意见可以是双方的也可以是三方的，可以是在企业级、行业级或国家级。征求意见涉及的问题范围通常比集体谈判更宽泛。相比之下，集体谈判是一个双边的过程，征求意见是对集体谈判过程的补充，但是不能取代集体谈判。

三方社会对话涉及的三方分别是：雇主组织、工会和政府。它是三方的代表之间进行的协商、征求意见或信息、观点交流。相比之下，集体谈判是双方的，政府只有以公共部门雇主身份出现时才可以成为集体谈判的一方。三方社会对话可以补充集体谈判，也有助于构建集体谈判所需要的经济和社会环境。当政府主管部门决定设计或调整与集体谈判相关的政策、法律和制度时，三方社会对话尤其有用。

三、促进建立集体谈判制度

国际劳工组织发布了许多劳工标准，鼓励和促进集体谈判充分发展。主要标准有：

1949 年《组织权利和集体谈判权利公约》（第 98 号）。规定要采取措施确保尊重组织权利并鼓励集体谈判的开展。其中第 4 条明确说明："必要时应采取符合国情的措施，鼓励和推动在雇主或雇主组织同工人组织之间最广泛地开展与使用集体协议的自愿谈判程序，以便通过这种方式确定就业条款和条件。"

1951 年《集体协议建议书》（第 91 号）。指导集体谈判各方如何运用一致同意的方式或运用国家法律法规建立集体谈判机制，以协商、达成、修改和更新集体协议。其中包括如何使集体协议生效和扩展，以及如何解释与实施集体协议。

1981 年《促进集体谈判公约》（第 154 号）。是有关集体谈判的重要标准。1981 年《集体谈判建议书》（第 163 号）对第 154 号公约进行了补充，详细阐述了政府主管部门和谈判双方为促进集体谈判可以采取的措施。这些措施可以通过国家立法、集体协议、仲裁裁决或与国家实践一致的任何其他方式加以实施。

2006 年《雇佣关系建议书》（第 198 号）。规定要制定和实施国家政策，对法律法规的适用范围进行审查、澄清和修改，以确保对在雇佣关系的框架下从事劳动的劳动者提供有效保护。该建议书鼓励成员国促进社会对话与集体谈判，为与雇佣关系的范围相关的问题寻找解决方案。

第 3 节 ▷▷ 国外集体谈判制度的主要类型

不同国家的集体谈判制度各具特色，在谈判的立法基础、谈判代表及其资格、谈判层级、谈判进程以及谈判效果的实现等各方面都有差别。从集体谈判层级和政府的监管角度看，一般可以概括为三种集体谈判制度类型，即以德国为代表的法制化管理类型、以英美为代表的自主多元化类型和以澳大利亚为代表的严监管类型。

一、美国的集体谈判

美国一向奉行自由放任的市场经济原则，政府对劳企关系的调节作用仅限于"守夜人"的职责范围内。作为劳方代表的工会组织整体结构分散、组织化程度不高，没有特别强大有力的全国性或者说中央级别的工会参与集体协商。全国工会、劳联-产联和地方工会三类工会构成美国工会组织的主要系统。美国的全国工会主要致力于工会内部事务的协调、信息的提供与选民动员、政治游说等，对员工与企业间的具体谈判事务一般不会涉入。地方性工会数量居多，是集体协商的主要力量。同时，美国的雇主组织相对分散、薄弱，缺乏全国性雇主组织，雇主协会的作用不大，只提供集会地点、信息等，不参加集体协商，多数工资集体协商都由雇主与工会直接进行。政府的不干预以及工会、雇主组织的弱化，使得美国的工资集体协商主要在企业层面展开。

在美国，雇主一般处于强势地位，只要其不违背国家颁布的劳动法或者歧视法，就可以在任何时间以任何理由合法地解雇工人而无须提前通知，也无须支付解雇补偿费用。与雇主的强势相比，工会的力量不仅不够强大，而且工人的入会率日益呈现下降萎缩的态势。虽然伴随 1935 年《国家劳工关系法案》的颁布实施,美国私营经济部门的工会迎来了蓬勃发展时期,但是 20 世纪 50 年代末期企业方态度强硬起来,开始设法限制谈判范围或工会影响力的进一步扩大,外加工会出现腐败等问题导致工会公众形象和政治影响力下降,工人的入会率开始逐步下降。进入 80 年代,企业方开始倡导一种新的非工会化的人力资源管理模式,与此同时第三产业的快速发展带来灵活多样的就业形式,使得工会会员数量持续下降,下降的速度日益加快。工会入会率的下降在一定程度上反映工会力量的削弱,美国的工资集体协商成果只覆盖工会会员和授权工会代表他们利益的劳工,这样从工资集体协商中获利并获得保障的工人数量也在日益减少。

企业与员工双方进行工资集体协商要遵照一定的谈判程序。通常整个谈判过程包括四个阶段:企业与员工双方公开提出集体协商的要求与谈判资格的确认;谈判前的准备工作;企业与员工双方开始正式谈判;签订集体合同并获得批准。针对集体合同执行期间企业与员工发生的争议与矛盾,美国有一套较为完善的纠纷解决程序,主要包括调解、实况调查与利益仲裁等方式。在解决纠纷的过程中,政府一般不加干预,主要通过以企业与员工双方自行协商为主、仲裁手段为辅的方式加以解决。总体上,美国工资集体协商具有自愿协商、严格守法、内部协调的特征,尤其是自 20 世纪 80 年代以来,伴随工资集体协商从传统立场式谈判逐步向"利益谈判"或者"互惠谈判"的转变,这些特征更加凸显。

二、英国的集体谈判

英国是工业革命的发源地和较早开展工会运动的国家之一。集体谈判是英国劳资关系的基本体制。英国的集体谈判都分散在企业层面进行。

自 20 世纪 60 年代以来,英国有关劳工的立法剧增,其中的一系列法律构成了集体谈判的法律基础。这些法律及其主要内容包括:

《工会法》(Trade Union Act,1913 年/1984 年)是英国劳工运动的根本大法,是工会活动的法律基础。该法有两项主要内容:一是使工会在民事及刑事上获得合法化;二是建立工会注册登记制度。《雇佣关系法》(Employment Relations Act,1971 年/1999 年/2004 年)在集体谈判方面要求工会应当同雇主组织和其他方面共同在产业一级或其他级别上进行有效的安排，以便解决争议和谈判确定雇佣条件；工会应当同企业方共同为谈判、协商和交流以及解决投诉和争议进行有效的安排。

英国集体谈判主要有以下特点：

（1）谈判结构分散。20 世纪 70 年代开始，英国全国性的集体谈判被企业级的谈判逐步取代，出现了两种形式的分散化。一是行业性与区域性协议数量的下降。这种下降自 20 世纪 50 年代就已经开始，到 80 年代几乎完全被单雇主协议或者企业层面的集体谈判协议取代。二是公司层面的谈判逐渐下移到分厂一级或者部门一级以及经营单位或独立核算单位这个级别。有些地方是在公司一级的谈判中确定工作时间和休假安排，在更低层面进行工资的谈判。

（2）具有独特的多元谈判形式。英国工会实行多元化的工会结构。每一个工会组织代表不同职业或技术的工人，不同的工会在同一企业内争取会员，雇员可以选择加入不同的工会，这导致一个雇主要与多个工会组织开展谈判。多元化的工会结构，一方面有利于竞争，使工会更好地为工会会员服务，另一方面也导致了代表性组织的重复和不和，分散了工人团结的力量。

英国存在工厂的车间代表（不一定由工会选出）同雇主进行谈判的情形，这是英国工会运动所特有的现象。由于英国工厂工会的力量比较薄弱，车间代表在工人中有很高的威望，他们在数量上也大大高于专职的工会官员，大约达到100：1。

在英国，工资主要由集体协议来规定。然而，根据英国法律，集体协议并不具备法律约束力，仅具有君子协定的性质。集体协议在当事人之间的权利与义务，不具有法律上的意义。违反集体协议的当事人一方不承担违约责任。集体协议的履行不是依赖法律制裁（legal sanction），而是依赖社会制裁（social sanction）。

虽然司法机构和政府对劳资双方的集体谈判和集体合同内容不干涉，但集体协议可以被引入个人劳动合同中，成为个人雇佣合同条款的一部分。就集体协议来说，如果一个劳动合同中称"受辖于全国性雇佣协商条件"，则这些条件当然成为个人劳动合同的一部分。若集体协议的某一条款被明确地引入个人雇佣合同，即使集体协议被终止，也不会影响该条款的执行，只是随雇员的同意而变更。

三、德国的集体谈判

在德国，通常企业与员工双方在集体协商中享有很大的谈判自主权，政府一般不加干预；主要以劳动立法的方式对谈判主体资格的认定、谈判的内容、合同的效力、劳动争议的处理程序做出规定，由联邦法院、地方法院设立的劳动法庭监督保障集体合同的执行，以推动集体协商的顺利进行。健全的法律体系以及在工资自治和劳动关系双方共决的劳动关系调整规则，塑造了实力相当、地位平等、参与集中度高的劳动关系双方谈判主体，确保了集体协商中劳动关系双方利益的基本平衡，形成了雇主和雇员间的"社会伙伴关系"。

在德国，集体协商主要在产业层面展开，成为最主要的谈判结构。德国工会是按照产业组织的，所有的产业工会均参加德国唯一的全国性工会组织——工会联合会（简称"德工联"），但是德工联只负责组织内部事务（如提供政策性指导），并不参与集体协商，集体协商由下属的各产业工会在其谈判区域与企业方直接进行。多数产业工会将本产业在全国划分为若干集体协商区域。分区谈判有利于工人的组织和活动的开展，成为德国集体协商的一大特色。与此同时，德国雇主的组织化程度也很高，德国雇主协会联合会和德国工业联合会是德国主要的雇主组织，二者都不直接参与集体协商，前者作为保护性组织，主要目标是协调其成员的谈判战略，后者则定位为"协调成员的观点和建议"，提供全面的经济政策的信息。两大组织的存在为雇主进行集体协商提供了有力的支持。

每年一次的工资集体协商是德国集体协商的核心内容。由于实行工资自治原则，工资及劳动条件由劳动关系双方通过集体协商自主确定，这就决定了工资集体协商的准备工作主要围绕着与工资密切相关的通货膨胀、劳动生产率以及本行业的经济形势展开。如果在谈判中劳动关系双方能够达成一致，则会形成一份包括工资基本协议、工资协议的工资集体协议。工资集体协议具有很高的覆盖率，对所属区域、行业的组织成员都有效，并且可以将非工会会员和非雇主组织成员覆盖其中。如果劳动关系双方在谈判中未达成一致，谈判陷入僵局，通常是寻找第三方来进行调解。由于劳动关系双方负有"保持和平的义务"，采取罢工、闭厂的产业行动常常是劳动关系双方彼此相互施压的最后手段，举行罢工必须得到全体雇员2/3

的支持才能进行，因此，德国的罢工发生率较低。

四、澳大利亚的集体谈判

作为最早建立劳动保护制度的国家，澳大利亚的工资集体协商制度具有较强的政府主导特色，为工人谋取了优厚的福利待遇。虽然自 20 世纪 80 年代，有关集体协商制度几经改革、日趋灵活，以适应市场的变化，经历了谈判重心不断下移、政府去监管化的变化过程，但是政府仍对集体协商进行较为严格的管制。

2006 年，倾向于保护企业利益的《工作选择法》由霍华德政府出台，引发了工会和社区的强烈反对。劳工党上台后便立即推行"推动公平"政策，于 2009 年颁布、2010 年起全面实施《公平就业法》，由此成立的全国劳动关系公平仲裁庭取代此前的产业关系委员会。澳大利亚一系列劳动立法的颁布实施，形成了集体协商较为严格的法律监管制度基础，谈判工资标准的确定须以国家的劳动工资标准为底线。

澳大利亚工会理事会（Australian Council of Trade Unions）是全国最高的工会组织，所有主要工会都隶属于它。但是在《公平就业法》中，工会的集体协商权利受到一定限制和削弱。近 20 年来，工会会员人数呈下降趋势。目前，澳大利亚只有 20% 左右的工人参加了工会组织。对于雇主组织来说，澳大利亚工商业联合会是国家级雇主组织，澳大利亚工商业联合会是在国家三方机制中代表雇主的一个政策性机构，主要对地区、行业雇主组织提供政策性、指导性服务，主要职能有代表和维护雇主利益，游说政府，参与政策制定，参与国际组织的活动。地方或行业协会在具体问题上参与国家三方机制，并把从工商业联合会获得的政策性、指导性信息传达给企业会员，直接为企业提供实际的服务。

澳大利亚对于签订集体协议的谈判主体资格的认定较为宽泛，限制较少。不仅工会企业能够进行集体协商，非工会企业的雇员也被允许组织起来进行集体协商，而且组织起来的员工不需要注册为工会会员。澳大利亚还允许个人与企业签订效力等同于集体协议的工作场所协议。集体协商完成和协议草案制定后，必须由雇员投票通过，最后经过全国劳动关系公平仲裁庭批准，集体协议才能生效。全国劳动关系公平仲裁庭可以在制定协议过程中提供帮助，解决由协议标准引发的争议，最后评估和批准协议。

第4节 ▷ 国外集体谈判制度发展的新趋势

从总的趋势来看，无论是在发达国家还是在发展中国家，集体谈判在不同政治经济体制影响下的劳资关系体系中都发挥着重要作用。同时，集体谈判机制在不断变革以适应更加灵活的劳资关系体系。未来，多层次的谈判机制将更加重要。

一、集体谈判的分散化和多层次化

由于企业层面的灵活化程度不断增加，有相当数量的全国性、行业性与区域性谈判被放弃或者其影响力大大下降，显现出明显的分散化（decentralization）趋势。集体谈判分散化的大背景是全球化和技术的飞速发展加剧了市场的竞争，使得企业需要在用人方面更大的灵活性。同时，全球化使资本的流动性更强，劳动力的流动更多地受到了国界的限制，这使得劳资力量的对比发生了改变，资方的力量更为强大。

自由市场思想主导的国家，将工会视为对管理层的限制与制约。当全球化使劳资力量的平衡倒向资方时，资方追求更大的"管理自由"，在企业层面加大了员工的直接参与，以排除工会的影响。在工会密度下降的同时，集体谈判的覆盖面进一步下降，集体谈判出现进一步分散的趋势。有一些国家长期拥有各种劳资合作与沟通的制度，企业更多地把稳定的劳资关系视为保持竞争力的前提条件。在工会方的合作下，加强了企业层面的集体谈判，进而造成集体谈判的分散化。

企业采取不同的战略应对分散化的趋势。越来越多的国家将更多的谈判内容（如奖金分配、加班工时和工资、工作条件改善等）权限下放到企业。例如，法国允许在中央级合同的框架下，在最低工资等方面由企业级的谈判做调整；芬兰从2007年起将工人收入方面的谈判从产业级转到企业级进行。集体谈判的分散化对劳动者可能是不利的，因为这样会削弱工会的力量，减少与日益强大的雇主协会进行平等谈判的筹码。

在应对2008年金融危机的过程中，欧盟的集体谈判就充分暴露了企业层面集体谈判的薄弱之处。例如，由于不同企业的经营形势和权力关系不同，企业层面的谈判程序和谈判结果在数量上不同于集中谈判；在程序方面，有可能是平等谈判主体间的均等谈判的结果，但也有可能是被其中一方操控，或者形成的是针对解决当前企业或工厂状况的某种"紧急"协议。从实体的角度看，这些不同的程序将导致不同类型的协议，对劳动者或雇主的利益的考虑也存在程度上的不同，而且对于那些较小的工会化组织来说，行业性与区域性谈判仍然比单一雇主谈判更具有吸引力。

二、集体谈判内容的丰富化

从总的趋势看，发达市场经济国家的集体合同所涉及的内容更加广泛。合同内容不再限于工资、工时和工作条件，还包括工作组织、职业培训、离职和雇佣规则等，在收入和工时等传统内容方面也有新的变化。集体谈判中的生育保护、探亲假、家庭暴力受害者的特殊假期、灵活工作安排、同工同酬和平等就业机会、培训以及升职等问题相关的条款促进了性别平等。在某些情况下，集体谈判也探讨如何改进工作流程和产品或服务的质量，提高竞争力，同时确保工人从增长中受益。

集体谈判处理主题的逐渐扩大，为通过创新性手段平衡不同利益诉求提供了空间。这是工会为适应企业和灵活化就业关系的发展而做的努力，试图以此方式在灵活化雇佣关系的背景下更好地保障工人的收入和相对稳定的就业。例如，就灵活工作时间安排开展协商，既要符合工人实现更好的工作家庭平衡的利益诉求，也要符合雇主灵活调整每周工时以便将工作时间与生产需要保持一致的利益诉求。在 2008 年经济危机期间，一些国家运用集体谈判的制度工具，通过协商一致的工作分享挽救了许多岗位。

三、集体合同覆盖不同雇佣关系的工人

随着非正规就业的增加，大量非正规就业的工人更需要集体合同的保护。一些国家的工会力图将非正规就业的工人涵盖在合同中，但是成功的例子不多。2009 年，日本广岛市一家电气铁路公司与工人达成的集体合同就规定，公司的工人享有同等的工资增长的权利，与是否为企业长期雇用的雇员无关。由于劳动力市场的严重分化，在一个行业甚至是一个企业内，正规就业工人和非正规就业工人的利益诉求相差很大。在集体合同中，往

往将非正规就业工人的条款列为一个单独的章节。欧洲一些国家的集体合同规定，在临时工按照短期合同工作一段时间后，应该转为长期合同制工人。挪威规定在总公司一级签署的集体合同适用于分包制下的工人。

本章小结

集体谈判作为一项有近两百年历史并有效推行至今的成熟制度，在化解劳资冲突、规范和调整劳动关系方面发挥着重要作用，且日益显示出其强大的生命力。国际劳工组织《促进集体谈判公约》将集体谈判定义为：集体谈判是一雇主、一些雇主或一个或数个雇主组织为一方同一个或数个工人组织为另一方之间就以下目的所进行的所有谈判：（1）确定劳动和就业条件；（2）解决雇主和工人间的关系；（3）解决雇主或其组织同一个或数个工人组织之间的关系。由于政治、经济、法律、文化背景不同，各个国家的集体谈判制度各有特点。本章主要介绍了国外部分国家集体谈判制度的发展、特点，以期能够了解中国情境下集体协商的独特性，并从中找到可借鉴的经验。

关键词

国外集体谈判　　分散化　　自主多元　　平等共决　　政府主导

复习与思考题

1. 国外集体谈判制度主要有哪些类型，代表国家分别是哪些？
2. 国外集体谈判制度发展的趋势如何，对我国集体协商制度的启示是什么？

案例分析

争取 15 美元时薪

据 2017 年最新统计数据，旧金山的流浪汉人数已经高达 7 500 人，他们吃住在街头，无家可归，虽然政府和社区组织会提供一些救济，但是对大部分流浪汉来说，高昂的房租、没有医疗保险、失业等问题成为困扰他们的难以逾越的障碍。旧金山市中心繁华地带的街面上不时飘来的恶臭味在提醒人们一个看起来经济繁荣、科技发达的美国实则隐藏着严重的社会危机。当 2011 年参与"占领华尔街"运动的示威者打出"我们是 99%"的口号时，美国资本主义恶化的收入不平等和严重的社会撕裂暴露在世人面前，纽约快餐业工人"争取 15 美元时薪"的运动正是延续反抗不公正的资本主义经济的实际表现。如今美国劳工阶层面对的不仅仅是低工资的现实，事实上，在美国，工作的性质已经发生了根本的变化，越来越多有家庭负担的中年甚至老年工人为了养家糊口，在快餐业和零售业从事劳动时间非常不规范又随时有可能失业的工作。连美国前总统奥巴马都承认收入不平等已经成为"我们这个时代最严峻的挑战"。

在这样的经济与社会危机中，以美国最大的服务业雇员国际工会（SEIU）为代表的社会运动工会正在与分布在各个移民社区的工人中心合作，为建设一个更加公平正义的社会而组织工人奋起反抗，"争取 15 美元时薪"就是这场全国运动的起点。在改革建制化、官僚化的传统商业工会遇到困难的情况下，以西雅图机场工人成功争取到 15 美元时薪为代表的新兴劳工运动正在快速发展，它不再回避阶级不平等问题，劳工的斗争目标从单纯的经济利益问题扩展到民主、公民权以及全社会的正义等议题，劳工运动也不再局限于组织工会会员，而是横跨工作场所和社区，与移民组织、教育组织、民权组织、宗教组织等结成广泛联盟以形成强有力的团结。现实表明，这种建立在社会运动工会基础上，嵌入工人日常工作生活中的新兴劳工运动是可能的，而且它将会是未来很长一段时间美国劳工运动的主要形式。

思考：

1. 结合你所学知识，你认为美国工会最终会如何为工人"争取 15 美元时薪"？

2. 分析国际劳工组织在劳工运动中的作用，并思考国外集体谈判与劳工运动的关系。

第 4 章

集体协商的内容

学习目标

学完本章后，你应该能够：

● 理解集体协商的议题有哪些。

● 理解集体协商如何进行，其合理程序如何。

开篇引例

屈姑公司 2014 年的集体协商中工资是主要议题。在协商过程中，职工代表提出了四点要求：（1）将生产吨位工资上调 10%；（2）后勤岗位设立每月 100 元的绩效考核；（3）工资增加 5%；（4）夜班补助每晚增加 5 元。企业方在考虑公司效益、发展前景以及职工的实际情况后，同意了后三项要求。对于第一项要求，职工方认为现在物价普遍上涨，要求吨位工资上调 10% 合情合理；企业方则表示，公司薄利多销，上调 10% 对于公司而言压力太大。最终，双方各退一步同意吨位工资上调 5%～10%。

在市场经济条件下，企业力求用最小的投入获得最大的产出，必然努力提高生产要素的使用效率，其中包括以最小的劳动要素成本的投入获得最大的劳动使用效率；与此同时，薪酬是个人消费品的货币形式，劳动者个人必然要求付出劳动后获得的薪酬收入最大化。因此，薪酬是集体协商当中最重要也是双方最为关注的一个议题。

一、工资协商

（一）工资与影响工资确定的因素

1. 工资及其相关概念

在进行工资集体协商之前，我们首先要明确工资的定义以及工资协商的范围和依据。

（1）工资的概念。工资是指企业根据国家规定或者劳动合同的约定，依法以货币形式支付给劳动者的劳动报酬。工资又称薪金，其广义可称为职工劳动报酬，是指劳动关系中职工因履行劳动义务而获得的，由企业以法定方式支付的各种形式的物质补偿。其狭义仅指职工劳动报酬中的工资，包括计时工资、计件工资、奖金、津贴和补贴、加班加点工资以及特殊情况下支付的工资等，不包括企业承担的社会保险费、住房公积金、劳动保护、职工福利和职工教育费用。

（2）工资数量的几种表示方法。对工资的集体协商大多数情况下是围绕着工资数量和工资数量的增加与否、增加多少来进行的，工资数量可以用不同的方式表示，不同的表示方法从不同的角度对工资进行了解释，协商人员必须掌握工资数量的不同表示方法。

1）工资总额：是指各单位在一定时期内实际支付给本单位全部职工的劳动报酬总额。

2）平均工资：是指一定时期内职工平均每人所得的工资额。

3）工资率：是指劳动者每增加一单位的劳动时间可以获得报酬的数量。在计件工资制度下，还可以指每增加一件产品所带来的报酬增量。工资率反映的是单个劳动者的工资水平，在完全竞争条件下，只有劳动力同质的劳动者之间的工资率是相等的。

4）名义工资：也称货币工资，是指劳动者为社会提供劳动之后所得到的货币额。

5）实际工资：是指用货币工资所能买到的消费品和服务的数量。实际工资水平取决于货币工资的水平和消费品的价格。在对工资的集体协商中，必须把握实际工资与货币工资的联系和区别，保证协商的实际效果。

2. 影响工资确定的因素

对工资议题的集体协商过程实际上是劳动关系双方对影响工资确定因素的分析和应用过程。影响工资确定的因素分为内在因素和外在因素。

（1）影响工资确定的内在因素。影响工资确定的内在因素是指与工作特性及状况有关的因素，而不是年龄、性别等歧视性因素。《中华人民共和国劳动法》第四十六条规定：工资分配应当遵循按劳分配原则，实行同工同酬。内在因素包括以下内容：

1）劳动者的劳动状况。劳动者的劳动状况是影响工资确定的基本因素，在任何时期，工资都主要受到劳动者能提供的劳动量的影响。技术和训练水平高的人，能为企业做出更多的贡献，因而应获得较高的工资。

2）劳动生产率的绝对及相对水平。劳动生产率是影响工资确定的重要因素，从静态或一个较短的时间来看，劳动生产率的绝对水平决定工资的绝对水平。从动态或一个较长的时期来看，工资增长幅度首先取决于劳动生产率的增长速度。

3）劳动者工作岗位的特点。工作岗位的特点往往直接影响劳动者的贡献大小，从而影响工资数量。工作岗位的特点包括职务高低与承担责任和风险的大小、岗位的科技含量、岗位的工作环境等。

（2）影响工资确定的外在因素。影响工资确定的外在因素是指那些与劳动力市场和企业状况相关的因素，包括以下内容：

1）劳动力市场的供求关系。在市场经济条件下，工资的确定是劳动力需求与供给之间相互作用达到均衡的结果，因此在进行工资方面的集体协商时，企业必须认真分析当地的劳动力供求状况。

2）生活费用水平及工资指导线。生活费用水平及工资指导线是政府为实现宏观经济社会目标，依据当前经济社会发展水平、城镇居民消费价格指数以及其他经济社会指标，确定年度工资增长的原则和水平，通过提出建议、提供信息等措施，指导企业合理增加工资的一种宏观调控方式，是政府根据当地经济社会发展目标、劳动生产率、城镇居民消费价格指数、就业状况、劳动力市场价格等因素确定和发布的企业工资水平的价格信号。

3）企业对工资的负担能力。工资成本是企业总成本中的一个重要组成部分，在市场经济条件下，一个企业的工资支付能力主要取决于生产率与利润率。

4）地区或行业工资水平。企业在确定工资标准之前，一般要进行本地区和本行业的工资水平调查。

（二）工资集体协商的内容

工资集体协商的内容主要包括实体性内容和程序性内容。我国对于工资集体协商的内容没有强制性的规定，从立法的情况来看，无论是《工资集体协商试行办法》还是《集体合同规定》，大都通过列举式加概括式的方法明确工资集体协商的主要内容。其中，实体性内容主要包括：企业工资水平、工资分配制度、工资标准和工资分配形式；工资支付办法；加班加点工资及津贴、补贴标准和奖金分配办法；工资调整办法；试用期及病事假等期间的工资待遇；特殊情况下职工工资支付办法和其他劳动报酬分配办法等。程序性内容主要包括：工资协议的期限、变更和解除工资协议的程序、工资协议的终止条件、工资协议的争议处理和违约责任等。

1. 工资分配制度

企业工资分配制度，是企业内部劳动者工资及工资关系的确定、工资调整、工资晋升及其考核形式、工资支付形式的确定等有关规章的总称。工资分配制度是企业运营管理的主要机制，是人力资源开发和激励的主要机制，也是协调各类劳动者劳动关系的重要机制，因此是协商的重要内容。

（1）确定工资分配制度的原则。首先，对外要具有竞争性；其次，对内要具有公平性；再次，对职工方要具有激励性；最后，要合理控制人工成本。

（2）对工资分配制度进行集体协商。工资分配制度主要有岗位工资制、技能工资制、浮动工资制、定额工资制等。企业应当根据本单位生产经营特点和管理方式，确定科学合理的工资分配制度和分配形式，并就工资的基本构成、各部分所占比重、具体标准、分配原则以及年终奖金、分红等内容与劳动者进行协商，尤其是经过集体协商确定企业的劳动等级分类并确定各等级工资标准。

2. 工资水平和工资标准

工资水平是工资集体协商的重要内容之一。工资集体协商一般以年度职工人均工资水平为基本内容。在集体协商时，除了要协商基本工资外，还要协商奖金、津贴补贴、加班加点工资、补充保险等。在协商奖金制度时，应从以下几方面着手：

（1）结合生产特点进行协商，制定简单明了、便于考核和计算的奖励条件。

（2）奖励指标要明确具体，尽量做到具体化、数量化，做到奖的有真凭实据、公平合理、令人信服。

（3）进行奖励范围和奖励面的协商。在协商补充保险时，主要协商补充保险的种类、范围，基本福利制度和福利设施等。

3. 工资支付

企业工资支付办法应包括：支付项目、支付标准、支付方式、支付周期和日期、加班工资计算基数等内容。集体协商中，劳动关系双方要就工资支付时间、支付方式、支付项目以及拖欠支付时给予补偿的标准等内容进行协商。

二、福利协商

（一）福利协商的重要性

在广义的薪酬概念中，除了工资之外还包含福利。福利可以分为法定福利和企业福利。法定福利是国家或社会提供的一种社会保障制度，因此没有协商的必要。企业福利是企业对正在劳动岗位上的劳动者，在参加按劳分配的同时，为解决他们共同的和特殊的需要，改善其物质文化生活所给予的一种帮助。企业福利是保留职工方、激励职工方的重要手段，因此企业福利是集体协商的重要内容。企业根据自身总体发展情况，可以自行决定企业福利，不受相关法律法规的限制，主要由集体支配，定向使用。

（二）企业福利协商的主要内容

1. 企业补充保险

企业补充保险指企业单位能够凭借自身的经济能力给予职工方除了社会保险等公共保险以外的保障性措施，一般有补充养老保险和补充医疗保险两类。

（1）企业补充养老保险。企业补充养老保险也叫企业年金，是指在国家基本养老保险的基础上，依据国家政策和本企业经济状况建立的旨在提高职工退休后生活水平、对国家基本养老保险进行重要补充的一种养老保险形式。

企业补充养老保险由劳动保障部门管理。企业实行补充养老保险，应选择经劳动保障行政部门认定的机构经办。企业补充养老保险费可由企业完全承担，或由企业和职工方共同承担，承担比例由企业和职工方协议确定。

相对于其他形式的养老基金而言，企业补充养老保险既能够体现出专家投资管理的潜力和优势，又能有较好的风险收益组合和较低的交易成本。企业设立的企业补充养老保险计划是企业人力资源管理和人力资本投资的重要举措，有效的企业补充养老保险计划有利于保留和吸引企业高端技术和管理人才，进而有利于增强企业内部的凝聚力和外部的市场竞争力。

企业在与职工方协商企业补充养老保险时主要应该协商企业补充养老保险的管理和运营模式、缴费比例、基金的管理方、支付方式等方面的内容。

（2）企业补充医疗保险。企业补充医疗保险是指企业在参加基本医疗保险的基础上，根据自身的经济承受能力，本着自愿的原则，自出资金，对本企业职工超出基本医疗保险基金支付以外的医疗费用实行医疗补助的医疗保险。

并不是所有企业都能够建立补充医疗保险。建立补充医疗保险的企业，首先，必须参加基本医疗保险，并按时足额缴纳保险费用。其次，具有一定的经济承受能力，即具有持续的税后利润，并按时缴纳其他社会保险费用，保证足额发放职工工资。再次，已经形成的医疗保障待遇高于基本医疗保险待遇，且有能力主办或参加补充医疗保险。

企业在与职工方协商企业补充医疗保险时应当主要协商保险范围、保险资金的筹集方式、保障水平、管理方式、待遇给付办法等内容。

2. 生活福利

生活福利也是职工劳动报酬的重要组成部分，包括企业为职工兴办的集体福利设施和建立的各种补贴、补助制度等。发展职工生活福利，有利于改善和丰富职工的物质和精神生活，提高职工素质，改善职工的生活质量，是调动职工积极性、提高企业凝聚力的有效手段。

职工生活福利的协商一般包括以下内容：

（1）职工住宅，包括集体宿舍；

（2）为方便职工生活、减轻职工家务劳动、提供日常物质和文化娱乐生活服务而兴办的集体福利设施，如职工食堂、托儿所、幼儿园、内部商店、理发室、图书馆、体育场等；

（3）为解决职工不同需要、适当补偿工资收入、减少职工生活费支出而建立的福利补贴、补助制度，如职工生活困难补助、上下班交通补助、探亲待遇等；

（4）为职工兴办的各种疗休养事业。

三、劳动定额协商

（一）劳动定额协商的重要性

劳动定额通常指在一定的生产技术和组织条件下，为生产一定量合格产品或完成一定量工作所预先规定的劳动消耗量标准，或是在单位时间内完成预先规定的合格产品的数量。

劳动定额的协商与确定，与企业经济效益密切相关。从企业经营管理角度考察，劳动定额能较客观地反映出企业内不同劳动者的工作能力和工作态度，并可据此确定不同职工的劳动报酬，体现"多劳多得"的工资分配原则，同时降低企业的管理监督成本，故被传统的加工制造业、建筑业等行业的众多企业青睐和推崇。但其适用范围有一定的限制，一般适于在劳动工序相对独立，产品质量有明确标准并能科学测定，职工个体的工作数量或生产产品数量能够准确计算，企业管理制度比较健全完善的企业内实行。

（二）劳动定额的确定方法

企业在与劳动者进行劳动定额协商前，应当对本企业的劳动定额进行科学合理的测算。在科学合理测算劳动定额的过程中，应充分考虑不同群体的差异性（性别、年龄等），确保劳动定额的确定不会削弱这些群体的利益。具体步骤如下：

第一步，对生产工艺、设备、工种岗位设置、劳动定员定额制定和完成情况以及岗位基本情况等进行全面调查。

第二步，进行岗位劳动技术测定，取得制定劳动定员定额标准所必需的劳动时间、劳动强度、劳动环境等技术数据。

第三步，根据技术测定所取得的数据，结合岗位调查资料及历史资料的统计分析，应用工作研究的方法，对生产作业组织、操作动作及动作完成时间等进行分析研究，提出优化和改进措施，并对测定的数据进行必要的调整和修正。在做这一工作时，要充分考虑到不同群体的差异性。

第四步，应用各岗位经调整修正后的技术数据，根据劳动宽放时间及定员定额计算公式，计算各岗位在工作班时间内可以达到的作业时间标准及完成所规定工作量的理论定员定额数量值。

第五步，结合生产、计划、工艺、安全及劳动组织等方面的要求，对计算得出的定员定额数据进行必要的调整，确定合理的劳动定员定额标准。

第六步，组织审定标准，平衡审定各标准的表现形式、内容及标准水平，确定劳动定员定额标准。

（三）劳动定额协商的具体内容

（1）协商不同岗位的劳动定额确定方法和确定标准，同时，针对同一岗位，也要考虑到不同群体的差异性。

（2）协商不同岗位的定额标准的调整机制，确定劳动定额标准多久调整一次，在什么情形下需要进行调整。

拓展阅读

包头东宝集团在 2017 年进行了关于劳动定额的协商，以确保同岗位 80％ 以上的劳动者在法定工作时间内能够顺利完成工作任务。在 2017 年《工资专项集体合同》中，对五个岗位的职工规定了劳动定额：（1）磷钙、环保、精选岗位的为计件单价，分别为每吨 68 元、每吨 38 元、每吨 11.5 元。（2）机修岗位的劳动定额为工时单价，为每小时 4.2 元。（3）包装工岗位的劳动定额为计件单价，为每件 55 元。

第2节 工作条件

一、工作时间协商

（一）工作时间协商的重要性

2013 年 3 月 4 日，韩国现代汽车和起亚汽车工厂的工人开始使用新的工作时间制度，代替已实行 46 年的两班倒 24 小时不间断的工作制，现在凌晨 1：30 以后不再工作。一班工人从早上 6：50 工作至下午 3：30，另一班从下午 3：30 工作至凌晨 1：30。新的工作时间制度基于 2012 年工会与公司达成的集体合同。这项合同历经多年的研究和谈判。这项协议同时带来生产系统的变化。在新工作时间制度下，工厂每天生产 432 辆车，在以前的系统下只生产 402 辆车。新协议通过将工资支付制度从按日计酬改为按月计酬，避免了因工作时间缩短而导致的降薪。工会和公司希望启动新一轮谈判协商，增加雇员，以应付增加的产量。2014 年，金属业工会与企业方组织（成员主要为汽车零件供应商）达成了一个类似的协议，计划于 2014 年消除整夜工作。在半个多世纪的社会历史发展过程中，工人每周劳动的平均工时逐渐缩短。工作时间是工作内容的重要组成部分，对于工会组织来说，缩短工时始终是其奋斗目标之一，也是工人运动围绕的焦点之一，是集体协商的重要内容。

（二）我国法律规定的工作时间制度

我国的工时制度分为标准工时制、缩短工时制、延长工时制、不定时工作制和综合计算工时工作制五类。

1. 标准工时制

标准工时制是指法律规定的在一般情况下普遍适用的，按照正常作息办法安排的工作日和工作周的工时制度。我国《劳动法》第三十六条规定："国家实行劳动者每日工作时间不超过八小时、平均每周工作时间不超过四十四小时的工时制度。"根据 1995 年 3 月重新修订的《国务院关于职工工作时间的规定》，标准工作时间调整为"职工每日工作 8 小时、每周工作 40 小时"。

2. 缩短工时制

缩短工时制是指法定特殊条件下少于标准工作时间长度的一种工作时

间制度。下列情况适用缩短工时制：（1）从事矿山井下、高山、有毒有害、特别繁重体力劳动的劳动者。[①]（2）从事夜班（22 时—次日 6 时）工作的劳动者。（3）在哺乳未满 1 周岁婴儿期工作的女职工。每日两次哺乳，每次 30 分钟。多胞胎，每增加一个婴儿，每次增加 30 分钟。

3. 延长工时制

延长工时制是指劳动者每个工作日的工作时间超过标准工作时间长度的工作日制度。延长工作时间包括加班和加点。加班是指职工根据企业的要求，在法定节日或者公休日继续工作。加点是指职工根据企业的要求，在标准工作时间以外继续工作。

延长工时制一般规定：（1）必须与工会协商。（2）必须与劳动者协商。（3）不得超过法定时数。一般每日不超过 1 小时，特殊原因也不得超过 3 小时，但每月不得超过 36 小时。

4. 不定时工作制和综合计算工时工作制

不定时工作制是指每一工作日没有固定的上下班时间限制的工作时间制度。它是针对因生产特点、工作特殊需要或职责范围的关系，无法按标准工作时间衡量或需要机动作业的职工所采用的一种工时制度。经批准实行不定时工作制的职工，不受《劳动法》规定的日延长工作时间标准和月延长工作时间标准的限制，但企业应采用弹性工作时间等适当的工作和休息方式，确保职工的休息休假权利和生产、工作任务的完成。下列三类职工经劳动行政部门审批，可以实行不定时工作制：

（1）企业中的高级管理人员、外勤人员、推销人员、部分值班人员和其他工作无法按标准工作时间衡量的职工。

（2）企业中的长途运输人员、出租汽车司机和铁路、港口、仓库的部分装卸人员及其他工作性质特殊、需机动作业的职工。

（3）其他因工作特点、特殊需要或职责范围的关系，适合实行不定时工作制的职工。

综合计算工时工作制，采用的是以周、月、季、年等为周期综合计算工作时间，但其平均日工作时间和平均周工作时间应与法定标准工作时间基本相同。也就是说，在综合计算周期内，某一具体日（或周）的实际工

---

① 包括：化工行业从事有毒有害作业的工人，每日工作 6 小时或 7 小时工作制，或 "定期轮流脱离接触" 工作制度；煤矿井下作业实行 4 班 6 小时工作制；纺织行业实行 "四班三运转" 制度；建筑、冶炼、地质勘探、森林采伐、装卸搬运等从事繁重体力劳动的行业，根据本行业特点，实行不同程度的缩短工作时间制度。

作时间可以超过 8 小时（或 40 小时），但综合计算周期内的总实际工作时间不应超过总法定标准工作时间，超过部分应视为延长工作时间并按规定支付工资报酬，其中法定节日安排劳动者工作的，应该支付不低于正常工资 300％的工资报酬，而且延长工作时间的小时数平均每月不得超过 36 小时。企业实行综合计算工时工作制以及在实行综合计算工时工作制中采取何种工作方式，一定要与工会和劳动者协商。

（三）工作时间协商的具体内容

（1）了解企业不同岗位、不同工种的工作时间特点，协商工时制度。

（2）协商缩短工时制时，要注意关于缩短工作时间的规定。在一般情况下，劳动强度越大对身体危害越大，需要特殊保护的女工和未成年工的工作时间应该相对越少。

（3）在协商特殊工时制度时，要注意特殊情况下的工作时间的计算。例如，由于受恶劣天气影响，工人为了完成正常的生产任务不得不占用晚上的时间，甚至占用周末和假期时间来从事劳动，那么这些时间应该怎样计算，在集体协商中应该怎样交涉。

（4）协商对延长工作时间的工时计算，不同时间加班加点的标准不同，不同的工作如何认定加班加点。

（5）协商加班加点办法，对延长工作时间限制的认定。我国对延长工作时间给予了一定的法律限制，包括时间限制以及延长劳动时间要与工会协商。

二、休息休假协商

（一）休息休假协商的重要性

2013 年 7 月，澳大利亚的工会和企业方组织达成一项协议，对周六工作的零售业采纳了一套"超级周末"制度。周六工作的工人（周日不工作）将可以获得每月一次的连续三天的带薪假期（周五-周六-周日或周六-周日-周一），满足了需要周六营业的商业需求，同时给工人每月一次长周末的机会。根据人的生理规律，劳动者在经过一定时间的劳动后都会感到一定程度的疲劳，如果不能得到及时的休息和调整，势必会损害劳动者的身体健康，降低劳动生产率，因此合理的休息休假时间对劳动者至关重要。休息休假制度与工作时间制度相辅相成，都是集体协商的重要内容。

（二）我国法律规定的休息休假制度

1. 休息时间

（1）工作日内的间歇休息时间。工作日内的间歇休息时间是指在一个工作日内劳动者享有的休息和用膳的时间，又称间歇时间。关于休息时间的标准，我国法律并没有做出统一的规定，要根据工作岗位和工作性质的不同而有所不同。在实际工作中，工作日内的间歇时间的长短一般是一至两小时，最少不能少于半小时。间歇时间一般于工作 4 小时后开始，不算作工作时间；有的岗位由于生产不能间断，不能实行固定的间歇时间，应使职工在工作时间内有用餐时间。

（2）工作日间的休息时间。工作日间的休息时间是指劳动者在一个工作日结束后至下一个工作日开始前的休息时间。至于休息时间的标准，我国法律没有做出统一的规定。这种休息时间一般是连续不断的，其长度应以保证劳动者的体力和工作能力能够得到恢复为标准，一般为 15～16 小时。实行轮班制的，其班次必须调换。一般可在休息日之后调换，在调换班次时，不得让工人连续工作两班。

（3）工作周之间的休息时间。工作周之间的休息时间是指劳动者连续工作一周后应当享有的休息时间。国家机关、事业单位实行统一的工作时间，星期六和星期日为周休息日。企业和不能实行统一的工作时间的事业单位，可以根据实际情况灵活安排周休息日。但劳动者在一个工作周内，至少应当有连续 24 小时以上的休息时间。

2. 休假

（1）法定节假日。法定节假日是指根据各国、各民族的风俗习惯或纪念要求，由国家法律和行政法规统一规定的用于庆祝和度假的休息时间。根据 2013 年国务院颁布的《关于修改〈全国年节及纪念日放假办法〉的决定》，节假日及其放假标准如下：A. 全体公民放假的节日共计 11 天。B. 部分公民放假的节日。妇女节（3 月 8 日），妇女放假半天；青年节（5 月 4 日），14 周岁以上的青年放假半天；儿童节（6 月 1 日），不满 14 周岁的少年儿童放假 1 天；中国人民解放军建军纪念日（8 月 1 日），现役军人放假半天。C. 少数民族习惯的节日。由各少数民族聚居地区的地方人民政府，按照该民族习惯，规定放假日期。

（2）带薪年休假。带薪年休假是指法律规定的职工满 1 年的工作年限后，每年享有的保留工作带薪连续休假。《职工带薪年休假条例》规定：

1）职工连续工作 1 年以上的，享受带薪年休假。职工在年休假期间享受与正常工作期间相同的工资收入。

2）职工累计工作已满 1 年不满 10 年的，年休假 5 天；已满 10 年不满 20 年的，年休假 10 天；已满 20 年的，年休假 15 天。

3）国家法定休假日、休息日不计入年休假的假期。

4）单位确因工作需要不能安排职工休年休假的，经职工本人同意，可以不安排职工休年休假。对职工应休未休的年休假天数，单位应当按照该职工日工资收入的 300% 支付年休假工资报酬。

（三）休息休假协商的具体内容

（1）休息时间的分类。进行协商时，双方代表应当了解我国关于休息时间的种类规定，除了法律规定的以外，协商双方重点是解决那些临时发生的问题，特殊事假是否支付工资。

（2）日休息时间、周休息日安排、年休假安排。

（3）不能实行标准工时制时职工方的休息休假。

（4）其他假期。

三、劳动安全卫生协商

（一）劳动安全卫生协商的重要性

工作场所的安全卫生是各个国家都十分重视的问题，也是集体协商中的又一焦点问题。劳动安全卫生是劳动者实现宪法赋予的生命权、健康权的具体保障。劳动安全是指企业应保证劳动场所无危及劳动者生命安全的伤害事故发生。劳动卫生是指企业应保证劳动场所无危及劳动者身体健康的慢性职业危害发生。劳动安全与卫生，既相互联系又彼此独立，共同组成劳动者劳动保护的屏障。

（二）我国法律规定的劳动安全卫生制度

我国劳动保护立法最重要的是 1956 年 5 月国务院颁布的关于劳动安全卫生的"三大规程"，即《工厂安全卫生规程》《建筑安装工程安全技术规程》《工人职员伤亡事故报告规程》。改革开放以后，随着法制建设的加强，劳动安全卫生立法也得到了进一步发展。1987 年 11 月，卫生部、劳动人事部、财政部、中华全国总工会修订颁布了《职业病范围和职业病患者处理办法的规定》。1992 年 11 月，全国人大常委会通过了《中华人民共和国矿山安全法》，这是我国劳动安全卫生方面的第一部法律，劳动保护立法上了一个台阶。1994 年 7 月 5 日，全国人大常委会通过了《中华人民共和国劳动法》，对劳动安全卫生做出了专章规定。2001 年，全国人大常委会通过了《中华人民共和国职业病防治法》。2002 年，全国人大常委会通过了《中华人民共和国安全生产法》。2007 年，国务院颁布了《生产安全事故报告和调查处理条例》。

此外，1980 年以来，我国还颁布了一系列涉及劳动安全卫生的国家标准，包括《安全帽标准》《安全色标准》《安全标志标准》《高处作业分级》《体力劳动强度分级》《高温作业分级》《生产性粉尘作业危害程度分级》《有毒作业分级》《冷水作业分级》《低温作业分级》等 150 多项。

（三）劳动安全卫生协商的具体内容

（1）对工作场所环保和劳动条件的改善。劳动关系双方在协商中可以提出企业应采取的切实的改进措施，防止劳动者在劳动过程中发生意外事故，或者防止职业病的侵害。

（2）劳动关系双方可以在协商中讨论如何加强对职工的安全教育培训，建立安全监督机构，在非常情况下对职工方采取紧急救护及工伤急诊资金支付问题的处理，对特种劳动者如何进行训练等。

（3）对劳动保护品的发放、购置的协商以及对从事有毒有害工作的劳动者进行定期身体检查的协商。

（4）对安全操作规程进行协商。

四、女职工特殊保护协商

（一）女职工特殊保护协商的重要性

女职工是指一切以工资收入为主要生活来源的女性职工。女职工特殊保护是指根据女职工身体结构和生理机能的特点以及抚育子女的特殊需要，在劳动方面对妇女特殊权益的法律保障。对女职工的特殊保护有利于保护劳动者的身体健康和民族体质的增强，也有利于提高劳动者的素质。

(二) 我国法律规定的女职工特殊保护的内容

1. 对女职工在劳动过程中的特殊保护

《女职工劳动保护特别规定》规定女职工禁忌从事的劳动范围包括：A. 矿山井下作业；B. 体力劳动强度分级标准中规定的第四级体力劳动强度的作业；C. 每小时负重 6 次以上、每次负重超过 20 公斤的作业，或者间断负重、每次负重超过 25 公斤的作业。

2. 对女职工生理机能变化过程中的特殊保护

（1）经期保护。《女职工劳动保护特别规定》规定了女职工月经期间禁忌从事的劳动范围。

（2）孕期保护。《女职工劳动保护特别规定》规定了女职工怀孕期间禁忌从事的劳动范围。

（3）产期保护。《女职工劳动保护特别规定》规定了女职工生育享受的产假天数，怀孕女职工在劳动时间内进行产前检查所需时间计入劳动时间。

（4）哺乳期保护。《女职工劳动保护特别规定》规定，对哺乳未满 1 周岁婴儿的女职工，用人单位不得延长劳动时间或者安排夜班劳动。用人单位应当在每天的劳动时间内为哺乳期女职工安排 1 小时哺乳时间。女职工比较多的用人单位应当根据女职工的需要，建立女职工卫生室、孕妇休息室、哺乳室等设施。

3. 预防和制止性骚扰

《女职工劳动保护特别规定》第十一条规定，在劳动场所，用人单位应当预防和制止对女职工的性骚扰。企业集体协商中可以明确预防和处理性骚扰的相关机制和流程。

(三) 女职工特殊保护协商的具体内容

（1）对女职工的经期、孕期、产期和哺乳期的劳动保护，企业应当在法律法规的底线要求基础上，根据自身情况，与女职工协商确定。

（2）女职工定期健康检查制度的确定。

（3）女职工性骚扰的预防和处理的机制及流程。

拓展阅读

2014 年，届姑公司在签订《工资集体协商合同》以后，公司集体协商的脚步并未就此中止。2015 年 1 月，劳企双方经过多次协商谈判达成了《女职工权益保护专项集体合同》，围绕着女职工孕期、产期、哺乳期、经期的权益保护展开。值得肯定的是，《女职工权益保护专项集体合同》确定的内容相较于《劳动合同法》《女职工劳动保护特别规定》等规定都更为细致、严格，对劳动者权益的保护也更加到位。例如，《女职工权益保护专项集体合同》第八条约定：女职工怀孕 28 周以上，经本人申请，企业批准，可以请假休息，休息期间的工资为基本工资，而《湖北省女职工劳动保护规定》第十条仅规定女职工怀孕休假期间的工资不得低于该职工原工资的 75％，且不得低于当地最低工资标准。

第 3 节 》 工作制度

一、绩效管理制度协商

（一）绩效管理制度协商的重要性

作为人力资源与劳动关系管理核心职能之一的绩效考核，承担着将企业战略目标与整体绩效期望落实到员工个人的任务，并且对每个员工和部门的绩效进行管理、改进和提高，从而实现和提升企业整体绩效，进而推动企业整体实力的提高和竞争优势的增强。从员工的角度来看，绩效考核也是让员工获得更正确的自我认知的手段，使员工知道自己存在的优点与不足，并针对不足接受企业培训进行改进，最终实现与企业的共同进步。

同时，绩效考核也是工资制度公平公正实施的前提。因此，集体协商中，确定合法合情合理的绩效管理制度是非常重要的。

（二）绩效管理制度概述

完整的绩效管理其实是一个管理控制系统，是一个封闭循环的环，包括前馈控制、过程控制、反馈控制三个关键环节。绩效管理主要有八个步骤，依次为：确定绩效评价目的、建立工作期望、设计评价体系、绩效形成过程督导、工作绩效评价实施、绩效评价面谈、制定绩效改进计划、绩效改进指导。结合管理控制系统，绩效管理程序具体如图 4-1 所示。

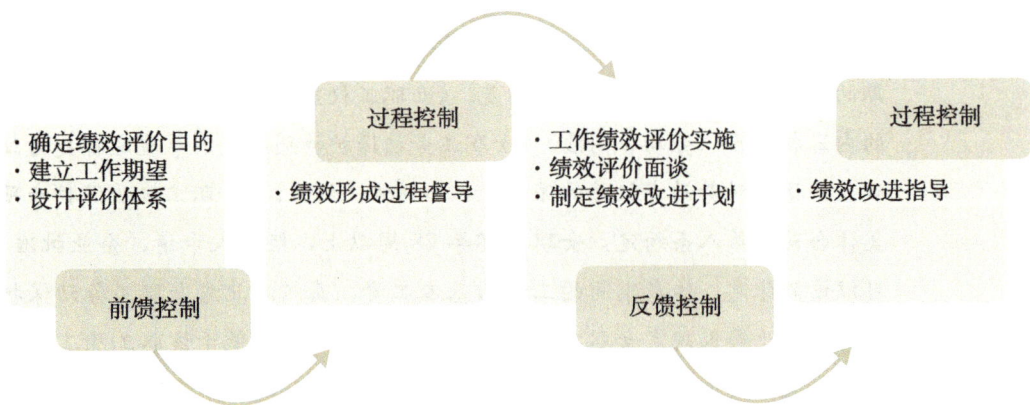

图 4-1　绩效管理程序

（三）绩效管理制度协商的具体内容

（1）协商确立企业的绩效管理制度。让职工充分参与到绩效管理中来，职工的充分参与与接受，是绩效管理制度成功的基础。

（2）协商确立一些绩效评价指标。对于一些有争议的绩效评价指标，可以通过集体协商与职工协商确定，并协商这些评价指标如何与薪酬进行合理挂钩。

二、冲突管理制度协商

（一）冲突管理制度协商的重要性

在工作场所，冲突和争议是不可避免的。为了尽可能地降低冲突产生的不利后果，及时、高效地解决冲突，企业应当建立相应的冲突管理制度。不同的企业适用的冲突管理制度并不相同，因此应当在集体协商中进行沟通和约定。

（二）企业内部冲突管理的方法和程序

1. 企业内部冲突管理的方法

冲突管理的方法是指冲突管理系统通过何种手段去应对和处理组织中

出现的冲突。虽然在不同的组织中，冲突管理的方法不尽相同，且对于各种方法具体的操作也都不完全相同，但冲突管理方法仍然具有一定的内在一致性。表 4－1 总结了若干主要的冲突管理方法，供企业借鉴、筛选、使用。

表 4－1　冲突管理方法总结

冲突管理方法	具体解释
敞开门	鼓励员工随时报告他们发现的问题，鼓励员工进入冲突管理团队的办公室进行对话和沟通
监察员	组织中专门设置的职位，独立于其他直线管理部门，直接向 CEO 报告和负责。员工可以向他们倾诉和获取帮助
电话热线	有两种类型：一是由专门的人员（包括监察员）来接听并解答；二是采取电话留言的方式
面对面沟通	如果冲突各方愿意，那么在冲突管理团队的安排下，可以进行直接协商和沟通
员工顾问	员工顾问是组织的常规雇员，经过培训之后，他可以向冲突各方提供自己的意见。由于本身是组织的成员，员工顾问具有熟悉人员和情况的优势
程序讨论会议	当以上的工作都无法解决冲突时，该步骤将为员工提供下一步如何处理的程序选择。该会议由一位组织的管理人员、一位员工顾问以及涉及冲突的员工共同参加
内部调解	通常有两种方式：一是由管理者作为调解员；二是由员工作为调解员
同行审查小组	由 3 名员工代表和 2 名管理者代表（共 5 人）组成，听取冲突各方的陈述、审查冲突解决情况，并得出处理意见。各方如不满意，则进入高管审查或者直接进入外部解决阶段
高管审查小组	由 3 名或者 5 名副经理级别的高层管理人员组成，员工可向他们提出申诉，由他们来决定最终的处理意见。各方如不满意，则进入外部调解阶段
外部调解	选择组织外部中立的人员或组织进行调解
仲裁	如果外部调解仍然无效，双方可以进入仲裁阶段
法律顾问	如果仲裁仍然无法达成一致，那么冲突各方应寻找法律顾问，准备进行诉讼

2. 企业内部冲突管理的程序

表4-1总结的各种冲突管理方法并不是孤立存在的。许多组织在冲突管理的过程中都把具有相同性质的方法归纳到一起,形成冲突管理的程序。大部分的组织实践表明,当冲突管理系统对组织内的冲突进行管理时,通常分作不同的阶段来进行处理。在各个阶段中,处理的手段是根据冲突的激烈和复杂程度,先通过较为简单和低成本的方法来解决;如果有必要的话,再进入较为耗时和耗成本的程序。

虽然各企业对冲突管理程序的划分并不完全一致,但是其中都体现着一个思路,就是解决的手段和程序可以分为两个大类——内部程序和外部程序,划分的标准是冲突的治理是否牵扯到冲突管理团队以外的第三方人员。冲突管理的程序如图4-2所示。这种分类方法在美国《财富》1 000强企业中并不少见。内部程序是指可以完全依靠组织内部人员解决的冲突管理方法的集合,外部程序则是指需要借助外部第三方来帮助解决的冲突管理方法。组织鼓励冲突的各方优先选择前期和简单的内部程序来解决问题;如果不满意,他们也可以跳过某些步骤,选择使用较为复杂和高成本的外部程序来处理。

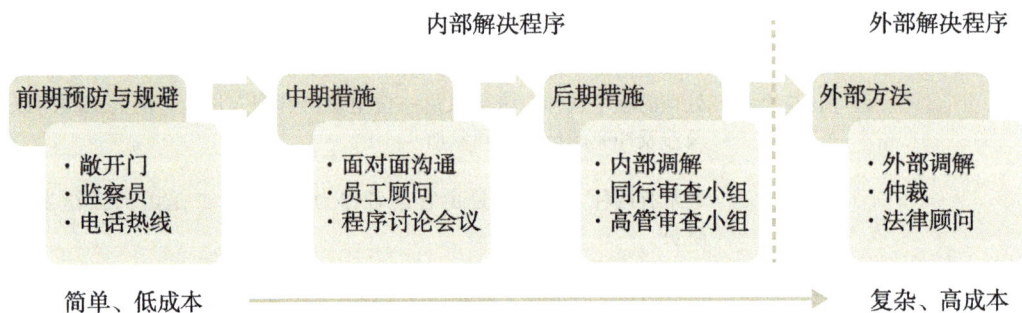

图4-2 冲突管理的程序图

(三) 冲突管理制度协商的具体内容

(1) 协商选择冲突管理的方法。

(2) 协商建立冲突管理的程序。

(3) 协商保证冲突管理的制度化。包括:建立激励制度,例如将建立冲突管理制度、解决冲突作为人力资源管理部门的考核指标,以及持续的沟通、反馈和改进等环节。

三、职工代表大会制度协商

（一）职工代表大会制度协商的重要性

职工代表大会是职工民主参与管理的基本形式，它和其他民主参与形式一起构成了我国基层组织中职工民主参与管理体系。但是，我国法律并没有对这一制度的实施做出细化规定，因此，在集体协商中明确职工代表大会的制度如何实施是非常重要的。

（二）我国法律规定的职工代表大会制度

1. 职工代表大会的组织机构

职工代表大会的组织机构包括大会主席团、代表团（组）和根据工作需要设立的经常性或临时性的专门小组。职工代表大会主席团是职工代表大会会议期间的组织领导机构，并主持会议。其成员应包括工人、技术人员、管理人员和企业的领导干部。其中工人、技术人员、管理人员应超过半数。主席团成员必须是本届职工代表大会的正式代表，其人数可根据职工代表人数的多少决定。主席团不实行常任制。职工代表大会开展的活动是统一组织起来的职工代表的活动，在企业组织中，职工代表按照分厂、车间、科室组成代表团（组），推选团（组）长。被推选出来的职工代表按所在生产和工作单位组成的代表团（组）开展活动。代表团（组）长一般应由分厂、车间或科室工会主席担任。职工代表大会的专门工作小组是根据职工代表大会工作需要而设置的执行专门任务的临时性或经常性机构。专门工作小组成员一般在职工代表中提名，根据职工代表人数及要解决问题的难易度确立小组的人数，每个小组 3～5 人不等，也可以聘请少数有特殊专长的非职工代表参加，但须经过职工代表大会通过。专门小组对职工代表大会负责，承办职工代表大会交付的各项工作。

2. 职工代表大会的组织原则

民主集中制是职工代表大会的组织原则，也是职工代表大会的基本制度，它是职工代表大会协调行动、集中意志、充分发挥作用的重要保证。职工代表大会实行民主集中制反映了职工、职工代表、职工代表大会之间的个人服从组织、部分服从整体、少数服从多数的关系。民主集中制是把高度民主与高度集中结合起来的组织原则。它要求职工代表大会既要充分发挥每个职工的智慧，又要有统一的意志、统一的组织纪律。

3. 职工代表大会的工作制度

为保证职工代表大会各项具体工作有序和有效开展，企事业单位应制定相应的职工代表大会实施办法，确定职工代表大会会议期间及闭会期间开展工作的制度。就目前职工代表大会的实践情况看，职工代表大会的工作制度应包括：职工代表大会的会议制度、职工代表大会专门小组工作制度、职工代表大会团（组）长和专门小组负责人联席会议制度、职工代表活动制度以及民主管理考评制度。其中，职工代表大会的会议制度的工作应包括决定职工代表大会的届期、每年召开会议的次数、会议议题、议程、决议形成与修改等事项。职工代表大会专门小组工作制度是保证各专门小组围绕职工代表大会相关职权的政策落实而设立的制度，专门小组是承上启下的枢纽机构。职工代表大会团（组）长和专门小组负责人联席会议由单位的工会委员会召集，联席会议可以根据会议内容邀请党政负责人或其他有关人员参加。所讨论确定的问题，需向下一次职工代表大会报告，并予以确认。职工代表活动制度包括对职工代表参加职工代表大会会前、会中及会后活动的要求，规定日常活动时间、活动内容及组织领导等内容。民主管理考评制度是企事业单位为了促进贯彻和执行职工代表大会实施细则，以及职工代表大会决议的落实，保障职工民主管理权利的责任管理制度。

（三）职工代表大会制度协商的具体内容

（1）协商职工方代表产生的相关制度，包括职工方代表的条件、职工方代表的任期、职工方代表的比例和构成、职工方代表的选举方法、职工方代表的补选和撤换。

（2）协商职工方代表的权利和义务。

（3）协商职工代表大会的操作流程。

四、其他制度协商

（一）劳动合同管理的协商

协商内容主要包括：劳动合同签订时间；确定劳动合同期限的条件；劳动合同变更、解除、续订的一般原则及无固定期限劳动合同的终止条件；试用期的条件和期限。

2007 年发布、2012 年修正的《劳动合同法》对劳动合同问题做出了比较详细的规定，在企业集体协商工作中，需要结合企业实际对相关问题予以细化。比如，无固定期限劳动合同的签订，是否可以条件更优？《劳动合同法》规定签订无固定期限劳动合同的条件之一是在用人单位连续工作满十年。

相关案例

深圳沃尔玛公司 2008 年集体协商，职工方和企业签订的集体合同中，就约定沃尔玛职工在公司工作满五年就可以签订无固定期限的劳动合同。这种优于法定标准的标准，得益于沃尔玛劳动关系双方的有效协商与共识。这一做法较好地稳定了职工队伍，增强了职工对企业的向心力和凝聚力。

在劳动合同的其他问题上，是否可以结合企业特点，找到协商议题，达成符合企业实际和职工愿望的条件与规范，取决于劳动关系双方的共识，特别是职工方协商代表的智慧。

（二）职工奖惩的协商

奖惩协商的内容主要包括：劳动纪律；考核奖惩制度；奖惩程序。

对职工的奖励与惩罚，原则上属于企业规章制度管理范畴，但是实践中有很多企业自行制定了一些非常苛刻甚至违反法律法规的规章制度，严重侵害了劳动者的合法权益。因此，在集体协商过程中，职工方代表应该认真梳理本企业规章制度的基本状况，以及职工群众的意见要求，围绕企业的劳动纪律、考核奖惩制度以及奖惩程序进行协商，完善企业规章，保护职工权益。

法规依据

《公司法》第十八条规定："公司研究决定改制以及经营方面的重大问题、制定重要的规章制度时，应当听取公司工会的意见，并通过职工代表大会或者其他形式听取职工的意见和建议。"

集体协商就是听取职工方面意见和建议的重要平台。对于不合理或是大部分职工群众不满意的规章制度，职工方代表应该做好调查分析。在集体协商过程中反映职工意见，提出修改意见，使企业规章制度合法合规，符合企业实际，有利于企业正常生产经营管理，保护职工的生产积极主动性和对企业的忠诚度与向心力，稳定职工队伍。

职工创新创造奖励也是很多企业集体协商的重要内容。

法规依据

《专利法实施细则》对职务发明的奖励有明确规定。其中规定，被授予专利权的单位可以与发明人、设计人约定或者在其依法制定的规章制度中规定奖励、报酬的方式和数额。如未做出上述规定，应当自专利权公告之日起3个月内发给发明人或者设计人奖金。一项发明专利的奖金最低不少于3 000元；一项实用新型专利或者外观设计专利的奖金最低不少于1 000元。

在国家加强产业工人队伍建设的背景下，企业对于职工的创新创造，应当给予重视和鼓励。集体协商过程中可以将此问题列入议题，结合企业特点与实际，以多种方式给予有创新创造的职工不同的奖励。

（三）企业裁员的协商

协商内容主要包括：裁员的方案；裁员的程序；裁员的实施办法和补偿标准。

裁员是一个非常敏感的话题。市场经济条件下，由于市场环境的变化，企业生产经营受到影响，裁减员工的情况时有发生。裁员似乎是企业方的权力，但裁员对劳动关系双方，特别是职工一方的影响极为严重，往往引发职工的高度关注。如果相关问题处理不好，还可能引发冲突，产生严重的社会影响。对于裁员问题，集体协商可以商讨什么问题呢？

地方规范

《昆明市集体协商条例》中载明了企业裁员可作为集体协商议题：为了在裁员过程中保护员工的合法权益，在企业集体协商过程中双方应该将裁员中的一些重点事项纳入协商议题，包括裁员的条件、裁员的方案、裁员的程序、裁员的实施办法和补偿标准等，保证裁员程序的合法公正性，并尽最大可能保护职工的权益。

这里的每一个问题都事关重大，必须认真对待，仔细测算，反复征求各方意见，据理力争，不可有丝毫的疏忽。现实中不少企业在改制、搬迁、关厂过程中，在处理职工转岗、待岗和裁员安置等问题时，没有很好地解决职工的合理诉求，引发了一系列矛盾与冲突。因此，在集体协商工作中应对职工的合理诉求予以高度重视。

第4节 程序性内容

一、集体协商的流程管理

根据《劳动合同法》《集体合同规定》《工资集体协商试行办法》等法律、法规、政策的规定，集体协商应当按照以下程序进行：首先进行协商准备，确定双方协商代表，组建协商小组，准备协商必备的文件，起草协商议题；在一方发出要约，另一方做出回复之后，召开正式协商会议，就协商议题展开协商，经过讨论协商双方意见达成一致后，签订集体合同草案；集体合同草案要送交职工代表大会或全体职工大会审议，职代会等审议通过后，双方首席代表正式签订集体合同；正式签订的集体合同要报送劳动行政管理部门审查备案，在法定的时限内劳动行政部门没有提出异议，集体合同即行生效。集体合同生效后，双方须向全体职工公布。双方开始履行集体合同的相关条款，并都受到监督检查。

在集体协商中，企业方与职工方应当就集体协商的具体程序以及其中一些细节进行协商并达成一致，写进集体合同当中，例如双方协商代表选举条件和程序、一方发出要约后另一方回复的期限等。

二、协议的期限

在集体协商的实践中，集体协议的期限主要有固定期限和无固定期限两种，从各国的实践情况看，固定期限的集体协议比无固定期限的集体协议更为普遍。但在具体操作过程中会有所不同，在有的国家，集体协议的期限往往是可以延长的。我国《集体合同规定》中规定："集体合同或专项集体合同期限一般为 1 至 3 年，期满或双方约定的终止条件出现，即行终止。"

集体协议的期限主要涉及生效和终止的时间，这在集体协商中应当由双方进行约定。

三、变更和解除协议的程序

集体协议的变更是指在协议有效期内，经双方当事人重新协商并达成一致意见后，对协议的内容进行修改。根据我国的《集体合同规定》，在合同期内，只要双方协商一致，任何时候都可以对集体合同的内容加以修改和变更。集体协议的解除就是提前终止协议的行为。在集体协商中，双方应当就集体协议变更的程序以及可以终止集体协议的情况进行协商并达成一致意见，写进集体合同当中。

四、实施集体协议的争议处理

劳动争议按照争议标的性质的不同一般分为权利争议和利益争议，在集体协商的过程中，权利争议和利益争议存在于协商的不同阶段。签订集体合同后，集体合同争议处理制度是保证集体合同履行的重要程序保证，因此，在集体协商中，双方应当就集体协商的争议处理程序做出明确约定。

↘ 本章小结

确定集体协商的内容是集体协商顺利开始的前提。本章主要是帮助企业方了解集体协商中可以包含的议题，以及针对各议题具体的协商内容。集体协商的内容主要包含四个方面：薪酬管理议题、工作条件议题、工作制度议题和程序性议题。

↘ 关键词

集体协商议题　　工资　　工作条件　　工作制度　　程序性议题

↘ 复习与思考题

1. 假如你是一个汽车零部件加工企业的人力资源经理，你们公司的职工代表要求进行工资集体协商，请你初步拟定工资集体协商中可能会涉及的议题。

2. 假如你是一个采矿企业的人力资源经理，你们公司的职工代表要求进行劳动安全卫生专项协商，你在拟定集体协商议题过程中应当注意哪些问题？

3. 假如你是一个纺织企业的人力资源经理，你们公司女职工非常多，职工代表要求进行女职工特殊保护专项协商，请你初步拟定女职工特殊保护专项协商中可能会涉及的议题。

↘ 案例分析

利得鞋厂的集体协商

广州番禺利得鞋业有限公司（简称"利得鞋厂"）是一家外商独资企业，主要为欧美贸易商生产皮鞋，建厂 20 多年，订单充足，效益很好。由于原厂址进行商业开发，利得鞋厂准备搬迁至郊区。2014 年 8 月中旬，工人得知搬厂消息，但工厂拖欠了全厂工人多年的医保和公积金等，10 多位工人向外求助，咨询如何要回自己的合法利益。劳工 NGO① 番禺打工族服务部给予工人法律援助。从 9 月至 11 月底，利得工人共计召开了工人代表座谈会五次、工人大会一次，选举产生了 61 名工人代表，11 月 15 日召开了全体工人代表大会预备会。

一、第一轮集体协商

利得鞋厂 11 月 25 日强迫工人签订不合理的劳动变更合同，工人开始拒签变更合同，工厂管理人员威胁工人，不签变更合同就签辞职书，工厂

---

① NGO，指非政府组织。

的逼签行为引发工人愤怒。12月5日晚上，工厂手缝组代表通过罢工的决定。6日早晨手缝组罢工引发全厂工人和代表的强烈关注和声援，全体工人代表立即集合，临时召开第一次工人代表大会，现场按车间、楼层选举出11名工人谈判代表，代表大会同时决定支援手缝组发起全厂大罢工。

罢工之后，资方通知工人代表到工厂电影院集合开展劳资集体协商，这是双方的第一次集体协商。11名工人代表到场，全体工人代表也到场旁听；资方派出总经理、副总、协理、经理数人代表到达会场。劳资双方商定，7日上午的劳资协商谈判现场不邀请第三方机构或人士加入，劳资问题由劳资双方协商解决。

二、第二轮集体协商

12月6日晚上，第一次工人代表大会召开，61名工人代表商讨维权和协商事宜；61名工人代表推选出13名协商代表，并确定了首席协商代表和第二、第三协商代表等；同时，推选了3名工人团结基金的管理员，推选了工人新媒体宣传员5名，推选了工人纠察队队长、副队长。至此，利得工人完善了集体维权的组织架构。工人协商代表整理出工人的诉求，制作了集体协商议案，并提出协商进展的具体时限和要求。

7日上午，劳资进行第二次集体协商，到场资方协商代表13名、工人协商代表7名。劳方提出了13项集体协商诉求，包括：（1）要求公司确保不以任何形式打击、报复工人和工人代表；（2）对于公司目前的规模现状及工厂的搬迁传言，要求公司方做出书面回应，如公司计划搬迁，必须与工人代表协商安置方案；（3）要求公司确认员工的入职时间；（4）要求公司确保员工每周休息一天；（5）要求公司依法补缴员工自入职之日起至今的社会保险；（6）要求公司依法补缴员工自入职第二个月起至今的住房公积金；（7）要求公司补回未足额支付的加班费；（8）要求公司补回及发放高温津贴；（9）要求公司补回带薪年假；（10）要求补回女工未享受的产假待遇；（11）要求公司安排员工进行职业病健康检查；（12）要求与符合条件的员工签订无固定期限劳动合同；（13）公司与不愿随迁员工解除劳动合同后，须为员工出具有效失业证明。

协商桌上，劳资双方唇枪舌剑，针锋相对，工人协商代表据理力争。协商期间，48名工人代表在会场外静坐，2 500多名利得工人在工厂内外关注和声援协商会议室中的协商代表。最终，资方基本答复了劳方的诉求并做书面回应：工厂将于2015年6月搬迁到南沙区；搬迁前三个月下发安置方案，对于解除劳动关系的员工，公司将出具失业证明并按法规发放补偿金；公司将依法为员工补发从入职时起的社保、住房公积金、女工产假工资；对于有职业病危害的岗位，公司定期为员工组织健康体检；对于工人诉求中的高温补贴、带薪年休假、加班费的诉求，公司正积极了解具体细则和执行标准，将在近期尽快给予答复。

7 日晚，工人协商代表立即召开了第二次工人代表会议，讨论资方对集体协商的回应及劳方的对策，鉴于劳资集体协商过程中利得鞋厂表现出的解决问题的诚意和书面承诺，建议全体工人复工并发出公告：（1）全体工人代表建议全厂工人于 12 月 8 日上午复工；（2）要求公司在 12 月 12 日前完成对全厂工人入职时间的书面确认；（3）要求公司在 2015 年 1 月 10 日前补缴工人入职以来的社会保险和住房公积金；（4）要求公司在 12 月 13 日前签订第二次劳资集体协商协议书；（5）要求公司在 12 月 13 日举行第三次劳资集体协商，并就工人加班费、高温补贴、带薪年休假等工人诉求展开协商。

第二轮劳资集体协商后，在工人代表的督促下，利得鞋厂人力资源部工作人员、各车间课长及组长通力合作，全厂 2 750 名工人的入职时间的核对在短期内高效率地完成，为劳资双方解决社保、住房公积金、工龄补偿等问题奠定了基础。工人代表协助每一位工友确认入职时间，加强了工友们与工人代表的联系和信任，促进了工人的团结。同时，工人代表和协商代表审定第二轮劳资集体协商协议书草案，准备于 13 日与资方一起修改后签署。工人代表准备第三轮集体协商资料，学习相关的劳动法律法规，分析高温津贴、带薪年假、加班费等诉求的法律依据和事实理由，学习有关补偿的计算方法与协商技巧。经劳资双方商议，确定第三轮劳资集体协商的时间为 12 月 14 日，为了不影响公司生产，工人代表提出安排在周日进行。

三、第三轮集体协商

12 月 13 日早上七点半，利得鞋厂管理层召开各部门员工大会，针对工人加班费、带薪年假、高温津贴等工人诉求发布公司单方面的公告，公告的重点内容有：鉴于员工多、考勤核实困难，公司决定将高温补贴、带薪年休假、加班费三项打包一次性补偿，每年补偿 500 元，最高年限为五年；向员工提前发放部分经济补偿金，希望员工春节后回厂上班，1～2 年的发放 10 天、2～5 年的 0.5 个月、5～8 年的 1 个月、8～10 年的 1.5 个月、10～15 年的 2 个月、15 年以上的 3 个月工资；提前公布 2015 年的搬厂详细时间安排。

收到公司公告后，61 名工人代表召开了紧急碰头会，对公司单方面公告的行为表示不接受，会议要求各位工人代表下到车间收集工友们对公司公告的意见，采取一致的协调行动。各位工人代表征询了工友们的意见，绝大多数工人都不同意、不接受公司方面的意见，并要求工人代表与资方交涉。全体工人代表向公司提出：针对工人加班费、带薪年假、高温津贴等工人诉求，公司单方面发布公告，没有与工人代表进行协商，全体工人代表敦促公司正视工人的集体意愿和集体诉求，切实与工人代表展开劳资协商，妥善解决工人提出的各项诉求。公司管理层回复，要求工人代表出具协商诉求及具体的补偿标准，并取消原定于 14 日下午的第三轮集体协商。工人代表向公司发出公告：坚持原定第三轮集体协商的安排；不接受公司 13 日单方面发出的加班费等补偿方案；若公司破坏已达成的劳资第三轮集体协商预定安排，后果由公司负责。

12 月 14 日，原定的第三轮集体协商由于资方爽约而未进行。15—16 日，利得鞋厂工人第二次罢工，绝大多数工人打卡后到工厂广场集合，剩余的工人也坐在车间停工；工人们打出横幅在厂内游行、喊口号；工人纠察队维护罢工现场秩序。

迫于工人的压力，12 月 17 日下午 1—3 点，利得鞋厂劳资双方举行了第三次集体协商，劳资双方平等协商，最后达成协议：加班费、带薪年休假工资、高温补贴三项合并以一次性每人每工作满一年按 2 000 元的标准发放，以六年为上限，工作未满一年的员工按每满一个月 166 元的标准发放，并于 2014 年 12 月 20 日前支付。下午 4 点，全厂工人复工。

至此，利得鞋厂劳资集体协商顺利达成协议。接下来就是监督每一项承诺的兑现，落实 2015 年 6 月搬厂之前 3 个月的安置费。

思考：

利得鞋厂的集体协商共讨论了哪些方面的议题，是如何确定议题顺序的，为何这样进行排序？

Part²

第 2 编

企业内部集体协商

第 5 章

集体协商的准备

⬎ 学习目标

学完本章后，你应该能够：

● 了解集体协商的代表构成、产生方式、团队组建、权利和义务及权限。

● 了解集体协商的议题准备与合同起草。

● 了解集体协商的要约行动。

● 了解集体协商的方案准备。

⬎ 开篇引例

十四冶建设集团有限公司的集体协商经验——党委的重视

十四冶建设集团有限公司（简称"十四冶建集团"）前身为中国有色金属工业下属建设公司，自 2011 年集团开始开展工资集体协商，2012 年通过协商确定职工工资增幅为 14%，2013 年职工工资增幅平均不低于 10%，增资幅度向基层职工、年轻职工及一线职工等收入较低群体倾斜。2011 年初次开展工资集体协商时，十四冶建集团做了大量的准备。

（一）宣传破除误区

在开展工资集体协商前，集团工会在党政相关部门的配合下，召开集团公司及二级企业工资集体协商动员会，认真组织开展了对《劳动法》《工会法》《集体合同规定》《工资集体协商试行办法》《云南省企业工资集体协商条例》等有关法律、法规、政策的学习，发放《云南省企业工资集体协商条例》等有关宣传册，通过广泛宣传动员使广大职工进一步认识到工资集体协商工作的重要性、必要性。集团工会还组织各基层工会主席学习开展工资集体协商的程序和方法技巧，对双方协商代表一并进行培训，提高了双方代表的业务知识水平，消除了职工方协商代表的疑虑，促进企业方协商代表认识到开展工资集体协商是企业应履行的义务。

（二）做好内外部调研

集团党委组织工资集体协商工作小组到省内其他大型国有企业集团学习借鉴经验。集团工会针对协商流程、内容以及具体实施过程当中遇到的问题进行了深刻总结，并结合企业发展实际、职工队伍状况、薪资水平等情况，研究符合集团现状的协商方案。

（三）选举协商代表

职工方代表按民主程序经集团各级工会推荐，由集团工会女工委主任、各分公司工会主席等11人组成，集团公司工会主席作为职工方首席代表。企业方代表经集团党政认真研究决定由十四冶总会计师、总经理助理以及人力资源部、生产安全部、企业管理部、财务部等部门负责人和分公司总经理等11人组成，集团公司总经理作为企业方首席代表。

（四）收集协商信息

职工方要求企业方提供反映企业生产经营情况的财务、职工工资对比增幅数据等信息，作为开展工资集体协商的依据。在企业方提供相关信息的基础上，职工方代表综合考虑企业近年来的发展情况和在职职工各项福利待遇现状，对比了各基层单位职工工资增长状况和行业内职工福利以及当地最低工资标准等数据，为协商做好了充分准备。

在集团开展集体协商工作中，由党委领导下成立的集团推进工资集体协商工作班子在统筹协调各行政部门资源方面发挥了重要作用，集团党委书记、董事长曾任集团工会主席，这种"跨界"履职的经历对于加强党委对工会工作的领导有着巨大的影响。抛开十四冶建集团的这种特殊性，争取党委的重视和支持是所有国有企业开展集体协商工作的首要环节。如有可能，可恳请有工会任职经历的党委、行政领导帮助宣传，推动党委牵头领导企业工资集体协商工作。

资料来源：张建国，徐微. 工资集体协商典型案例分析：企业篇. 北京：中国工人出版社，2014.

一、协商代表的构成

集体协商代表是指按照法定程序产生并有权代表本方利益进行集体协商的人员。集体协商双方的代表人数应当对等，每方至少 3 人，并各确定 1 名首席代表。

（一）雇主方协商代表

用人单位一方的协商代表，首席代表可以书面委托本单位以外的专业人员作为本方协商代表，但委托人数不得超过本方代表的 1/3，并且首席代表不得由非本单位人员代理。

一般来说，雇主的协商代表团队应该包括单位主要领导人、人力资源管理和劳动关系主要负责人、法务负责人、业务部门主要负责人、财务负责人等关键决策者和管理者，必要时聘请 1～2 名外部专家。协商代表团队背后还应该有一个支撑团队，支撑团队由各部门主要负责人组成，在协商开始前和进行过程中，负责整理提供信息、商议预设方案、评估协商结果等工作。

（二）职工方协商代表

职工方协商代表是指依照法律规定产生，能够代表职工方的利益，并参加集体协商的人员。职工方协商代表一般由三类人员构成：一是工会干部，包括企业工会干部，也可能有上级工会组织的干部；二是选举产生的普通职工的代表；三是外部专家。

《劳动法》规定，"集体合同由工会代表职工与企业签订；没有建立工会的企业，由职工推举的代表与企业签订"。也就是说，建立工会组织的企业职工一方集体协商代表由工会担任，未建立工会组织的企业由职工推举代表担任。

《集体合同规定》第二十条规定，职工一方的协商代表由本单位工会选派。未建立工会的，由本单位职工民主推荐，并经本单位半数以上职工同意。职工一方的首席代表由本单位工会主席担任。工会主席可以书面委托其他协商代表代理首席代表。工会主席空缺的，首席代表由工会主要负责人担任。未建立工会的，职工一方的首席代表从协商代表中民主推举产生。

由工会出任职工方协商代表，协商团队的人选比较明确。中华全国总工会发布的《工会参加平等协商和签订集体合同试行办法》中规定，工会一方的协商代表除工会主席以外，一般应包括工会各工作委员会和女职工委员会的负责人。

未建工会的企业推选职工方协商代表，首先要解决的问题是谁来启动和组织推选程序。一般情况下，企业职工有进行集体协商的意愿时，可以向所在地方的工会组织寻求帮助、指导。必要时，上级工会可以协助企业职工推选代表、发起集体协商。《广东省企业集体合同条例》第十三条规定："企业未建立工会的，由企业所在地地方总工会组织职工民主推选协商代表，并经本企业半数以上职工同意；首席协商代表由参加协商的代表推选产生。"

因为集体协商主要涉及工资、工时、劳动安全卫生标准等专业性、技术性非常强的问题，所以可以让企业、行业外的专业人员参与其中，以保障集体协商的质量。《集体合同规定》中规定："集体协商双方首席代表可以书面委托本单位以外的专业人员作为本方协商代表。委托人数不得超过本方代表的1/3。"

二、协商代表的产生方式

（一）雇主方协商代表

用人单位一方的协商代表，由用人单位法定代表人指派，首席代表由单位法定代表人担任或由其书面委托的其他管理人员担任。

（二）职工方协商代表

由于集体协商代表需要具有一定的代表性、专业性，不同层次的协商对协商代表的要求也不一样，因此职工方协商代表的产生方式是多种多样的。

一般情况下，职工方协商代表是从本单位职工中推选产生的。如果企业工会组织健全，应以企业工会分会或工会小组为单位，酝酿推荐职工方协商代表候选人，或由全体会员以无记名投票方式推荐，上届工会委员会、上一级工会根据多数会员的意见，提出候选人名单。报经同级党委和上级工会审查同意后进行名单公示，最后确定职工方协商代表人选。工会组织选举职工方协商代表，其人选可能是工会干部，也可能是普通职工。广州某企业进行集体协商时，工会组织工人选举协商代表。首先通过工会小组推荐，推选出 16 名候选人，并将候选人情况进行公示，然后召开职工（会员）代表大会，民主投票选举产生 10 名协商代表，由 10 名工会委员会委员和选举出来的 10 名代表共同组成 20 人的职工方协商代表团，代表团再选举正式协商代表 5 名。这样既保证了工会作用的发挥，也体现了职工的广泛参与和民意表达。

（1）直接选举产生。未建工会的企业可以由全体职工按照一定程序直接选举产生协商代表。具体方式为：首先，制定职工协商代表的条件、人数、分配方案。然后，由全体职工推选出候选人名单，通过一定的民主形式选举产生职工协商代表，须获全体职工半数以上同意才能通过。最后，对选举结果进行公示。

（2）地方"以上代下"模式。"以上代下"模式即由上级工会代下级工会开展集体协商。各地各级工会均有丰富的"以上代下"实践，多见于行业性集体协商以及基层工会组织不健全或不作为的情况。例如，武汉餐饮行业的集体协商中，由于中小企业工会组织不健全且缺乏协商能力，武汉市总工会成立了工资集体协商领导小组，由武汉市商贸金融烟草工会联合会代表餐饮行业职工进行集体协商。职工方协商代表的产生方式是：由协商指导小组提出代表候选人数和结构要求，武汉市商贸金融烟草工会和各区、街道工会按照民主性、广泛性、群众性原则，推荐了 39 名代表候选人。指导小组对 39 名候选人进行了工资集体协商工作政策和知识培训，并听取了他们的意见建议。在交流过程中，指导小组从 39 名推荐人选中挑选了 9 名作为职工方正式协商代表。首席代表由武汉市商贸金融烟草工会常务副主席担任，其他代表均为企业工会主席，其中 2 名来自外资企业，3 名来自规模以上企业，还有 3 名来自中小企业。9 名代表的身份不仅具有企业性质代表性，还具有企业规模代表性；既有集体企业代表，又有外资企业代表；既有中心区企业代表，又有远城区代表；既有大型餐饮企业代表，又有中小微型企业代表，还有民营企业以及街道小餐饮企业代表。经指导小组同意后的代表人选交由各行业、企业召开工会委员会全体会议通过，之后填写正式代表表格报武汉市总工会。

（三）集体协商指导员

我国目前已经建立了一支 4 万多人的专兼职集体协商指导员队伍。这些集体协商指导员大都具备劳动关系领域的工作经验，熟悉相关法律法规，具有一定的理论政策水平，接受过集体协商的专业培训。各地实践证明，集体协商指导员作为职工方协商代表加入集体协商过程中，可以有效提升集体协商团队的能力，特别是在收集专业数据、分析相关指标、起草合同文本以及化解处理协商分歧方面，集体协商指导员通过自己的专业素质与能力弥补了职工方的短板与不足。专兼职集体协商指导员被企业外聘为职工协商代表，他们在集体协商过程中可以发挥非常重要的作用，但在职工方协商代表的占比上不应超过 1/3。

三、协商代表的团队组建

（一）雇主方的协商代表团队

协商代表团队应在准备阶段做好分工和角色分配，彼此清楚职责。一般来说团队中的角色包括：（1）主要发言人，代表整个团队发表意见，陈述事实；（2）"红脸"和"白脸"，前者主要负责挑战对方的观点，指出问题所在，后者主要负责调节气氛；（3）分析者，负责控制协商的进程，及时分析各项提议；（4）记录者，负责记录双方主要争议点及最后的书面决议和集体合同文本。

由于协商代表来自不同部门，他们出于各自经验和职责的考虑可能会对让步事项和让步程度有不同意见，甚至存在相当大的分歧，因此雇主管理层应该在协商开始前就做好内部动员，让各个管理者团队充分参与，统一思想和认识，以确定集体协商中想要达成的目标或者想要取得哪些改变。

（二）职工方的协商代表团队

集体协商代表选举出来之后，需要根据集体协商的具体情况，组建协商代表团队。在此过程中，需要特别注意几个问题。

1. 要根据所需知识结构组织协商代表团队（知识结构的匹配）

为了更好地反映职工诉求，代表职工的利益，职工方协商代表最好具有不同的知识背景与特长：了解财务知识的代表，主要负责收集整理企业、行业相关财务信息；知晓劳动法规的代表，负责收集相关的法规政策；擅长职工调查的代表，负责深入调查整理职工意见；等等。此外，必要时还可以吸纳企业以外的专家和协商高手加入到团队中。集体协商往往要涉及一些非常专业的领域与议题，比如劳动安全技术标准、工时工价的计算、法律法规的适用等，协商双方可以委托企业外的专业人员参加协商。《集体合同规定》中规定："集体协商双方首席代表可以书面委托本单位以外的专业人员作为本方协商代表。委托人数不得超过本方代表的 1/3。"

2. 要根据职工比例和代表性组织协商代表团队（合理的人员结构）

比如协商代表包括工会干部、一线职工，也可以包括企业中低层管理人员。各层级人员的加入，有利于协商过程中发挥各方人员独特的作用，形成协商成功的合力。另外，要充分考虑企业职工的性别、层次、年龄等要素的分布状况，特别注意女职工、一线职工、农民工、少数民族职工等所占的比例，在选举职工协商代表时兼顾职工群体的多样性。《贵州省企业集体合同条例》第十一条规定："企业中女职工和少数民族职工较多的，职工方协商代表中应当有女代表和少数民族代表。"《江西省企业工资集体协商条例》第八条规定："女职工人数达到企业总人数 1/10 以上的，应当至少有一名女职工代表。"另外，也要注意吸纳工作年限较长的职工担任协商代表。一方面这类职工对企业情况有较为深入的了解，在人际关系、收集资料、征集意见方面占一定优势；另一方面，这类职工对企业责任感和归属感较强，往往更能够从劳资合作共赢的大局出发考虑问题。

3. 要根据协商分工组织协商代表团队（科学的分工合作）

集体协商中职工代表的分工主要包括主谈、辅谈、智囊等。首先，首席协商代表一般作为主谈，掌控全局，是核心人物，主谈发言代表团队一致的意见。另外，主谈人还需要根据候选人的性格、能力、情绪、责任心等方面的素质，对团队成员进行分工。其次，辅谈人员应具备特定领域的专业知识，与主谈人默契配合，分工合作，减轻主谈人的压力。再次，智囊角色应该具备审时度势的能力，领会主谈人意思，及时提供协商所需数据、资料及相关信息，协助整个团队达到目标。最后，还要适应协商不同阶段的不同局面，安排团队成员扮演不同的角色，有效推进协商进程。

4. 要根据集体协商内容难易程度组织协商代表团队（人员规模的掌控）

在一些规模较大的企业、区域、行业开展集体协商，为了使协商代表更具代表性，最大限度反映全体职工的利益诉求，职工方集体协商代表人数相应会有所增加。比如，武汉餐饮行业涉及 4 万多家餐饮企业，从业人员 45 万多人，因此在行业工资集体协商中筛选了 9 名职工协商代表。同时，要照顾到覆盖企业的性质、规模、地域等各方面的代表性，保证集体协商代表团队能够具有尽可能充分的代表性。

进行集体协商是一项严肃的、政策性很强的工作，协商的内容与企业发展和职工切身利益密切相关，因此，协商代表责任重大。一般来讲，企业方的代表多是企业经营管理人员，其专业知识和经营管理方面的经验使他们在协商中往往处于比较主动的地位，工会方面的代表在上述方面一般不占优势。这种情况在各个国家都不同程度地存在着。对于我们这样刚刚开始集体协商、签订集体合同工作的国家来说，这个问题会更加突出。因此，应加大对职工方代表的指导和培训，使我们的职工代表能够胜任集体协商工作。

四、协商代表的权利和义务

（一）协商代表的义务

按照相关规定，协商代表应履行下列职责：

（1）参加集体协商。这是集体协商代表最重要的职责。在协商过程中，协商代表有责任真实反映本方意愿和维护本方的合法权益。

（2）接受本方人员质询，及时向本方人员公布协商情况并征求意见。协商前和协商中协商代表应当与己方人员积极沟通交流，以便获得相应的信息，更好地代表和反映他们的利益需求。此外，在集体合同草案提交职代会审议时，也需要向职工代表汇报协商过程与结果，并接受职工代表的质询，做好说明解释工作。

（3）提供与集体协商有关的情况和资料。也就是集体协商代表负有向协商对方以及向本方人员提供有关资料的职责。《工资集体协商试行办法》第十八条规定："在不违反有关法律、法规的前提下，协商双方有义务按照对方要求，在协商开始前 5 日内，提供与工资集体协商有关的真实情况和资料。"

（4）代表本方参加集体协商争议的处理。在要约阶段、协商阶段、合同草案审议通过阶段以及集体合同履行实施阶段，都有可能发生各种类型的争议。协商代表有责任参与争议的处理过程，努力促进矛盾化解，保障集体合同的顺利履行。

（5）监督集体合同或专项集体合同的履行。集体协商代表是监督检查集体合同或专项合同履行状况的重要成员。职工方协商代表理当是集体合同监督检查工作小组的成员，定期或不定期对履行集体合同的情况进行监督检查，发现问题，及时通知相关各方协商解决。同时，协商代表还应该定期向职工代表大会通报集体合同履行情况，以便接受职工群众的监督。

（6）法律、法规和规章规定的其他职责。

集体协商代表除了履行上述职责外，还有两方面的重要义务：

（1）保守商业秘密。协商代表应当保守在集体协商过程中知悉的用人单位的商业秘密。由于各方协商代表在协商过程中会接触到单位经营的有关信息或相关的商业秘密，因此法律规定，协商代表应当遵守保密法律法规，保守企业商业秘密。协商代表履行对其在集体协商过程中知悉的用人单位的商业秘密的保密义务，不仅限于其担任工资集体协商代表期间，还包括其卸任后商业秘密存续期间。保密义务对于企业外部委托代表也同样适用。

（2）《集体合同规定》要求协商代表应当维护本单位正常的生产、工作秩序，不得采取威胁、收买、欺骗等行为。《北京市集体合同条例》规定："集体协商双方应当避免采取过激行为。协商代表有义务维护本单位正常的生产、工作秩序。"《广东省企业集体合同条例》则规定，"开展集体协商，职工方与企业应当采用平和、理性的方式，维护企业正常的生产经营秩序，不得有下列行为：

1）拒绝或者无正当理由故意拖延集体协商；

2）威胁或者利诱对方协商代表；

3）以暴力、胁迫或者其他非法手段扰乱、破坏集体协商秩序；

4）限制有关人员人身自由，或者进行侮辱、恐吓、暴力伤害；

5）其他可能激化矛盾的行为。"

（二）协商代表的权利

对协商代表合法权益的保护，是保证集体协商公正、公平、顺利进行的重要前提。在企业劳动关系的双方之间，职工一方与企业一方相比处于弱势地位。职工代表是企业员工，需要与企业签订劳动合同，由企业支付工资等劳动报酬，在生产活动中接受企业的管理和监督。因此，当他们担任职工协商代表以后，保障其合法权益显得十分重要。为了解除职工代表的后顾之忧，有必要对协商代表的保护给予特别的关注。

为了使职工方集体协商代表大胆履行职责，维护职工方协商代表的合法权益，应从以下几方面对职工方集体协商代表进行保护：

（1）用人单位不得以任何借口，对职工方协商代表进行打击报复。

（2）职工方协商代表在其履行协商代表职责期间劳动合同期满的，劳动合同期限自动延长至完成履行协商代表职责之时，除个人严重过失外，用人单位不得与其解除劳动合同。

（3）职工方集体协商代表履行协商代表职责期间，用人单位无正当理由不得调整其工作岗位，尤其是不得做出不利调整。

（4）企业内部的协商代表参加集体协商视为提供了正常劳动。

现行的《工资集体协商试行办法》第十四条规定："由企业内部产生的协商代表参加工资集体协商的活动应视为提供正常劳动，享受的工资、奖金、津贴、补贴、保险福利待遇不变。其中，职工协商代表的合法权益受法律保护。企业不得对职工协商代表采取歧视性行为，不得违法解除或变更其劳动合同。"《集体合同规定》第二十七条规定："企业内部的协商代表参加集体协商视为提供了正常劳动。"第二十八条规定："职工一方协商代表在其履行协商代表职责期间劳动合同期满的，劳动合同期限自动延长至完成履行协商代表职责之时，除出现下列情形之一的，用人单位不得与其解除劳动合同：（1）严重违反劳动纪律或用人单位依法制定的规章制度的；（2）严重失职、营私舞弊，对用人单位利益造成重大损害的；（3）被依法追究刑事责任的。职工一方协商代表履行协商代表职责期间，用人单位无正当理由不得调整其工作岗位。"

各地方法规也颁布了更为详细的对职工方协商代表的保护性条款。如《大连市企业平等协商和集体合同规定》第十二条和第二十九条规定：职工方协商代表在劳动合同期内除个人严重过失外，企业不得解除其劳动合同或作损害其合法权益的岗位变动。企业方不当变更、解除职工方协商代表和集体合同监督检查人员劳动合同的，企业不按规定保障职工方协商代表和集体合同监督检查人员法定权利的，由劳动保障行政部门责令限期改正；拒不改正的，可以视情节轻重给予警告或处 1 000 元罚款。

另外，工会主席往往担任集体协商中职工方的首席协商代表，因此对工会主席合法权益的保护更为重要。企业的工会主席、工会委员会委员直接受雇于企业，这种双重身份使他们容易在协商过程中顾虑重重。在实践中，有的工会干部在和企业"讨价还价"时担心得罪企业，要丢饭碗。"老总一不愿谈，工会就不敢谈"是一些企业工会的共同处境。

《工会法》中有关于基层工会专兼职干部劳动合同期限保护的规定：

（1）对基层工会专职主席、副主席或者委员的劳动合同期限保护。《工会法》规定，除个人严重过失或者达到法定退休年龄的情况外，"基层工会专职主席、副主席或者委员自任职之日起，其劳动合同期限自动延长，延长期限相当于其任职期间"。这个规定的意思是说，当被会员民主选举为专职工会主席、副主席或者委员时，其原来与用人单位签订的劳动合同有关期限的约定自动延长，专职工会干部的任期就是延长期；如果能够连选连任，劳动合同延长的期限也连续累加。当专职工会干部任期届满后，其原来尚未履行的劳动合同期限再继续履行。比如，某用人单位的职工原劳动合同期限是 5 年，已履行 3 年后当选为专职工会主席，任期 5 年，那么担任工会职务的这 5 年是追加的劳动合同期间，劳动合同期间自然按任期延长，直至其任职届满。任职届满后，任职前尚未履行完的 2 年劳动合同继续履行，即劳动合同自动延长为 10 年期。

（2）对基层工会委员会非专职主席、副主席或者委员的劳动合同期限保护。《工会法》规定，"非专职主席、副主席或者委员自任职之日起，其尚未履行的劳动合同期限短于任期的，劳动合同期限自动延长至任期期满"。这个规定的意思是说，当职工被会员民主选举为兼职工会主席、副主席或者委员时，如果自任职之日起，该职工与用人单位签订的劳动合同还未履行的期限短于其任职期限的，劳动合同期限就自动延长至任期期满。

（3）工会组织对工会干部的保护。现有的法律机制为工会主席提供了必要的保护，但是实际的保护还存在很多不足，例如，不属于合同期限问题的其他的不公正待遇行为时有发生。例如，大连开发区某企业工会主席因积极为职工维权，遭受经营者的打击报复，企业方试图不通过职代会就罢免该工会主席。具体操作方式就是，擅自在年终考核中给工会主席过低评价，又将专职工会主席职务转为兼职，最后将其停职。面对这种情况，该企业工会干部和职工代表找到大连开发区总工会。在总工会的干预下，企业方恢复了该工会主席的职务，停止了对他的侵害，企业方也受到了相应的处罚。在此案例中，我们看到上级工会组织在保护企业工会干部中的重要作用。

2007 年 8 月中华全国总工会下发了《企业工会主席合法权益保护暂行办法》，对上级工会保护基层工会干部的内容与措施、保护机制与责任等方面做出了详细规定，并要求设置基层工会干部权益保障金。上海市总工会出台并施行了《〈企业工会主席合法权益保护暂行办法〉实施细则》，宣布建立自上而下的"工会主席保护机制"。具体包括：企业工会主席因依法履行职责，被企业降职降级、停职停薪降薪、扣发工资以及其他福利的，或因被诬陷受到错误处理、调动工作岗位的，或遭受打击报复不能恢复原工作、享受原待遇的，或未安排合适工作岗位的，上级工会要会同该企业党组织督促企业撤销处理决定，恢复该工会主席原岗位工作，并补足其所受经济损失；企业工会主席因依法履行职责，被企业无正当理由解除或终止劳动合同的，上级工会要督促企业依法继续履行其劳动合同，恢复原岗位工作、补发被解除劳动合同期间应得的报酬，或给予本人年收入两倍的赔偿，并给予解除或终止劳动合同时的经济补偿金；发生劳动争议，工会主席本人申请仲裁或者提起诉讼的，上级工会应当为其提供法律援助，支付全部仲裁、诉讼费用；企业工会主席因依法履行职责，遭受企业解除或终止劳动合同，本人不愿意继续在该企业工作，导致失业的，上级工会要为该工会主席提供就业帮助，需要就业培训的，要为其免费提供职业技能培训；企业工会主席因依法履行职责，被故意伤害导致人身伤残、死亡的，上级工会要支持该工会主席或者其亲属、代理人依法追究伤害人的刑事责任和民事责任，并给予补助和慰问金；企业非专职工会主席因参加工会会议、学习培训、从事工会工作被企业扣发或减少工资和其他经济收入的，上级工会要督促企业依法予以足额补发被扣发或减少的工资和其他经济收入。为此，上海市总工会宣布设立 200 万元工会干部权益保障金，并要求各区县局（产业）工会也须相应设立工会干部权益保障金。

（4）借助集体协商机制进行保护。除了法规规范和制度保障之外，还可以借助集体协商机制，进一步细化保护规定。比如，在集体协商中纳入一些对职工代表、工会干部的保护性条款，经过协商写入集体合同之中，通过集体合同对职工方协商代表进行保护。

协商代表的权利和义务是对等的。职工协商代表既不能只履行义务而不行使权利，也不能只行使权利而不承担应尽的义务。只有把权利和义务统一起来，才能正确有效地发挥协商代表的作用，保证集体协商的顺利进行。

五、协商代表的职责与权限

（一）企业方代表的权限

赋予协商代表恰当的权限是让协商具备可操作性的保证。协商中可能出现的情况是代表们只能在接到指示后就所协商的内容做出决定，这会使之陷入进退两难的境地，一方面要在谈判桌上与工会代表谈判；另一方面要尽力说服幕后的决策者改变决定。与此同时，管理决策者同样也要承受来自外部的各种压力（如政府或舆论）和不同股东的影响。要知道，当某个谈判方在谈判桌上的人员没有足够的决定权、无法做出能在自己的组织通过的承诺时，另一方会觉得他们打的是"假人"或者说是在进行"表面谈判"，这会大大提高谈判陷入僵局的可能性，因此协商代表的权限问题很重要。

我国法律只规定了协商代表的权利与义务，并未明确具体地规定代表的权限问题。在实际操作中，建议协商代表在准备阶段与管理决策层反复沟通修改协商方案、初步协议等内容，并获得批准，确保其为大多数人所接受。

（二）作为职工方协商代表的工会的职责

企业工会在集体协商中的主要职责是，积极推进集体协商与集体合同制度，保护和增进职工权益，促进企业和谐发展。在法律层面上，2009 年修改的《工会法》明确了各级工会通过平等协商和集体合同制度，协调劳动关系，维护企业职工劳动权益的职责。在实践层面上，为促进集体协商，企业工会应做到以下几点。

1. 保持与工会会员的密切联系

在集体协商中，工会是职工利益的代表者、维护者，必须随时了解掌握职工群众的所思所想和利益诉求，并要在协商的各个阶段保持与职工群众的密切联系，让职工知晓协商的目的、进程、问题所在及解决方案。在此过程中，职工对工会的了解、信任与依靠十分重要。工会平时就要让职工了解工会的基本职能与日常工作，以及工会在维护职工合法权益方面的所作所为，使得工人能够及时向工会反映心中诉求与面临的困难，真正信任、依靠企业工会。职工群众的信任与支持，是工会力量的源泉，是工会启动和开展集体协商的坚实保障。

2. 获得企业方的认可和支持

推进集体协商的过程中，不受企业行政方重视的工会往往缺少话语权。要获得企业方的认可，主要还是看企业工会在平时的工作中在多大程度上维护和谐的企业氛围，从而促进了企业的长远发展。另外，企业工会还要特别注意与行政部门负责人的沟通，在正式的集体协商之前更要加强沟通与联系。可以通过各种方式，主动向企业行政方汇报和宣传集体协商工作进展，向不重视的企业宣讲集体协商的重要作用以及理念方法，争取企业方的理解与配合。

3. 努力保障和实现职工利益

在集体协商中依法维护职工合法权益是企业工会的基本职责和立会之本，只有这样才能让职工真正信赖和拥护工会。由于劳动关系主体存在隶属性，劳动者隶属于用人单位，在劳动者和用人单位这对矛盾中，劳动者处于弱势地位，是需要保护的对象。劳动者依法组建工会，加入工会，是为了在工会的组织下争取和增进自身的权益。工会干部要敢于维权，不能有畏缩思想；同时，要善于维权，不断提升自己的理论政策水平和沟通协商能力。用专业的方法与恰当的策略，为职工争得更多权益。

4. 全程引导预期，促进劳资双方合作共赢

在集体协商中，职工从实现利益最大化的目的出发，希望增加工资收入，提高福利待遇；企业经营者则从利润最大化的角度考虑，希望限制工资增长，尽可能控制人工成本。然而，在市场经济中，职工个人利益与企业的整体利益密不可分，相互依存。工会组织教育和引导职工支持企业改革、有效推动企业生产力的发展从而提高企业的经济效益，职工的收入才能不断增长，集体合同条款才能得到有效的落实。通过集体协商，要取得双方都满意的结果，既要考虑职工的利益，又要兼顾企业的持续发展。工会调节劳动关系、代表职工与企业进行集体协商、签订集体合同，并指导帮助职工与用人单位订立劳动合同等，通过平等互利的协商，使双方共同受益，最终达到双赢。

5. 疏解职工激进情绪，稳定职工队伍

企业工会作为劳动关系中职工一方代表，通过集体协商，在表达职工诉求、调处劳资矛盾，与企业方一起预防群体性事件发生，稳定职工队伍方面发挥着重要作用。协调平衡劳动关系双方利益、促进和谐劳动关系是

工会的重要任务。随着社会经济成分的多样化，劳动关系日益多元化、复杂化，劳动争议案件明显增加，尤其是因工资报酬、拖欠工资引起的劳动争议不断发生，直接影响了职工队伍和社会政治的稳定。工会应该随时了解职工的意愿，适时做好各方面的沟通、疏导工作，督促企业开展集体协商工作，依法依规解决相关矛盾与问题。

拓展阅读

《东风日产工资集体协商（试行）办法》第三章

第六条：推选工资集体协商代表

（一）工资集体协商代表是指按照法定程序产生并有权代表本方利益进行集体协商的人员。工资集体协商双方的代表人数应当对等，每方至少 5 人，并各确定 1 名首席代表。

（二）职工方首席代表应当由工会主席担任，工会主席可以书面委托其他人员作为自己的代理人。

（三）企业首席代表应当由法定代表人担任，法定代表人可以书面委托其他管理人员作为自己的代理人。

（四）首席代表不得由非本公司人员代理。

（五）职工方协商代表须经职工代表大会审议通过。职工方协商代表应在本企业连续工作满 1 年以上。

（六）工资集体协商的双方代表与集体合同协商代表保持一致，可依程序增加或调整。

（七）协商双方可书面委托本企业以外的专业人士作为本方协商代表。委托人数不得超过本方代表的 1/3。

（八）企业协商代表与职工方协商代表不得相互兼任。

第七条：工资集体协商代表的权责

（一）协商双方享有平等的知情权、建议权和否决权。

（二）由企业内部产生的协商代表参加工资集体协商的活动应视为提供正常劳动，享受的工资（含加班工资）、奖金、津贴、补贴、保险福利待遇不变。

（三）协商代表应遵守双方确定的协商规则，履行代表职责，并负有保守企业商业秘密的责任。协商代表任何一方不得采取过激、威胁、收买、欺骗等行为。

（四）协商代表应履行下列职责：（1）参与工资集体协商；（2）接受本方人员质询，及时向本方人员公布协商情况并征求意见；（3）提供与工资集体协商有关的情况和资料；（4）代表本方参与工资集体协商争议的处理；（5）监督工资协议的履行；（6）法律、法规和规章规定的其他职责。

（五）职工方协商代表一经产生，必须履行其义务。因特殊情况造成无法履行义务或代表空缺的，应当按法定程序重新产生。

（六）职工方协商代表履行协商代表职责期间，企业无正当理由不得变更其劳动条件。

（七）职工方协商代表在其履行协商代表职责期间，除出现《劳动合同法》第39条规定情形之一外，企业不得解除其劳动合同。

第2节 收集信息

一、熟悉有关法律、法规、规章和制度

我们国家现行劳动法律法规，对集体协商签订集体合同具有重要指导意义。在开展集体协商工作时，两个方面的法律法规尤其关键。一是关于集体协商集体合同制度的法律法规；二是有关劳动条件劳动标准的法律法规。从法律的层级上看，既要知晓国家级立法，也应该知晓地方立法的相关规范，同时，还需要查阅劳动关系三方（人力资源和社会保障部、中华全国总工会、中国企业联合会/中国企业家协会）发布的一些相关文件。

我国有关集体协商签订集体合同的法律法规，是开展集体协商签订集体合同工作的直接法规依据。涉及集体合同制度的法律、法规和相关文件主要包括：

（1）《劳动法》——1994年7月全国人大常委会通过，1995年1月1日起开始实施，2009年第一次修正，2018年第二次修正。《劳动法》第33条、34条、35条、84条，分别对集体合同的内容、主体、程序、集体合同的生效、集体合同的法律效力以及集体合同争议处理事项做出了规定。由此开始，集体合同制度在我国正式建立。作为一部综合性劳动法规，《劳

动法》对集体合同制度做出了原则性规定。

（2）《集体合同规定》——劳动部于 1994 年底颁布，1995 年开始实施。2004 年出台的新的《集体合同规定》取代了 1994 年的规定。作为政府劳动部门指导和规范集体协商及签订集体合同、协调处理集体合同争议、加强集体合同管理的主要规范，《集体合同规定》将《劳动法》关于集体合同制度的原则规定进一步具体化，对集体合同的签订、集体合同的审查以及集体合同争议处理问题做了较为详细、具体的规定。

（3）《工会法》——2009 年 8 月全国人大常委会对 1992 年《工会法》进行了第二次修正。《工会法》中涉及集体合同制度的内容有了新的发展和完善。修改后的《工会法》第六条规定："工会通过平等协商和集体合同制度，协调劳动关系，维护企业职工劳动权益。"《工会法》是从工会权利的角度规范集体协商集体合同行为的。它明确了集体协商与集体合同制度是工会协调劳动关系、维护职工劳动权益的途径，并且赋予了工会代表职工进行平等协商、签订集体合同的权利，还对处理集体合同争议过程中工会的权利和职责做出了法律规定。

（4）《工资集体协商试行办法》——劳动和社会保障部第 9 号令，2000 年颁布。专门规范了工资集体协商和签订工资集体协议的行为。此试行办法包括了工资集体协商的内容、工资集体协商代表、工资集体协商程序、工资协议审查等内容。它为作为专项集体合同的工资协议的签订程序和内容等事项提供了比较详细的规范。

（5）《劳动合同法》——2007 年出台，2008 年开始实施，2012 年修正。其中的"特别规定"一章，专有一节涉及集体合同，规定了行业性与区域性集体合同问题。第五十三条规定："在县级以下区域内，建筑业、采矿业、餐饮服务业等行业可以由工会与企业方面代表订立行业性集体合同，或者订立区域性集体合同。"这是关于集体合同范围级别上的一个突破，是对实践发展的一种确认。

（6）工会和劳动关系三方的相关文件。为大力推进集体协商工作的开展，各级工会组织以及劳动关系三方多次联合发文，指导集体协商工作的推广、普及和深化。2006 年劳动和社会保障部联合劳动关系三方发布《关于开展区域性行业性集体协商工作的意见》，推进行业性与区域性集体协商工作的开展。2009 年中华全国总工会发布《关于积极开展行业性工资集体协商工作的指导意见》，对行业性工资集体协商提出明确要求。2010 年国家协调劳动关系三方联合下发《关于深入推进集体合同制度实施彩虹计划的通知》，要求以工资集体协商为重点，从 2010 年到 2012 年，力争用三年时间基本在各类已建工会的企业实行集体合同制度；对未建工会的小企业，则通过签订区域性、行业性集体合同努力提高覆盖比例。2011 年全国总工会下发《中华全国总工会 2011—2013 年深入推进工资集体协商工作规划》，2014 年又下发《中华全国总工会关于提升集体协商质量增强集体合同实效的意见》《中华全国总工会深化集体协商工作规划（2014—2018 年）》。2014 年国家协调劳动关系三方下发《关于推进实施集体合同制度攻坚计划的通知》，要求各地不断推进集体合同覆盖范围，提升集体协商质量。全国总工会以及国家协调劳动关系三方下发的文件，体现了不同发展阶段集体协商工作的进展与重点要求，对于集体协商工作具有重要指导意义。

（7）涉及劳动标准的法律法规。劳动标准是指以法律形式规定的关于劳动条件的基本标准。劳动标准包括：1）工时、休息和休假标准，如工作日的种类、加班加点及其报酬、延长工作时间的一般程序、延长工作时间特殊规定、延长工作时间的工资支付等；2）工资标准，包括工资的形式、最低工资标准；3）女职工和未成年工保护标准；4）社会保险标准；等等。

劳动标准根据性质可分为两大类：1）法定劳动标准，具有强制性，是国家标准化机构批准的要求强制执行的劳动标准。如《劳动法》《劳动合同法》中的法定标准。2）政策性劳动标准，是政府根据自己的政策目标，在最低标准基础上制定的关于劳动条件的导向性标准，具有指导性作用。例如，地方政府劳动部门每年定期公布的工资指导线。

涉及劳动标准的法律法规内容繁多，这些内容是集体协商必须涉及的，集体协商代表需要认真收集和全面掌握，以为集体协商提供科学的依据。

此外，协商代表还要充分熟悉所在行业和所在地区的集体协商情况，了解相关政策和实践情况，充分了解劳动争议发生状况和劳动争议处理统计数据，从中知晓当前劳动争议发生、变化的规律，尽量避免发生集体协商争议。初次开展集体协商的企业，可以求助于劳动行政部门协助指导，也可以组织去其他集体协商开展较为成熟的企业进行调研学习，提前积累经验。

二、收集相关资料和数据

进行集体协商所需数据是多方面、多层次的，包括国家宏观层面的数据、地方相关数据和企业经营数据。

（一）宏观数据类

我国各级政府劳动行政部门都会定期发布劳动关系状况各种指标的统计数据，它们能集中反映出劳动关系的现实状况、存在问题和发展趋向。在众多统计数据当中，与集体协商集体合同制度密切相关的包括综合性经济指标、劳动力市场状况、就业与失业状况、劳动报酬状况、劳动争议状况等。

在综合性经济指标当中，最为重要的是国内生产总值、居民消费价格指数、职工平均工资。

（1）国内生产总值（GDP）。是指在一定时期内（一个季度或一年），一个国家或地区的经济中所生产出的全部最终产品和劳务的价值，常被公认为衡量国家经济状况的最佳指标。它不但可以反映一个国家的经济表现，更可以反映一国的国力与财富。一国 GDP 的增降，在很大程度上反映了国家经济运行状况的好坏。

宏观经济状况对集体协商的内容与趋向具有重要的基础性作用。

（2）居民消费价格指数（CPI）。是指城乡居民购买支付生活消费品和服务项目的价格，是社会产品和服务项目的最终价格。它同人民生活密切相关，在整个国民经济价格体系中占有极为重要的地位。居民消费价格指数是一个反映居民家庭一般所购买的消费商品和服务价格水平变动情况的指标。

这个指标的变动与集体协商密切相关。一般而言，CPI 上升，则表明职工现有收入的购买力降低，在此情况下就有理由要求提高工资水平，以保障或提升职工收入的实际购买力。

（3）职工平均工资。是指企业、事业、机关单位的职工在一定时期内平均每人所得的货币工资额。它表明一定时期职工工资收入的高低程度，是反映职工工资水平的主要指标。

上述数据显示了整个国家的经济状况、年度经济增长水平，以及在此背景下的职工平均工资水平及物价水平，反映了职工实际生活水平的升降幅度、职工分享经济发展成果的状况。这些数据也是确定集体协商过程中是否提出工资增长以及增长幅度应该多大的重要依据。一般而言，国家经济高速增长条件下，职工的工资应该有相应比例的增加；在居民消费价格指数上升情况下，职工工资也应该做出相应调整，以保证职工生活水平不致受到过大影响而下降。这几个数据对于企业以及区域、行业性的集体协商都具有非常重要的参考价值。

（4）劳动力市场状况。包括劳动力市场管理的法律法规、劳动力市场的基本供求状况。了解现实的劳动力市场状况，是开展集体协商的重要前提，这是因为劳动力市场的供求状况会直接影响劳动力价格、在职职工的工资水平等相关方面。任何一方提出本方要求、确定协商议题的争取目标时，都必须了解当时整个国家、所在地区以及所处行业的劳动力市场供求状况，根据劳动力市场的供求状况，提出比较符合实际、切实可行的协商要求。

（5）就业与失业状况。就业状况对集体协商工作的影响是很大的，特别是协商企业所在地区、行业的就业情况，对该企业协商中各方的许多具体要求都会产生相应的影响。当相关地区、相关行业甚至相关岗位出现劳动力供不应求状况时，提高工资的要求就可能容易实现；相反，当劳动力出现供大于求的局面时，竞争加剧，工资增长就比较困难。同时，把握劳动力市场上劳动者素质状况、教育水平、失业率以及国家的培训就业目标，也可以引导企业在集体协商涉及职工培训议题时，确定比较明确的任务和方向。

（6）劳动报酬状况。劳动报酬、工资分配本身就是集体协商的一个核心内容，因此，劳动报酬方面的指标数据对于集体协商工作至关重要。随着市场经济改革的不断推进，国家借鉴吸收了市场经济国家的一些有益做法，为企业工资集体协商提供引导。这当中有几项重要的指标是必须了解把握的。

1）劳动力市场工资指导价位。政府有关部门对各类职业（工种）工资水平进行广泛调查，经过汇总、分析和修正，公布有代表性的职业（工种）的工资指导价位，以规范劳动力市场供需双方的行为，从微观上指导企业合理确定劳动者个人工资水平和各类人员的工资关系。建立劳动力市场工资指导价位制度，有利于充分发挥市场机制对工资分配调节的基础性作用，促进市场均衡工资率的形成；有利于指导企业根据劳动力供求状况和市场价格，形成企业内部科学合理的工资分配关系；同时也有利于企业工资宏观调控体系建设。

2）行业人工成本信息。行业人工成本信息指导制度是指政府劳动保障部门或由其委托的社会组织调查、收集、整理并分析预测行业人工成本水平，定期向社会公开发布行业人工成本信息，指导企业加强人工成本管理、合理确定人工成本水平的制度。

3）最低工资标准。我国实行最低工资保障制度，最低工资标准是由各省、自治区、直辖市人民政府劳动行政部门制定，每两年调整一次。各地政府公布的最低工资标准是集体协商工资过程中必须掌握的、非常重要的参考指标。

4）工资指导线。我国已建立工资指导线制度，它是政府为保证宏观经济目标实现，根据社会经济发展相关经济指标的现状与变动提出的关于年度工资水平增长标准的权威性建议。工资指导线多采用年度报告的周期形式，提出短期的工资指导方针和工资水平提高的百分比。每年各地方会发布本地的工资指导线，工资指导线与企业集体协商有着非常直接的联系。

5）年度工资增长指导标准，包括"三条线"，即年度工资增长基准线、年度工资增长上限、年度工资增长下限。年度工资增长基准线是指根据经济增长预测所得出的工资增长理想百分比，既有利于实际工资提高，又有利于降低人工成本，提高经济效益。年度工资增长上限又叫"预警线"，指年度工资增长的最高标准，超过此限度，可能违反工资规律并引发消费基金过度膨胀。对于年度工资增长下限，考虑到物价上涨因素和政府最低工资率的要求，实际上应将货币工资增长等于物价指数，或不低于最低工资率，作为确定工资增长下限的依据。

（7）劳动关系指标。主要涉及劳动争议发生状况和劳动争议处理统计数据。劳动关系双方应该随时了解和掌握劳动争议发生的状况，包括劳动争议的数量、规模、种类、影响等重要数据，从中了解掌握当前劳动争议发生、变化的规律，尽可能在企业层面采取积极应对措施，通过有效的集体协商，预防和减少包括集体劳动争议在内的各种争议的发生。

（8）社会保障制度方面的指标。包括失业、工伤、生育、医疗、养老保险的缴费、登记、管理等法规政策以及各地的实践。它对于进行集体协商的企业有重要的价值。只有详细充分地了解社会保险的相关法规政策，才能在企业协商过程中严格按照法律法规的要求，讨论协商本企业的有关规定。

（二）地方相关信息类

一是地方政府发布的有关物价指数、工资指导线和行业工资中位数、平均工资、最低工资标准、最低生活保障标准等，既要收集本企业所在地的上述数据，又要掌握周边地区或类似地区的上述数据，以便进行对比。

二是本地区的劳动力市场的供求状况。

三是同行业或同类型企业的劳动标准、工资水平等。

（三）企业相关信息

需要收集的企业内部信息资料包括四方面：

一是本企业生产经营及财务状况，包括上一年度状况和本年度预测水平。企业的资产负债表、利润表和现金流量表就是反映企业经营状况的主要依据。

二是近年来本企业劳动条件与劳动标准状况。

三是本企业的人工成本状况。

四是企业现行规章制度，特别是涉及职工民主权利和经济利益方面的规定。由于工资问题一般都是集体协商、集体合同的核心内容，因此，对本企业的工资分配制度、工资水平等问题也必须十分清楚。

三、在集体协商过程中雇主应该提供充分必要的信息

（一）雇主应提供相关信息

国际劳工组织公约和我国相关法律都建议在集体协商中雇主应提供相关信息。国际劳工组织《集体谈判建议书》（第 163 号）第 7 条规定：在必要时，应采取符合国情的措施，以便各方获得必需的信息以进行有意义的协商，为此：

（1）在工人组织提出要求时，公共和私营雇主应提供有关协商单位和整个企业的经济和社会状况的信息，以开展有意义的协商；如果一些信息的披露可能损害企业，那么可以在保证按照要求对信息保密的条件下进行信息交流；集体谈判各方可以就需要披露的信息内容达成一致。

（2）政府部门应提供有关国家和相关活动部门整体经济和社会状况的必要信息，这些信息的披露程度以不损害国家利益为准。

我国《企业民主管理规定》里规定了厂务公开制度，第三十四条为：企业应当向职工公开下列事项：经营管理的基本情况；招用职工及签订劳动合同的情况；集体合同文本和劳动规章制度的内容；奖励处罚职工、单

方解除劳动合同的情况以及裁员的方案和结果，评选劳动模范和优秀职工的条件、名额和结果；劳动安全卫生标准、安全事故发生情况及处理结果；社会保险以及企业年金的缴费情况；职工教育经费提取、使用和职工培训计划及执行的情况；劳动争议及处理结果情况；法律法规规定的其他事项。第三十五条为：国有企业、集体企业及其控股企业除此之外还应当公开下列事项：投资和生产经营管理重大决策方案等重大事项，企业中长期发展规划；年度生产经营目标及完成情况，企业担保，大额资金使用、大额资产处置情况，工程建设项目的招投标，大宗物资采购供应，产品销售和盈亏情况，承包租赁合同履行情况，内部经济责任制落实情况，重要规章制度制定等重大事项；职工提薪晋级、工资奖金收入分配情况；专业技术职称的评聘情况；中层领导人员、重要岗位人员的选聘和任用情况，企业领导人员薪酬、职务消费和兼职情况，以及出国出境费用支出等廉洁自律规定执行情况，职工代表大会民主评议企业领导人员的结果；依照国家有关规定应当公开的其他事项。

（二）提供的信息应与协商议题密切相关

提供的信息应与协商议题密切相关。内容应根据单位规模、业务类型、议题类别、工会或员工代表的要求等而有所不同，可包括：

（1）经营情况，如经营业绩、业务调整、投资计划、投资回报率、劳动生产率等；

（2）财务状况，如收入、成本（含人工成本、劳动成本占生产成本的比例）、利润、资产、负债等；

（3）人力资源情况，如员工数量、岗位设置、绩效管理、晋升体系、培训政策等；

（4）薪酬情况，如工资总额、工资结构、平均工资、工资增长率、社会保障缴纳情况、员工福利等；

（5）劳动条件，如劳动标准、工作场所健康与安全设施等。

如果信息涉及国家安全、商业机密、个人隐私，或者可能给雇主带来明显损害，雇主可以不提供。雇主提供信息的方式不必是原件，可以是复印件等资料，但须保证真实，不得造假欺骗。协商代表双方应当确保对披露的信息保密，雇主可以要求工会代表签署保密协议，承诺不泄露相关信息。

（三）提供充分必要的信息有助于提高集体协商的效率

雇主应当意识到提供充分必要的信息有助于提高集体协商的效率。雇主提供信息的目的是帮助工会或员工代表了解有关事实，包括企业的财务状况和竞争力，从而表明有（或没有）能力来满足工资增长等要求。如果员工得不到相关信息，可能会对雇主存有很大的误解，产生不切实际的期望，充分必要的信息公开则有利于缩小双方之间的认知差距，节约协商的时间和成本，从而提高协商成功的概率。集体协商实际上是雇主与员工之间一次有效的沟通机会，是向员工说明雇主经营现状的良好机会。充分必要的信息公开有利于将员工与单位连接成利益共同体，共同分享利益成果、应对困难和挑战。

第3节 拟定议题

一、议题的内容

按照我国法律规定，双方可以就下列多项或某项内容进行集体协商，签订集体合同或专项集体合同：

(1) 劳动报酬；

(2) 工作时间；

(3) 休息休假；

(4) 劳动安全与卫生；

(5) 补充保险和福利；

(6) 女职工和未成年工特殊保护；

(7) 职业技能培训；

(8) 劳动合同管理；

(9) 奖惩；

(10) 裁员；

(11) 集体合同期限；

(12) 变更、解除集体合同的程序；

(13) 履行集体合同发生争议时的协商处理办法；

（14）违反集体合同的责任；

（15）双方认为应当协商的其他内容。

二、议题的确定

集体协商是政策性、专业性极强的一项工作。协商前的充分准备，广泛收集集体协商所需要的各方面信息数据，选择确定理性科学、切合企业实际的议题，对协商顺利开展并取得预期成果、解决企业劳动关系领域的关键问题、促进企业劳动关系和谐发展至关重要。确定集体协商议题时，要综合考虑各方面因素，权衡利弊得失，尽量保证协商议题有理有据、切合实际。

（一）对照法定标准

准备集体协商议题时，特别需要注意集体协商议题与法律法规标准之间的关系。法定标准是底线，遵守法律是所有企业必须做到的。集体协商应该在法定标准之上展开，原则上所谈标准应该是优于劳动法标准或是细化相关标准。

在确定集体协商议题时，需要避免一种倾向，即集体协商内容的"格式化""文本化"，照抄法条或标准文本，缺乏具体的、体现企业特色的、具有可操作性的内容。我国集体协商开展的时间不长，很多企业没有集体协商的实践经验，为了推进集体协商工作，一些地方就制作了集体合同范本，供企业劳动关系双方参照。不少初次进行集体协商的企业，往往照搬格式样本，然后填入法定标准了事。这种做法是不可取的，因为它失去了进行集体协商的实际意义。正确的做法是，结合社会经济发展和企业经营实际与特点，体现职工群众的关切与诉求，选择和确定集体协商的议题。

（二）突出重点诉求

虽然可列入集体协商议题的内容很多，但是不应该一味求全。集体合同既可以是综合全面的合同，也可以是就单项问题订立的合同。抓住重点是确定协商议题时十分重要的一环。每个企业应紧密结合本企业的特点与实际，集中解决本企业最关键的难点问题、职工群众迫切关心的热点问题。

比如，在女职工占比大的企业，女职工保护就是特别重要的、职工特别关心的问题；对于建筑类企业，可能工资支付保障是职工最关心也影响到企业顺利运行的问题；对于一些IT类企业，可能劳动强度大、加班加点是最核心的问题。准确地找到企业劳动关系的重点问题，把关系职工切身利益的且影响企业发展的、迫切需要解决的重点问题纳入协商议题，才能确保集体协商真正发挥应有的作用。面对复杂繁多的可选议题，职工方协商代表应当分出轻重缓急，科学排序，把那些属于重点的和亟待解决的事项作为集体协商的主要议题，确保集体协商工作的针对性和实效性，其他议题依次安排。

确定协商议题的数量，应注意适度性。一次协商会议议题，一般以安排一个主要议题和若干小议题为宜。议题过多，重点不突出，集体协商双方问题讨论难以深入，不易形成双方都满意的结果。会议议题安排过少，一旦协商过程中有意见分歧，一个标的谈不下来，没有缓冲和回旋余地，也很难取得预期成果。另外，有些职工关注度较高的议题，本次协商可能谈不下来，可以记录在案留待下次协商再议。

（三）考虑企业接受度

确定集体协商议题时，维护和增进劳动者权益是职工方协商代表必须考虑的，但也需要考虑企业方能够接受的程度。一般而言，在协商达成合同过程中，有两种情况是企业方比较易于接受的：一是在企业方目前掌握的协商底线以内的内容；二是在劳动关系双方共同努力形成的利益增量范围内的内容。对于前者，职工方协商代表需要全面地掌握企业经营实际状况和各方面动态信息，在此基础上通过高超的协商技巧与方法实现目标。比如，在确定工资增幅问题时，如果职工方协商代表清楚企业实际的可分配利润，在协商中较好地应用技巧，就可能在集体合同中就确定工资增加幅度方面取得较大利益。对于后者，则需要工会提出具有建设性的建议，通过劳动关系双方的合作，提高企业的可分配利益，并从中取得自己的利益。例如，工会提出参与管理的方案，通过职工合理化建议活动为企业创造了实际收益，管理方就易于接受在收益增量范围内提出的各种要求。

（四）分析企业经营状况

进行集体协商不是只考虑单方面的利益增长，还要从企业经营的实际状况出发，以稳定职工队伍、促进企业持续发展为目标。因此，确定协商议题时应该针对企业不同的经营发展状况，在议题选择上有所侧重。

对于生产经营正常和效益较好的企业，协商议题的侧重点在于让职工分享企业发展成果，建立正常的待遇机制。议题可以涉及工资水平、加班工资、奖金分配、特殊情况工资、补充保险、补贴和福利等。应重点协商职工尤其是一线职工工资增长幅度与企业经济效益增长的比例关系。

对于盈利较少、仅能维持正常生产经营的企业，协商议题应侧重努力保持职工实际收入水平不下降，以政府部门发布的物价指数为基准，结合企业能力与未来发展，设计具体议题方案。

对于生产任务暂时不足的企业，议题的侧重点在于协商职工在岗或待岗培训和轮班休息及培训、休息期间职工工资和福利等。

对于生产经营出现困难的企业，议题侧重点在于建立职工劳动经济权益的保障机制，应重点就工资支付办法、企业最低工资、职工社会保险、下岗职工基本生活保障等与企业方进行协商。

对于生产经营严重困难的企业，议题应侧重"保岗位、保工资"，争取企业不裁员、不减薪、少减薪，共度时艰，等困难时期过后再协商提高工资待遇。

（五）循序渐进稳步前行

集体协商不能一蹴而就，应该考虑本企业建立集体协商机制的阶段，在集体协商的实践中循序渐进，由浅入深地逐步推进涉及职工切身利益的各项议题。

在集体协商的起步阶段，企业方和职工方对集体协商都是比较陌生的，这一阶段开展集体协商的重点是让双方更多地熟悉了解集体协商的意义、目的、程序、方法等基本内容，培养双方的集体协商意识。这一时期的议题可以从相对容易解决又为大多数职工所关注的问题开始。

在集体协商逐渐步入正轨阶段，企业方和职工方的协商意识都有所增强，职工方可能会对协商内容提出更高的要求。在这种情况下，工会方应当更加深入地考察了解行业或者企业的实际情况以及职工的诉求，提升集体协商质量。

在集体协商逐渐深入、成熟的阶段，协商主体更加健全，协商程序更加规范，协商的影响和作用力已经扩大。这种情况下，工会方在推动确定集体协商议题时要在广度和深度上进行扩展，努力将工时工价定额标准、奖金福利、职业技能培训、职工参与企业二次分配等涉及职工利益的事项都纳入其中。

（六）注意程序性内容

集体协商议题中还应该包括程序性内容，即规定集体合同自身运行规则的内容，包括集体合同的订立、履行、变更、解除、终止、续订条件以及集体合同争议处理等，这是促使集体合同履行和对双方合法权益的程序性保障。由于目前法律对集体合同的违约责任的规定还不是特别明确，因此可以在集体协商中约定违反集体合同责任的约束性条款。例如，在确定工资与企业业绩挂钩条款时，应该明确企业没有及时履行相关规定的约束性办法，如规定补偿比例、补发相应工资的时间期限、协商机制等内容。如果集体合同中缺少这些内容，形不成制约机制，合同实施的保障程度就可能打折扣。

三、准备议题时的注意点

准备协商议题时特别需要注意集体协商所涉及的劳动条件、劳动标准之间存在着相互的替代性。从协商的一般原理看，协商目标越单一，回旋余地越小，困难较大；多目标的协商，则可以留有余地，进退自如，当一个标准谈不下来或不能完全谈成时，可以用其他标准进行替换或弥补。比如，某企业进行集体协商时，面临的主要问题是职工流失严重，特别是一些技术工人纷纷离职。通过调查发现，问题的原因是多方面的，如工资比较低，工作任务指标高、压力大，加班加点过于频繁，员工身体健康受到影响。在确定集体协商议题时，增加技术工人工资、减少加班、提高加班费标准、给员工增加体检项目等，都是大家关心的问题。这些问题在一次协商中可能无法全部予以解决。职工方协商代表准备协商议题时，就要将这一系列目标进行分析梳理，按照轻重缓急排序，确定主要目标和替代性目标，为进行集体协商时灵活应对做好准备。

因此，准备协商议题时必须做好充分的调查与分析。一次协商应该准备包含几项议题的组合，其中要有多套替代方案，这样才能有效应对协商过程中的各种状况。

第4节 〉〉 发出要约

一、发出集体协商要约

集体协商要约行动是集体协商主体的任何一方依法就签订集体合同或专项集体合同、协调劳动关系其他相关事宜，以书面形式向对方提出进行集体协商要求的行为。企业和职工任何一方均可提出进行集体协商的要求。按照《集体合同规定》，集体协商的提出方应向另一方提出书面的协商意向书，明确协商的时间、地点、内容等，另一方接到协商意向书后，应于20日内予以书面答复，无正当理由不得拒绝进行集体协商。

要约书一般涉及以下内容：协商的时间、地点，协商的主要议题，协商形式或具体安排意见，希望对方回应的期限，要约方签字，等等，还应附有协商代表资格认定书。

适当选择要约时机，企业一般在每年特定时间制定年度计划和预算，制定后很难有大的改动，因此协商应当在此之前开展。虽然多数情况下可能是工会方先提出要约，但其实企业应当意识到规范化、制度化的集体协商对企业经营管理的益处，变被动为主动，主动提出要约，尤其是在出现不稳定苗头时，将劳动关系冲突及时纳入规范化轨道进行处理。当集体协商机制常态化、常规化以后，每年的协商时间也可以固定下来，企业方或职工方可以在此之前向对方发出要约，获得较为充分的准备时间。

二、提前进行信息沟通

在发出要约后正式协商开始前，双方代表可以进行小范围沟通和交换意见，将希望达成的目标向对方稍做说明，让对方有一定的思想准备。当然这个说明是倾向性的谈话，不涉及协商的底线数据等，其目的是为正式协商取得共识奠定基础。双方的事前沟通有助于缩小认识差距，营造良好的氛围，避免正式协商时陷入僵局。

其实，更重要的是将良好的管理沟通融入常规化的工作中，建立配套的协商民主机制。集体协商并非孤立存在，它是与其他协商民主制度协同作用，其本质是职工参与的末端，其制度精华在于协商之前管理层与职工之间的密切沟通，在日常的管理沟通过程中将双方的分歧化解，集体协商会议、签订集体合同只是这一系列沟通过程的结果。

本章小结

本章主要是帮助企业方在开展集体协商前进行准备工作，充分的准备可以提高协商效率和协商成功的概率，甚至影响协商结果。企业方应当高度重视，遵守原则，注重宣传，为集体协商的开展打好基础。正式协商开始前的准备工作包括组织的准备、议题的准备、方案的准备、信息资料的准备、要约行动、提前进行信息沟通等方面。在正式协商前与职工方进行小范围的提前沟通和交换意见，有助于缩小认识差距，营造良好的氛围，为正式协商取得共识奠定基础，避免陷入僵局。更重要的是将良好的管理沟通融入常规化的工作中，建立配套的协商民主机制。

关键词

协商代表　　议题　　要约　　资料准备

复习与思考题

1. 假设你所在的企业即将开展第一次集体协商，你准备在宣传和提前与职工沟通方面做哪些工作？

2. 假设你所在的企业即将与职工开展有关工资议题的集体协商，请列出协商中所需的资料清单。

3. 如何才能保证协商代表有足够的权限，以确保协商方案有足够的效力可以在企业方获得通过？

实践前沿

东风日产乘用车公司工资集体协商的成功经验——持续的有效沟通

东风日产乘用车公司从 2011 年正式开始通过集体协商签订集体协议，是在国家及地方法律法规要求、政府提倡与工会推动、公司本身的民主协商文化推动以及外部南海本田停工促进等背景下开展起来的。2010 年 9 月 28 日，公司签订首期集体合同。2011 年 6 月，公司 HRMC 批准《东风日产集体合同实施提案》。2011 年 8 月 1 日，公司积极响应广州市、区两级工会和劳动保障部门号召，推进工资集体协商，并被纳入重点推进单位。2011 年 9 月 20 日公司颁布《东风日产工资集体协商（试行）办法》。办法参考了国家有关集体合同平等协商和工资集体协商的法律、法规、规章、规范性政策文件的规定，同时也征求了相应政府部门的意见。工会工作部权益保障科专项负责推进，组织开展每年的公司工资集体协商会议，并形成协议提交审批颁布实施；进行薪酬调研研讨会，研究集体工资制定合理性。2011 年至今，每年 7 月由公司企业方发起协商要约，经过 3 个月左右的协商沟通，每年 10 月签订集体合同并报送劳动部门备案。

自 2011 年开始集体协商以来，劳动关系双方商定对工资进行每年两次动态调整：每年年初职工方工资普涨，涨幅约 4%，每年年中职工方工资按绩效水平进行调整，涨幅约 4%～6%，形成了工资的动态调整机制。值得注意的是，这种工资集体协商并不是孤立存在的制度，它与公司其他民主管理制度息息相关、不可分割，共同搭建起公司内部劳动关系双方对话平台，通过沟通协商在公司内部预防和化解劳动关系冲突。公司的其他民主管理制度包括：

（1）职工代表大会制度。该制度在东风日产的日常民主管理过程中起着全局性和基础性作用。职工方可以审议公司的重要文件，如经营状况；可以通过关乎切身利益的制度办法，如职工方手册；保障职工方的知情权、参与权和监督权。

（2）公司总经理、工会主席定期会晤制度。每季度举行一次，总经理介绍公司近期工作情况，工会主席反映职工方思想动态和意见，双方交换意见，加强沟通，增进相互了解。

（3）公司总经理定期向职工方代表通报情况制度。通报会每半年不定期举行一次，公司所属单位部分职工方代表参加通报会。通报会的主要内容为：国际国内汽车行业态势；公司前阶段的生产经营情况；公司下阶段生产经营部署；总经理认为需要职工方了解的事宜；对职工方的要求和希望。

（4）劳动管理情况通报协商会制度。每季度举行一次，正式成员为人事部负责人和工会工作部负责人，主要议题为：通报国家有关劳动管理和薪酬分配制度的新法律、新法规、新政策；介绍国内有关劳动管理和薪酬分配制度的动态、信息;通报公司有关劳动管理和薪酬分配制度的动态、信息以及出现的新情况、新问题;通报职工方对劳动管理和薪酬分配制度的意见和建议;商议解决新问题的措施和办法。

(5) 广州风神理事工程。机构设置有:大理事、小理事、理事工作室;主要服务于生产经营中心工作,构建和谐的工作环境、人际关系;培养职工方树立正确的人生观和价值观,促进职工方快乐工作、快乐生活、快乐成长;规划、组织职工方访谈、谈心聊家常、职工方家庭日等活动,及时掌握职工方思想动态,帮助职工方排解工作压力,千方百计解决问题,让职工方感到企业对他们的人文关怀;关注职工方心理健康。

总结来看,公司充分利用职工代表大会,使各项制度在制定、通过、执行的全流程中充分保障职工的参与权。每季度举行的公司总经理、公司工会主席定期会晤制度在最高层级保持了工会与管理层的时刻沟通,将劳动关系问题在公司的最高决策层面讨论化解;公司总经理定期向职工方代表通报情况制度让职工了解企业的经营情况,这为职工方提出自己的工资调整幅度提供了本公司及行业依据,也为实现最后双方达成一致做了铺垫;劳动管理情况通报协商会制度从管理者的角度把事关企业的薪酬方面的信息积极主动地告知职工方,这让工资集体协商的开展建立在职工充分知情的基础上,促进了协议的达成;风神工程则是为集体协商工作提供了更好的劳动关系氛围,无论是大小理事走进社区还是 EAP 计划(员工帮助计划)等内容,都充分在过程上控制了集体协商之前可能的冲突点,把劳动关系的日常沟通作为化解冲突的渠道,真正达到职工方的快乐工作、快乐生活和快乐成长。

由此可见,东风日产的集体协商制度是企业民主管理的末端和结果,与其他日常、定期的劳动关系沟通机制协同发挥作用。在这个民主管理的体系下,劳动关系纠纷在过程中就被化解,在真正最后的协商会议上达成双方合意自然是水到渠成。

资料来源:张建国,徐微. 工资集体协商典型案例分析:企业篇. 北京:中国工人出版社,2014.

思考:

1. 东风日产在集体协商中具体有哪些经验值得学习?

2. 分析东风日产集体协商成功的制度基础与特殊性。

第 6 章

集体协商的过程

学习目标

学完本章后，你应该能够：

- 了解集体协商会议的召开与流程。
- 了解集体协商的过程。
- 了解集体协商失败的原因与处理。
- 了解集体合同的订立、生效和审查。

开篇引例

李经理应如何召开会议？

某金矿矿业有限责任公司主要从事尾矿出渣业务，厂里一名 3 年的老职工老张今年多次感觉身体不适，在厂里时请过几次假。因为工作忙，一直也没有进行正规检查。同年 7 月 28 日被该市疾病预防控制中心诊断为矽肺一期，即尘肺病。"他身体一直都很好，在单位时很重的活儿都能干，这病咋说得就得了？"老张妻子哭着说，医生说他这病跟大量吸入有毒性的粉尘有关。

"来医院看病时，才得知以前的同事也得了这病。"老张妻子说，在医院检查时，见到了同事老王的家属，才知道该病并不只是"眷顾"老张一人。

厂里的工人们得知消息后，人心惶惶，对厂里常年恶劣的工作环境产生了极大的不满，情绪十分激动。希望公司方面能够出面改善厂内工作环境，否则工人们都不愿意继续待在厂里工作。工会得知此事后，向公司提出集体协商会议的要约，希望能够通过集体协商会议为工人们争取到该有的利益保障。

公司收到要约后，给予了积极的回应，并派公司李经理主要负责协调此次集体协商会议的相关事宜。

第1节 召开集体协商会议

一、集体协商会议现场组织

(一) 现场组织的具体操作

1. 会场准备

会议工作人员需要先确定会场。由于集体协商会议对于劳动关系双方来说都是为争取自身利益而进行的博弈性商谈，因此协商代表双方在事件本身中会感受到压力。选择合适的会场、保证舒适的环境能够在一定程度上缓和剑拔弩张的会议氛围。一个合适的会场应该考虑好灯光照明、座位安排和隔音效果等因素，减少非人为可控制因素造成的消极影响。

2. 会议通知

集体协商议题安排好之后，要确定会议议程并通知参加人员。会议通知应简明扼要，说明协商议题、会议时间、地点、参加人员、报到地点和时间。为了防止意外，应在会议通知上写明会议工作人员的联络电话，以便及时沟通。

3. 会议资料

如果是劳动关系双方都需要的资料，可在会议之前分发，以便协商双方事先阅读资料，做好协商准备，这样有利于协商会议紧凑、高效。分发会议资料应有条不紊。如果资料多，需标上页码，加上小标题，制作目录，让人一目了然。

4. 会中组织

会议开始后，双方协商代表按照议定的会议程序逐一进行协商。在这个过程中，主持人具有非常重要的作用，其主要工作为把控现场情绪，控制会议时间。在必要情况下，会议主持人能够提出可供选择的其他方法和程序以便推动某一话题继续进行，不应该偏袒某一观点或某种意见，应尽量公正、客观，鼓励所有成员积极参与讨论。会议过程中很可能要涉及企业的商业秘密，会议工作人员应严格执行保密制度，不得泄露保密信息，同时，清点文件件数，及时归档，养成良好的保密习惯。

（二）雇主在现场组织中应当扮演的角色

雇主在现场组织环节上应尽到自身责任。在面对企业内部的集体协商中，劳动者往往没有足够的资源和能力组织起集体协商会议，因此，当雇主能够承担起现场组织的工作时，选派人员组织或指令第三方组织会议召开工作，往往能在集体协商的现场赢得好印象，积极承担社会责任。同时，雇主组织和准备会议也并非吃力不讨好的苦差事，现场主持人的选择和环境的布置可以帮助雇主在协商过程中掌握主动权，在一个自身适应的环境中进行协商总是如鱼得水的。

二、集体协商会议法定流程

从各国的实践和法律规定来看，协商的过程大致类似。我国的《集体合同规定》中规定，集体协商会议由双方首席代表轮流主持，并按下列程序进行：

（1）宣布议程和会议纪律；

（2）一方首席代表提出协商的具体内容和要求，另一方首席代表就对方的要求做出回应；

（3）协商双方就商谈事项发表各自意见，开展充分讨论；

（4）双方首席代表归纳意见。达成一致的，应当形成集体合同草案或专项集体合同草案，由双方首席代表签字。

集体协商过程中的临时提议，取得对方同意后，可以列入协商程序。

三、集体协商会议中关于协商主席（主持人）问题的处理

（一）协商主席的常规处理方式

协商主持人于理论上是确定、开启、结束某一议题或程序的人员，从主观操作来看，协商主持人对于会议的进程具有不可忽视的作用。协商主

持人负责把握会议节奏与进程，可以随时梳理各方的意见和观点。在每一个议题的讨论协商中，主持人可以抓住时机，及时缩小范围，引导会议向议题的结论靠近，也可以归纳总结协商代表所发表的意见，巧妙综合各种观点。如果双方代表达成一致意见，主持人及时总结并重述结论性意见，得到双方认可后，要求记录员将决议记录在案。一个具有偏向性的主持人会严重影响会议过程和谈判双方主动权的转移，因此主持人应尽量公正、客观，保持中立态度。

协商主席在我国《集体合同规定》中的规定是，集体协商不设专门主席，由双方首席代表轮流主持。从国外的实践经验来看，轮流担任协商主席虽然看似公平，但容易干扰协商的连贯性，因此轮流主持的情况并不多见。通常的做法是推举一名第三方作为协商主席来主持协商。为避免协商过程受到单方面的影响，此人必须保持中立立场，否则难以被接受。

（二）雇主在处理协商主席问题上的策略应用

事实上，我们知道，协商主席在实践中往往作为会议布置过程中已经确定的项目，谁对会议布置具有主动权，谁就能对协商主席具有一定的话语权。这也就解释了为什么当双方推举一名协商主席时，被推举的多半是企业方成员，也解释了以往案例中双方争取会议协商主席的原因。因此，积极承担集体协商会议现场组织，掌握会议组织的主动权，有利于雇主方在主持人问题上获得更大的话语权。

在积极处理协商主席的问题上，雇主可以采用以下两个基本策略。

其一是积极推举具有企业经营意识、深度认同企业文化、具有较高的逻辑思维能力和语言表达能力的企业方成员成为集体协商会议的主持人，能够有效地使得企业方在谈判过程中获得更有利的地位以及更多的话语权。

其二是积极推举与企业方具有良好关系的第三方成员担任集体协商会议的主持人。需要格外注意的是，该第三方成员应当具有较高权威性，并且能够获得雇员方认可，否则容易在谈判过程中招致雇员方的质疑或者导致雇员方不良谈判情绪的产生进而影响会议的有效进行。

四、集体协商会议的结果

集体协商往往无法通过一次会议就宣告成功，常常需要经过若干次的博弈、中途休会、各自讨论，重新划定谈判议价区间的多次会议。因此，集体协商会议也可能有如下几种结果。

（1）协商成功，双方达成一致。集体协商达成一致的集体合同草案或专项集体合同草案应当提交职工代表大会或者全体职工讨论。

（2）协商未达成一致，陷入死局。集体协商未达成一致意见，陷入僵局或死局时，经双方协商，可以中止协商。中止期限及下次协商时间、地点、内容由双方商定。中止期限最长不宜超过 30 天。

（3）协商过程中引发新争议。在集体协商过程中出现事先未预料的问题时，经双方协商，可以中止协商。中止期限及下次协商时间、地点、内容由双方商定。中止期限最长不宜超过 30 天。

第 2 节 》》 集体协商的过程控制

学者对于劳动关系集体协商的实际程序的观点大多沿用了一般性商业谈判的程序观点。有学者概括为集体协商包括提出议题、就专项问题进行谈判、明确立场、清算和修正等流程。程延园将集体协商的实际过程分为四个阶段：接触、磋商、敲定、扫尾。[①] 万变不离其宗，集体协商经历了一个从初期阐明观点态度到中期讨价还价，最后形成协议或谈判破裂的过程。

一、集体协商过程

（一）提出议案

在集体协商会议的初期，协商双方提出议案，这个阶段是整个谈判进程的开始。在这个阶段，双方都应当清晰地认识到，各自的观点和态度仅仅开始表明，随着协商的深入，彼此都会做出修改和让步。这种修改和让

---

① 程延园. 集体谈判制度研究. 北京：中国人民大学出版社，2004.

步，是在自身先前确定的可议价区间之内的，因此，整体氛围相对融洽和谐。这一阶段也可能产生一些小的争议和纠纷，一般是一方提出将某些议题撤出此次会议的协商范围，以图有更多的时间解决统一矛盾议题——这样，协商双方也逐渐意识到争议的主要问题所在以及对方可能持有的态度。在这一阶段，大多时间是单一方的立场宣告，并没有多少直接的语言交流，因此也称为"聋子的对话"。双方并没有对对方的议案进行内容上的自我思考，而是一种最初己方信息和态度的公示行为。

（二）反馈对对方议案的态度

在充分了解对方提案后，需要及时对对方提案进行反馈，并表明自己的态度和立场，采取提问、倾听、协商等方式进行有效磋商。这一阶段，是双方在会场上的第一次严肃的回应。协商双方都想以一定的让步来谋取对方相应的回应。问题可能在于：双方都过低估计了对方要求自己所做的让步，过高估计了对方所能做出的让步。一方采取的策略在对方看来可能完全不能被理解。在一些关键的实质性议题上，特别是一方认为该议题是原则性的不可撼动时，难以做出实质性让步，这使得协商陷入第一次争议和纠纷中。

在实际操作中，双方为了获得对己方比较有利的局面，都会进行大量的说服工作，或采取各种方式如虚张声势、强烈反对和欺骗等，争取对方重新调整期望值并最终愿意做出让步，实现自身的目的。若双方都想达成协议，最终双方或者一方还是会在一些比较重要的提案上做出让步。在这一阶段，实质上是对对方协商底线的第一次挑战和己方议价在可协商区间内的第一次调整。

（三）讨价还价

通常来说，在反馈对对方议题的态度和观点后，要进入漫长的讨价还价环节。在这一环节，协商双方会从一些争议较少或期望值不高的问题入手，从已经达成一致的某些条款开始，努力达成全部协议。这是因为针对争议较少的议题，双方的议价空间会相对较大，底线相对较低，便于达成一定的共识，营造良好的协商氛围。当逐渐认识到无法获得最初所期望的条件时，需要不断修改一些问题的议价，以逼近自身的可议价底线。在这一过程中，任何一方都不太可能再回到最初的起点，这也是彼此所不希望看到的。取而代之的是会选择劝说自身委托人改变预期，或至少帮助他们探讨进一步让步的可能性。

这一环节也是最需要协商技巧和策略的环节。使用技巧和策略是为了让己方在协商过程中的议价对己方更有利，更贴近对方的协商谈判底线。换句话说，这一环节就是协商双方对双方底线的试探和攻略。所有的讨价还价中的"价"是在双方底线区间内的合理预估，一旦脱离双方底线的区间，协商将会陷入僵局，甚至走向失败。

（四）敲定与扫尾

由于最富争议的议题往往到最后也难以决策，因此在最后期限即将来临之时（会议终止时或协商双方背后群体的态度发生改变时），需要进行最后的议价与敲定。较为理想的情况下，协商双方都已经对对方能够并愿意做出让步，以及自己和其委托人能够接受该条件。如果方案能被接受，双方只需就协议的措辞进行最后的商讨；若方案明显不能被接受，则双方在这一阶段仍需进一步尝试促使对方改变预期，或尝试改变自身委托人的预期。这个阶段可能会存在大量哗众取宠的表演，双方会停止正式的谈判，攻击对方没有诚意；一方可能会扮"红脸白脸"，以期表明自身所能做出最大限度的让步并有协商的诚意。同时双方又一直保持着各种非正式的接触，暗示他们在面对委托人时可能面临的问题，寻求对方的耐心和合作。如果存在一个积极的协商区间，而且双方都清楚地知晓对方的意图，那么双方会在最后期限到来之前达成协议，签署协议备忘录，包括已经达成一致的所有内容，反馈给委托人。

每个阶段对于整个协商进程都十分重要。如果一方试图省略或者匆忙越过其中的阶段，则另一方可能会认为对方没有严肃认真地对待此次协商，也不会在充分阐明问题和要求之前将协商向前推进。协商实际上是一个相互交流的过程，双方都需要将协商作为表达思想、阐明观点并使对方了解、认可的重要方式。对于协商双方而言，如果不清楚对方的意愿，是不可能在协商进程中有效解决潜在分歧，从而达到协商作用的。

拓展阅读

集体谈判程序的合理规范

为了提高集体谈判的质量，在谈判过程方面，特别需要通过形式的规范与完整来促进机制的形成，以此提高集体谈判的适用性。以下是欧美国家的操作经验。

一、谈判的流程框架

谈判通常由工会和企业方参加，图6-1显示了谈判的前期准备阶段、谈判阶段和谈判结果等集体谈判的主要过程。

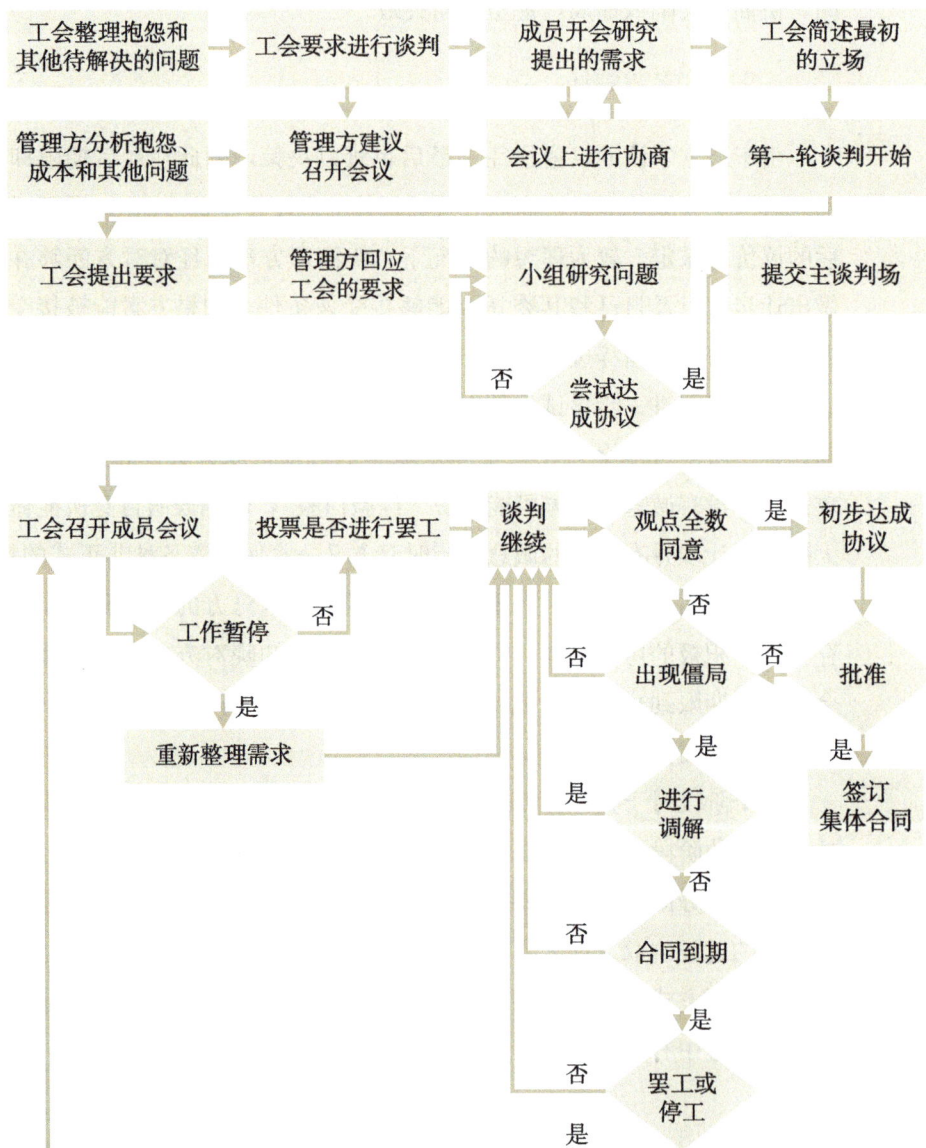

图6-1　工会角度下集体谈判的流程框架图

资料来源：Fossum J A. Labor relations：development，structure，process. 7th Edition. Irwin：McGraw-Hill Publishing，1999：313.

二、谈判中各个阶段的特点和相应技巧

1. 提出议题

谈判开始时，劳动关系双方都会阐述自己想说的问题。工会方面会提出自己多方面的要求，涉及范围比较广，而且提出的要求也许让企业方难以接受。提出这种"不现实"的要求，一方面是为以后的谈判开创一个让步的空间，并权衡对手的情况做出让步；另一方面工会作为其成员的代表也需要在谈判初期提出较高的要求，以体现代表的责任或决心意愿，让成员认为自己的利益没有被忘掉。在这个阶段，工会常常将成员以往的抱怨和不满向企业方提出。

企业方不一定就职工方的问题逐一进行回复，往往会就自己愿意解答或有准备的问题予以答复。如果他们坚持或改变原有的立场，往往需要提供相关资料支持自己的立场。

2. 就专项问题进行谈判

如果谈判内容比较多或公司比较大时，谈判内容可分解为多个部分，由相应的谈判小组分头进行。这些谈判小组就自己负责的内容进行谈判后，往往不能形成最终的决议，需要将草案提交主谈判机构最后确定。主谈判机构也不会简单地把各小组谈判的结果进行叠加形成最后的谈判结果，通常会再进行通盘考虑，形成一个全面的协议。

这时非工资福利的内容，如职业安全、工作纪律等往往会较早确定下来，涉及成本的工资、福利等内容会在谈判快结束前最后确定，这是因为企业方在工资福利方面会更加谨慎一些，工资福利问题和成本的联系相对其他问题而言更加直接。

3. 明确立场

明确自己的立场是一种有效的谈判策略。如果让对方清楚了自己的立场，对方将不得不认真探讨在现有的谈判空间中达成协议的可能性。

明确立场的办法主要有：

（1）提出最后时限。提出申请仲裁或诉讼的最后时限，要求对方及早同意自己的意见。

（2）详细准确地说明自己的立场或条件，使对方没有另行选择的余地。

（3）明确后果。说明如果条件没有实现，将会出现罢工或闭厂等后果，让对方认识到问题的严重性。

明确立场对于促使对方在自己的框架下达成协议有一定的积极作用，但是如果双方的利益分歧很大，自己的谈判框架和对方的底线差距甚远，也会形成双方僵持的局面。

4. 清算和修正

当谈判双方对合同文本达成一致后，双方就有责任履行签订的合同。为了防止罢工、闭厂等极端的产业行动，在合同中可以增加"和平条款"或"和解协议"，但是仍然可能存在两个障碍阻止工会履行合同：一是当全国级工会批准该集体合同后，一些下属工会（如地方工会）不批准合同；二是谈判签订合同后，可能需要工会成员投票批准该合同。因此，工会谈判组成员应该组织自己代表的工会成员通过开会等方式来解释合同的内容，由成员表决赞成或反对。其实对于参与谈判的双方代表而言，如果没有和所在团体内部达成一致，就都存在向自己的委托人兜售谈判结果的问题，否则可能会发生失去代表资格、失去工作的境况。

虽然工会谈判组建议批准集体合同，但是工会成员可能要求对合同进行修订。因此，管理方往往对于职工方的谈判组能否代表职工方的实际意愿产生怀疑，甚至会质询职工方谈判组是否可以代表其所宣称的代表工会成员。这时工会谈判组就应该及时进行宣传解释工作和树立管理方对于自己代表的信心。

5. 协议未达成

一般越接近最后谈判时限或上个合同到期日，谈判活动越会加快进展。谈判双方交流会更加频繁，往往能够在预定期限内达成协议，甚至会在签订协议后进行庆祝。有时谈判双方无法如期就相关问题达成协议，就可能出现其他一些后果，如仲裁、罢工、闭厂、人员置换、管理方收回原先的承诺等。在这个阶段，双方应该注意事情的微小变化，特别注意要防止敏感性事件的发生。如果出现了意外的事情，如不涉及自身的主要利益，应该从谈判基本确定的大局出发及早予以平息。

资料来源：宋湛. 集体协商与集体合同. 北京：中国劳动社会保障出版社，2008.

二、诚信协商的义务

诚信协商的义务是指一旦工会获得承认，赢得选举，无论工人是否签字，都取得代表所有工人的"排他代理权"，雇主负有诚信协商的法律义务。[①] 在国际劳工大会通过的《集体谈判公约》《组织权利和集体谈判权利公约》等文件中对诚信协商均有规定。

（一）诚信协商的意义

诚信协商是有效劳动关系的基础和前提，它意味着双方进行有效的沟通和谈判，意味着双方的主张互相磨合，意味着双方坚定会做出合理的努力以达成一致意见。诚信协商对于谈判的成功至关重要，虽然从实践来看，做出部分让步和妥协是必要的，但这并不代表企业需要被迫地同意某一主张或必须做出任何具体让步。

诚信协商又称善意协商、真诚协商。集体协商开展的一个重要条件是谈判双方之间的信任程度，它也是集体协商制度的重要内容。我国《集体合同规定》第五条规定，"进行集体协商，签订集体合同或专项集体合同，应当遵循下列原则：（一）遵守法律、法规、规章及国家有关规定；（二）相互尊重，平等协商；（三）诚实守信，公平合作；（四）兼顾双方合法权益；（五）不得采取过激行为"。其中就涵盖了诚信协商的法律义务。

（二）诚信协商的内容

我国 2000 年颁布的《工资集体协商试行办法》明确规定了与诚信谈判责任相关的规则。第十三条规定：协商双方享有平等的建议权、否决权和陈述权。第十五条规定，协商代表应遵守双方确定的协商规则，履行代表职责，并负有保守企业商业秘密的责任，协商代表任何一方不得采取过激、威胁、收买、欺骗等行为。第十八条规定，在不违反有关法律、法规的前提下，协商双方有义务按照对方要求，在协商开始前 5 日内，提供与工资集体协商有关的真实情况和资料。雇主负有披露相关信息的义务。按照国际惯例，雇主若不能及时向工会提供有关资料就等同于拒绝谈判，应该承担因不合作而带来的后果。

诚信协商的义务要求双方以迅速、有效、诚恳的方式就工资、工时和其他就业条件进行协商，达成协议，包括解决任何不满。从诚信的表现形

---

① 程延园. 集体谈判制度研究. 北京：中国人民大学出版社，2004.

式来看，在协商过程中，当一方就某项议题提出己方的主张和要求时，另一方应耐心听取，并加以认真考虑，对做出的答复和许诺负责，促使协商成功推进。集体协商要求双方具有诚意，并通过交涉履行各自的义务。只有在相互信赖的基础上，劳动关系才能走向和谐。

劳动关系双方应当按照依法、平等、诚信、合作的协商原则进行实质性的集体协商。企业方有下列情形之一的，视为不诚信协商行为：

（1）对于他方提出合理恰当之协商代表、内容、时间、地点等，在法定时间内无正当理由拒绝或拖延回应；

（2）未于约定时间内针对协商要约内容提出己方方案；

（3）歪曲信息，故意误导对方；

（4）虚假谈判，没有让步的意愿；

（5）拖延或妨碍谈判进程；

（6）强加协商条件；

（7）以全盘接受或者放弃作为谈判方案；

（8）单方变更协商条件；

（9）回避协商代表；

（10）从事不当劳动行为；

（11）雇主违反提供信息的义务；

（12）拒绝就强制性谈判项目进行谈判，或者固执坚持就许可性谈判项目进行谈判而导致谈判陷入僵局；

（13）以个别谈判程序为由抵制或拖延进行实质协商；

（14）拒绝接受合理范围内的交涉时间；

（15）指派没有充分授权的代表进行协商；

（16）威胁、收买对方协商代表的；

（17）在达成协商结果后，拒绝将协商结果做成书面化正式文本。

需要注意的是，评价是否遵循诚信协商时，不是从当事人的主观意图去理解，应该对当事人在整个协商过程中的整体客观行为加以检视。同时，诚信谈判的原则要求双方要有妥协的意愿，并不代表双方一定要妥协并达成集体协议。

总而言之，可以将诚信协商的义务总体归纳为：劳动关系双方应当做到双方要在合理的时间和相互便利的地点与适格的谈判代表进行谈判；就所有的谈判事项进行有实质意义的谈判；应当向对方提供谈判所必要的信息资料；在不能满足对方要求时应当出示理由；在否决对方提案时，要提出反对案；要把达成的谈判成果书面化为正式文本。

第 3 节 >> 集体协商失败（死局或僵局）的处理

集体协商往往无法通过一次会议就宣告成功，常常需要经过若干次的博弈、中途休会、各自讨论，重新划定谈判议价区间的多次会议，并且在涉及多个议题时，可能会因为某个关键议题的协商无法顺利进行而使得会议终止。集体协商的失败实际上意味着原本谈判议题或者谈判中出现的新议题通过协商未能达成一致，集体协商会议陷入死局或者僵局。在集体协商未达成一致意见，陷入僵局或死局时，经双方协商，可以中止协商。中止期限及下次协商时间、地点、内容由双方商定。中止期限最长不宜超过30 天。在本节中我们将着重对集体协商失败的原因进行分析，并且提供处理集体协商死局或僵局的谈判技巧。

一、集体协商失败的原因分析

其实并不是在每一次集体协商会议中都会出现死局或者僵局，但有时在一次集体协商会议中可能出现多次死局或者僵局。那么在什么样的情况下，出于什么原因，谈判会陷入死局或僵局呢？只有把握好可能导致集体谈判失败的原因，才能够更好地安排谈判策略，使得谈判更加顺利。以下将集体协商失败的原因总结为六个方面。

（一）双方的核心利益都集中在一个或几个关键问题上

在谈判双方势均力敌，并且双方想要达到的主要目的与核心利益都集中在一个或者几个关键问题上时，谈判通常比较容易陷入死局或僵局。例如，在工资专项集体协商中，双方均把关注点放在工资这一单一议题上。这样双方协调、让步的余地就会比较小，很难采用迂回策略来推进谈判的进行，这种情况下双方很容易在工资问题上均采用坚守策略，在讨价还价环节中互不让步，形成死局和僵局。因此，通常情况下，单一谈判主题往往比多主题更具冲突性。

（二）双方预先设定的议价区间交叉过小，或者没有交叉

通常在集体协商会议开始前，双方会就谈判议题划定合适并且属于权限范围的议价区间。当双方预先设定的议价区间交叉过小时，在谈判过程中，要协调双方的利益就比较困难，通常需要双方都做出同等且较大的让步，才能使得谈判顺利进行。如有任何一方不妥协，死局或僵局就会形成。如果议价区间根本就没有交叉的话，那么谈判最终通常会以死局或僵局结束。由于谈判代表谈判权限的限制，这种死局或僵局一旦形成就很难通过现场的调整来解决，通常需要采取休会，向上级请示，并重新划定议价区间的方式来解决。

（三）过大估计对方的让步程度

在集体协商中，如过大地估计对方的让步程度，就会不断地想逼近期望值去要价，这时候很可能自己给出的解决方案已经超过对方的谈判底线了，那么谈判将陷入死局或僵局。

（四）谈判代表的权限受限

谈判代表始终是代表自己背后的整个利益群体在进行谈判，但是由于代表自身的身份、职位等因素的限制，他通常只能在预先设定的议价区间范围内进行讨价还价。作为企业方的代表，如职工方给出的最终方案十分逼近己方的谈判底线或者已经超出谈判底线，代表本人担心上级指责其工作不力或者是没有权限去调整谈判底线时，谈判通常就会陷入死局或者僵局。

（五）组员能力素质低或组员间分工不合理、配合不佳

俗话说事在人为，谈判人员的素质是影响谈判成功的重要因素，尤其是当双方合作的客观条件良好、共同利益较一致时，谈判人员的素质往往是起决定性作用的因素。谈判人员在使用一些策略时，对时机掌握不好或运用不当，也往往导致谈判过程受阻，进而出现死局或僵局。因此，无论是谈判人员作风方面的原因，还是知识经验、策略技巧方面的不足或失误，

都可能导致谈判的僵局。[①] 另外，组员间的分工协作也是非常关键的一个因素，在适当的时机或者关键时刻，通常会需要不同组员分别扮演"白脸"和"红脸"，即表现出立场强硬的同时又让对方觉得自己已经做出了巨大的牺牲，刚柔并济，才能更好地守住己方的利益。如果配合不佳或者分工不合理，己方在谈判中通常会变得很被动，使得谈判逐步陷入僵局。

（六）谈判代表的言语失误

在集体协商中，一方言行不慎，伤害对方的感情或使对方丢面子，也会形成谈判的僵局，这种僵局最难处理。一些有经验的谈判专家认为，许多谈判人员维护个人的面子甚于维护组织的利益。如果在谈判中，一方感到丢了面子，他会奋起反击挽回面子，甚至不惜退出谈判。这时，这种人的心态处于一种激动不安的状况，态度也特别固执，语言也富于攻击性，明明是一个微不足道的小问题，也毫不妥协退让，双方自然就很难继续交谈，从而陷入僵局。[②]

二、集体协商失败的预防和处理技巧

（一）预防僵局

集体协商的过程是复杂的，内容较多，双方的诉求与观点会存在差异，不可能每次协商都十分顺畅。如果双方始终各执己见，互不相让，就有可能使协商陷入僵局。为了避免这种情况的发生，协商团队在准备阶段就需要做多手准备，并制定备选方案、替代方案。在协商出现困难、某个议题谈不下去或目标不能完全实现时，就要及时做出调整。劳动标准的内容广泛、相互之间的可替换性强，可以在某个诉求谈不下来的情况下替换其他话题，或是以另外的标准来补偿不能达标的议题。策略调整、灵活转换，可以推动协商继续下去，整体达到预期的结果。实践中有工会把这种做法归纳为"堤外补偿法"，也就是不拘泥于在工资一项上为员工争取利益，实际上职工权益包括许多方面，有些利益是可以互相替代的。工会必须搞清职工最直接、最迫切、最现实的利益是什么，职工群众的总体利益包括哪些部分，相互之间的轻重缓急关系如何。例如，某企业工会历年进行工资

---

①② 张军. 浅议商务谈判僵局的处理方法与技巧. 中国职业技术教育，2004（6）：53-54.

集体协商时，都要参考市场物价指数，当物价指数上升时，要求相应地提高工资就显得顺理成章，但有一年物价下降，企业方借此提出工资不增加，要加也只能增加 1 个百分点，这个标准距工会的要求相差较大，面对这种情况，工会综合分析了各种相关因素，提出增加员工交通补贴和现场补贴的方案，经双方协商，最后达成工资增加 1‰、现场补贴增加 40‰、交通补贴提高 60‰的协议。协商结果使职工非常满意。

（二）僵局的处理技巧

想要突破死局或僵局，使得集体谈判能够顺利进行下去，除了要了解僵局产生的原因之外，还要在此基础上，进一步估计目前谈判所面临的形势，分析现场双方针锋相对的焦点在哪里，反思己方在先前的谈判中做出了哪些承诺和自己可能在哪些问题上存在不当之处，进而认真分析对方为什么在这些问题上不愿意让步，困难在什么地方，想要突破这个困难让谈判结果朝着对自己有利的方向发展需要做些什么。要想方设法地找出那个造成僵局的关键问题，找出对方在谈判中起决定作用的关键人物，然后要认清自己在谈判中受哪些因素制约，并主动做好与有关方面的疏通工作，寻求理解、帮助与支持，通过内部协调，就可对自己的进退方针、分寸做出大致的选择。随之，要认真研究突破僵局的具体策略，确定整体行动方案。只有这样才能够成功地突破集体协商的死局或僵局，从而积极地将谈判推进下去。针对不同成因、不同情况，其具体的做法主要有以下几种。

1. 采取横向式的谈判

在关键问题的谈判陷入僵局时，应当主动把谈判的面撒开，撒开争执的问题，转而先谈另一个问题，而不是盯住一个问题不放，不谈妥誓不罢休。例如，在工资增长问题上职工方给出的方案己方很难接受，可以先暂时将这个问题放一放，改谈福利待遇、工作制度等其他问题。如果在这些议题上对方感到满意了，再回过头来谈工资增长问题，阻力就会小一些。或者可以调整工作制度上的问题，从而缓解工资增长问题给己方造成的压力，促使工资增长问题的谈判顺利地进行下去。

2. 休会，重新调整议价区间

如果在某些关键议题上双方很难达成一致，很可能是双方议价区间交叉过小造成的，这时候通常很难在现场直接对己方的议价区间进行调整。

谈判底线通常是由上级领导出于对企业的整体考量而给出的，谈判代表需要重新向上级请示，才能够对其进行适当的调整，因此通常情况下会采取休会、重新调整议价区间的方式来进行处理。这也是一次集体谈判通常需要通过多次会议才能完成的原因之一。

3. 重新审视现场形势，对对方的让步程度做出正确的判断

当己方错误分析对方可能做出让步程度的能力，比如想当然地认为对方罢工成本过高而不敢罢工，因此给出的方案逼近自己的期望值，但不被对方接受而陷入僵局时，通常需要重新审视现场的形势，通过对方代表的言语、态度等，对对方的让步程度重新做出评判，及时修正己方的错误判断，从而寻求合适的理由进行一定的让步，既做出了合适的让步，又不让对方觉得自己立场不够坚定，从而达成一个理想的谈判结果。

4. 升格谈判

在集体协商过程中，必要时可以请上级领导出面，因势利导，以表明企业方对谈判局势的关注，缓解双方的紧张情绪，也可以达到消除僵局的效果。同时，上级领导的介入可能能够更好地从企业整体利益上进行把控，在适当时便及时地调整议价区间从而使得谈判能够顺利进行。

5. 调换谈判代表

在集体谈判陷入僵局，并且经多方努力仍无效果时，可以征得对方同意，及时更换谈判代表。尽管可能改变谈判的局势，使谈判能够进行下去，但这是一种迫不得已、被动的做法，必须慎重。例如，己方代表失误的言论使得谈判陷入僵局时，可以考虑将该谈判代表调换以缓解谈判的氛围，使得双方重新建立信任，推动谈判顺利进行。

6. 调整氛围，强调求同

谈判中气氛紧张，易使谈判者产生压抑、沉闷，甚至烦躁不安的情绪。组织双方谈判者可以搞一些松弛的活动，使绷紧的神经得到缓解。这样，谈判双方可以不拘形式地就某些僵持问题继续交换意见，在融洽轻松的气氛中消除障碍。或者可以回顾双方以往愉快的合作历史，强调和突出共同点和合作的成果，以此来削弱彼此的对立情绪，从而打破僵局。[①]

简言之，不管怎样，要想处理好集体协商失败的情况，就要对其前因后果做周密的研究，然后在分析比较各种可能的选择之后，再确定实施某

---

① 张军．浅议商务谈判僵局的处理方法与技巧．中国职业技术教育，2004（6）：53-54.

种或某几种策略的组合。当然，其成功运用还要归结于谈判人员的经验、直觉、应变能力等素质因素。

第4节　集体合同的订立生效和审查

一、集体合同草案的拟订

（一）拟订集体合同草案的主体

一般来说，拟订集体合同草案可以有三种方式：一是由工会方面起草；二是由企业方面起草；三是工会方面和企业方面共同组织有关人员一起起草。从市场经济国家的实践来看，集体合同文本由工会方面起草的情况较多。其实从协商策略来看，起草原始文本的一方，往往主导着整个协商过程。企业方应当把握主动权，而不是被动应战。

（二）拟订集体合同草案的基本要求

集体合同是集体协商的标的物，作为一种劳动法律文书，一旦签订生效，就对企业方全体人员具有约束力，因此，起草合同是一项十分严肃的工作。一份高质量的合同草案，将为集体协商奠定良好的基础，避免不必要的人力和时间上的浪费。在起草集体合同的过程中必须把握如下几个要点：

一是应参照有关法律、法规和政策以及同行业和具有可比性企业的情况，包括集体合同范本和其他与签订集体合同相关的资料等。

二是把握集体合同内容应当具备的法定要件，它们是：订立集体合同的双方主体须具有法定资格；集体合同的必备条款必须涉及劳动条件与劳动标准等内容；集体合同内容的协商条款可由劳动关系双方酌情议定；集体合同中应有明确的法律责任规定；集体合同应标明履行期限。

三是集体合同内容应从企业方实际出发，避免千篇一律、毫无特色的统一文本，并应当具体、具有可操作性，避免过于笼统、原则。

四是集体合同内容的格式应讲求规范，避免随意性；文字表述应当准确明了，逻辑严谨，避免含糊不清、容易引起歧义的表述。

（三）拟订集体合同草案的程序

目前，起草集体合同草案的一般程序是首先成立由工会及职工方协商代表组成的合同起草小组，有条件的企业方应先对职工方协商代表进行培训，使其了解集体协商和集体合同制度的相关知识和基本方法。其次，合同起草小组起草集体合同文本，或者审查到期的集体合同，如果需要可提请进行修订；对集体合同内容中涉及某些特殊工作场所或涉及某些特殊技术方面的规定，可以请有关专家协助论证。最后，合同起草小组可以将起草或修订的集体合同草案征求职工方的意见。对于首次进行集体协商的企业，如果缺乏相关经验，可以求助劳动行政部门协助指导。

（四）拟订集体合同草案的法律规定要旨

在订立集体合同的过程中：第一，经双方协商代表协商一致的集体合同草案或专项集体合同草案应当提交职工代表大会或者全体职工讨论。第二，职工代表大会或者全体职工讨论集体合同草案或专项集体合同草案，应当有 2/3 以上职工代表或者职工出席，且须经全体职工代表半数以上或者全体职工半数以上同意，集体合同草案或专项集体合同草案方获通过。第三，集体合同草案或专项集体合同草案经职工代表大会或者职工大会通过后，由集体协商双方首席代表签字。第四，集体合同或专项集体合同期限一般为 1~3 年，期满或双方约定的终止条件出现，即行终止。第五，集体合同或专项集体合同期满前 3 个月内，任何一方均可向对方提出重新签订或续订的要求。

集体协商的集体合同草案的生效，必须经过以下三个法定程序。一是经职代会审议通过。集体合同草案必须提交职工代表大会或者全体职工讨论通过。只有职代会通过的草案，双方协商代表才能签字。二是签署。集体合同经职工代表大会审议后，由集体协商双方首席代表签字。三是报劳动行政部门审查及生效。签字后的集体合同必须提交劳动行政部门审查。这三个法定程序是贯穿在起草的过程中的。

二、集体合同订立生效的流程控制

（一）集体合同的报审

集体合同或专项集体合同签订或变更后，应当自双方首席代表签字之日起 10 日内，由企业一方将文本一式三份报送劳动保障行政部门审查。集体合同或专项集体合同审查实行属地管辖，具体管辖范围由省级劳动保障行政部门规定。中央管辖的企业以及跨省、自治区、直辖市的企业的集体合同应当报送人力资源和社会保障部或其指定的省级劳动保障行政部门。

（二）行政部门的审查

劳动保障行政部门对报送的集体合同或专项集体合同应当办理登记手续。劳动保障行政部门应当对报送的集体合同或专项集体合同的下列事项进行合法性审查：

一是集体协商双方的主体资格是否符合法律、法规和规章规定；

二是集体协商程序是否违反法律、法规、规章规定；

三是集体合同或专项集体合同内容是否与国家规定相抵触。

（三）审查的结果与处理

1. 劳动保障行政部门对集体合同或专项集体合同提出异议的情况

劳动保障行政部门对集体合同或专项集体合同有异议的，应当自收到文本之日起 15 日内将《审查意见书》送达双方协商代表。《审查意见书》应当载明以下内容：

（1）集体合同或专项集体合同当事人双方的名称、地址；

（2）劳动保障行政部门收到集体合同或专项集体合同的时间；

（3）审查意见；

（4）做出审查意见的时间。

《审查意见书》应当加盖劳动保障行政部门印章。企业与本单位职工就劳动保障行政部门提出异议的事项经集体协商重新签订集体合同或专项集体合同的，企业一方应当再次按规定将文本报送劳动保障行政部门审查。

2. 未提出异议的情况

劳动保障行政部门自收到文本之日起 15 日内未提出异议的，集体合同或专项集体合同即行生效。生效的集体合同或专项集体合同，应当自其生效之日起由协商代表及时以适当的形式向本方全体人员公布。①

---

① 唐镰，杨振彬. 人力资源与劳动关系管理. 北京：清华大学出版社，2017.

（四）集体合同报审注意事项

集体合同签字后应提交劳动保障行政部门审查。在集体合同送审过程中，除去明确应送审的劳动保障行政部门、明确劳动保障行政部门的审查内容外，还应注意如下几点：

一是实践当中一些企业为了保证集体合同的报送能够成功通过，采取先聘请有关专业人员比如劳动法律方面的专家、集体协商顾问等进行预审，从集体合同的主题、程序到内容进行一个初步的评估，如果发现问题，马上予以纠正。经过严格的自评，集体合同文本可以做得比较规范，上报劳动保障行政部门的审查通过率比较高。

二是确定送审时要提交的材料。目前我国对集体合同审查的材料并未做统一规定，在提交《集体合同送审呈报表》时，要根据当地劳动保障行政部门审查的内容，提供材料。

三是集体合同报送时，要注明报送时间、报送人。

四是报送工作完成后，报送人应该随时关注劳动保障行政部门的反馈意见，适时与相关部门进行必要的沟通，并及时准确地把有关意见反馈给自己的单位。特别是当报送的集体合同出现问题时，要马上组织有关部门和相关人员，按照劳动保障行政部门《审查意见书》的要求对合同文本存在的问题进行修改。修改工作完成后，及时将集体合同再次报送劳动保障行政部门审查。

本章小结

一个完整的集体协商通常包括五个阶段：准备阶段、提出议题、协商阶段、达成协议和争议解决阶段。集体协商的正式协商过程，应该是问题与争议最多、协商时间最长的一个阶段。在这之前，需要对会议制定法定流程，在协商会议的召开过程中保持诚信协商，在协商失败陷入僵局后进行正确有效的处理。

关键词

协商流程　　过程控制　　诚信协商　　合同订立

↘ 复习与思考题

1. 集体协商失败的原因有哪些?
2. 如何解决与处理集体协商会议中的僵局问题?
3. 诚信在集体协商中为什么重要?

↘ 案例分析

谈判进入僵持的处理

某家具公司专注于家具产品制造和销售,主要面向北方市场,是第一批抓住改革开放机遇的家具公司。创建初期,该公司仅有职工30人,因其抓住了改革开放和房地产大发展的机遇,取得了较快发展。2000年左右,职工已发展至1 300人,每天生产约450套餐桌椅、200套花园桌椅、300套沙发等各种家具。2000年后,家具企业进入黄金时期。公司总裁决定建立更现代化的工厂来大规模生产更多样的家具。考虑到地址、原材料供应、交通、市场、劳动力成本等因素,公司总裁决定将新厂建于B地区。2000年从A地区转移了200名职工,并在B地区新招募200名职工。2012年,新厂职工方规模扩大至894人。一直以来,B地区工厂的职工方工资均低于A地区工厂类似岗位的职工方。A地区工厂每日生产约450套餐桌椅,向大型连锁卖场供货,雇用职工1 000人,生产相较于B地区工厂更加稳定,并且由于多年的积累,销路也更加丰富,因此业绩更好。B地区普遍的工资标准相较于A地区来说要低一些,因此公司总裁觉得当前的工资制度对于公司经营来说比较合理。但是B地区工厂职工方通过与A地区工厂职工方比较后明显对自己的工资不满,希望能够全面加薪,因此就全面加薪双方展开了集体协商。

在集体协商会议进行过程中,小魏作为企业方的代表,面对工会方提出"如果不能全面加薪,B地区工厂的职工从下周开始将停工",他给出了回应"由于公司的经营业务尚处在上升期,全面加薪对于公司本身来说会对生产经营造成很大压力,另外由于两个工厂的经营业绩的差异,以及两个地区工资标准本来就存在差异,因此公司不可能给B地区工厂职工方加薪,公司将维持现有工资制度"。这一番话彻底激怒了工会方的职工方代表,其表示"如果企业方用这样的态度回应,并没有任何诚意,他们将立刻停止所有工作"。由此，谈判陷入了僵局。刘经理作为企业方代表，面对这样的局面十分尴尬，决定进行回应以缓解现场的局面。

思考：

1. 请根据上述案例，进行案例分析，为刘经理拟一份现场的讲话稿。（提示：在集体协商会议中，应当准确地判断谈判现场的氛围、对方的让步程度、对方的语气和态度等，采用适合的谈判技巧以及合理的表达方式进行回应，过分强硬和过分软弱都可能造成谈判陷入僵局。）

2. 请根据案例，设置刘经理面对僵局进行回应讲话的情景，请一名自愿者进行角色扮演，其他学员观察并评论。请写出对本场角色扮演的观感。

第 7 章

集体协商的策略与技巧

⬊ 学习目标

学完本章后，你应该能够：

● 了解协商双方应该如何展示策略、相互博弈。

● 了解正式协商过程的程序与技巧。

● 了解如何在实际操作过程中明确协商进行的阶段并及时做出战略调整。

⬊ 开篇引例

如何有效地进行谈判

谈判的双方人员都要在开场阶段阐明"我方将如何使对方在谈判中得到满足"。

当然，谈判者首先要十分清楚己方的利益所在，要制定一套要达到的目标。目标应清晰明确，最好要有数字依据。

同时，在谈判过程中，要设身处地地分析对方的利益所在，以及我们可以在哪些方面使对方得到满足。

集体协商的原则和目标

根据我国《集体合同规定》第五条规定，进行集体协商，签订集体合同或专项集体合同，应当遵循下列原则：遵守法律、法规、规章及国家有关规定；相互尊重，平等协商；诚实守信，公平合作；兼顾双方合法权益；不得采取过激行为。

集体协商方法策略是指集体协商代表为达成集体协商目标而制定的行动方针与采取的途径和方法。在进行集体协商的过程中，劳动关系双方都会有各自的原则立场，也会采取不同的策略与技巧。在中国特色社会主义经济制度下，我们开展集体协商、签订集体合同的总目标和原则应该是一致的，即维护职工权益，促进企业发展，构建和谐劳动关系。为此，我们倡导劳动关系双方遵守如下原则。

一、合法原则

集体协商集体合同制度作为一项重要的调整劳动关系的法律制度，在实施过程中必须遵守国家相关的法律法规以及国家的有关规定。集体协商的主体、协商的内容、订立集体合同的程序、集体合同的履行和监督都不得违反法律法规及规章的规定。

二、相互尊重、平等信任原则

与个别层次劳动关系相比，集体协商中劳动关系双方是独立的，工会和用人单位之间不存在隶属的关系，在协商过程中双方的法律地位平等。因此，在协商过程中，双方应该相互尊重，相互信任，享有平等的权利，任何一方不得指使、命令、威胁另一方。

三、诚实守信、公平合作原则

劳动关系既有对抗性又有合作性。由于劳动关系具有长期性，在其存续期间主要体现的是合作性，因此，劳动关系双方应当相互信赖，相互理解。集体协商就是劳动关系双方之间的商讨、沟通过程，目的是求同存异、寻求共识，因此，劳动关系双方必须本着诚实守信、公平合作的原则来确定双方的权利义务，明确劳动条件，如此才能实现劳动关系的稳定和谐。

四、合作共赢原则

合作共赢原则应该贯穿集体协商的全过程。劳动关系双方协商，不是一决雌雄的决战，而是通过相互的磋商和影响，在双方之间寻求共识。在集体协商过程中，要取得双方满意的结果，既要考虑职工方面的利益诉求，也应兼顾企业方面的发展，从企业实际出发，通过有效的协商，使双方共同受益。

在遵守上述原则的前提下，为顺利进行集体协商、达到预期目标，劳动关系双方应采取各自不同的策略方针与技巧。策略运用是否得当，会直接影响集体协商的进程、效率和结果。

第2节 >> 集体协商前期的方法与策略

集体协商方法与策略，需要协商代表在实践中训练、体会、感悟，不断总结经验。简单来说，集体协商策略就是各种方法的灵活运用。在不同环境下，不同的企业、行业和区域集体协商中，需要各种策略合理组合、灵活转换，最终目标都是使集体协商顺利进行，达成共识，取得预期的成果。

一、准备阶段

（1）团队分工。各方协商代表要合理进行人员搭配，确定每个代表的角色定位，做好分工，发挥各自特长，相互协作配合。

（2）策略选择。讨论确定本次协商的基本策略。知晓整体经济环境，了解本企业和所在行业的发展状况，对本企业经营的真实状况做到心中有数。面对不同情况、职工的不同诉求，确定不同的策略。

（3）协商方案。在选择协商议题时，首先要确定职工方的诉求与底线，并将本方的议题按照重要程度进行排序；对于诉求和底线、近期目标与远期利益，必须界定清晰；与此同时，还必须预测对方的策略，准备制定替代方案，一旦己方的要求无法满足或无法全部满足，要能够立即拿出备选方案，及时调整策略目标，争取最佳结果。

（4）事先沟通。在正式协商之前，除了要收集掌握协商所需的资料、信息以外，劳动关系双方可以通过直接交流或间接传话的方式进行事先沟通。事先沟通既可以增进双方的相互了解，也可以让双方对即将开始的协商做到心中有数，使协商的主题、要求不至于差距过大；若沟通成功，正式协商就可能比较顺利。当然，事先沟通绝不是私下协议，只是为正式协商打好基础。正式协商的全过程必须按照法定程序进行，必须公开、透明，让职工群众了解。实践证明，事先沟通不仅有助于协商的进行，而且是预防过激行为发生的有效方法。

二、启动阶段

（1）积极宣传。集体协商的准备阶段，首先可能遇到的问题就是企业不愿进行集体协商，原因多种多样，有的是不理解，有的是怕麻烦，还有的认为没有必要。职工一方也会由于不会、不懂或不敢与企业方协商而出现消极畏难情绪。对此，需要运用各种方式系统地宣传解读相关政策法规，帮助劳动关系双方了解构建和谐劳动关系的迫切需要以及集体协商的制度规范。

（2）正反案例。收集各地方、各企业集体协商的正反两方面的典型案例，说明进行集体协商对维护职工权益和促进企业发展的积极作用，以及建立经常性的协商沟通机制对企业持续发展、劳动关系和谐稳定的独特功效。反面案例有助于提示劳动关系双方，拒绝或缺乏正常的协商沟通可能加剧劳动关系的矛盾与冲突，导致企业与职工双方利益受损。另外，一些由工人行动启动的集体协商案例也会警示相关方，在职工群众诉求强烈的企业，劳动关系矛盾一触即发，拒不接受集体协商可能引发比较激烈的对立与冲突，最终解决问题的代价会更大。

（3）借助外力。在有些地方，企业内部职工的力量不足以形成有效压力、促成集体协商的启动。这种情况下，可以向地方党组织、政府劳动保障行政部门、上级工会组织等求助，借助上级组织机构的帮助与支持，督促企业方诚心诚意地坐下来，与职工方进行集体协商。

三、要约时机与方式

（1）把握时机。发出要约是启动集体协商的关键步骤，需要准确把握时机。首先，要注意企业、行业生产经营的特点和财务年度的进程安排，与企业职代会召开时间进行紧密衔接，找准时间点。其次，注意所在地方劳动关系领域的一些重要推进活动，比如"集中要约活动"，即工会在特定时间内集中人力、精力在某个区域或某个行业集中发出要约，督促企业与职工方开展集体协商。在这种活动过程中，各个企业可以借力，发起本企业的集体协商。再次，分阶段、分事项进行。比如有的企业年初协商工资水平议题，年底协商奖金分配议题，两次协商各有侧重，适应企业特点，双方都比较满意。最后，遇到重大变化时，也是开展协商的重要时机，比如企业改制、被兼并等。在这种关键时刻，企业和职工都面临严峻挑战，要想顺利完成转变，需要劳动关系双方共同努力。因此，抓住时机启动要约，以双方协商的方式共渡难关，应该是最好的选择。

（2）灵活多变切入点。选择有利时机、找准切入点进行协商，容易取得预期成果。一般而言，要求工资增长的理由有三个：一是企业利润增长，要求再分配；二是劳动生产率提高，职工要求分享；三是通货膨胀，要求保持实际生活水平。现实生活是复杂多变的，涉及双方利益的协商绝不是简单轻松的过程。能否在每次协商中找到合理准确的角度与切入点，考验职工方协商代表的智慧、能力与技巧。

例如，大连某日资企业很早就开始了集体协商。该企业的工会在每年协商时都会认真分析现实状况，找到当年独特的最佳着力点，为赢得协商的成功打下基础。1993 年，大连市国有企业实行了工资改革，该日资企业工会以本企业工资尚未达到国有企业平均工资 120％以上为突破口展开协商；1995 年公司发展迅猛，成为当地的优秀企业，工会就以公司各项待遇的独立性和优越性为协商依据，取得了人均增加工资 125 元，涨幅达 24％的协商结果；1999 年当地物价指数负增长，工资的增长幅度不大，工会就从提高倒班津贴标准入手，近 2 000 名一线员工得到高于上一年 40％的倒班补贴费，做到堤内损失堤外补，员工的总体收入仍有较大增加。

浙江杭州有一家"两头在外"的中日合资企业。由于外商采取"高进低出"手法转移利润，即高价买入原材料，低价卖出产品，看上去公司账面利润很低。在这种情况下，如果按照企业效益制定工资集体协商方案，工会在协商中势必处于不利地位，很难收到预期效果。于是公司工会转换角度，通过每百元产值工资含量的测算，提出了职工工资增长的合理依据。百元产值工资含量法，是以职工的活劳动所创造的剩余价值总量为基础进行再分配的方法。它将本年度百元产值中工资的占比与上一年度进行对比，计算出百元产值当中工资含量减少了，也就是说由于劳动生产率的提高，企业利润增长了，职工获利却减少了。工会提出企业增长的利润是职工劳动生产率提高的结果，理应让职工合理分享一部分。经过仔细测算和四轮集体协商据理力争，最后工会与企业方谈成了工资总额增长 35％ 的集体合同。有的地方把这种增资方法称为劳动效率法。

四川省某县非煤矿山建材行业的企业集体协商能够根据经营状况灵活转换协商重点，即在经济上升期谈工资增长，在经济下行期侧重于职工保障。2013 年行业经济状况良好，某企业的集体协商的结果是职工平均工资比上一年度增长 8％，单价提高 7％，最低工资标准由 800 元/月提高为 1 200 元/月。2014 年遇到经济下行、企业保本运行的困难，该企业劳动关系双方协商同意职工工资不升不降，保持原有水平，但在福利待遇方面有所改善，一些津贴补贴有所增加。与此同时，针对经济下行期间该企业会进行设备停产检修，双方协商停产检修期间的工资发放方案：企业统一安排的停产检修，无工作任务、单位同意在家休息的员工，按照 35 元/天发放生活费；其间企业同意组织学习的，按照当地最低工资标准支付学习工资。在这个案例中，劳动关系双方从实际出发适时调整协商内容、协商侧重点，综合考虑各方面影响因素，协商成功不同的方案，既保障了职工的基本权益，也完善了企业的相关制度，促进了企业的持续发展。

第 3 节　集体协商磋商阶段的策略选择

一、集体协商策略模型

"策略"就是为了实现某一目标，预先根据可能出现的问题制定的若干对应的方案，并且在实现目标的过程中，根据形势的发展和变化来制定出新的方案，或者根据形势的发展和变化来选择相应的方案，最终实现目标。

集体协商策略就是在协商过程中为己方获利所采取的协商方式和手段的集合。这一策略所制定出来的总体性思路称为策略模型。以下我们将介绍几种常见的集体协商中的策略模型。

(一) 零和博弈模型

这一模型的指导思路在于集体协商不可能达成双方共赢的效果。它是在分一块固定的蛋糕，总量是恒定不变的，双方为谋取更多的利益，必然存在一方失败，一方成功。因此，在这一策略模型的指导下，协商的结局就是"你死我活"，氛围上充满敌意，思想上无视对方诉求。

一般而言，该模式具有以下特征：事先就拟定好对抗立场与目标；过分夸大自己的态度；较早地公开立场；通过一个发言人做渠道沟通；尽量使对方所得越少越好；从来不让讨价还价；总要使对方不平衡；总是用强制性的力量；分化并征服对方阵营，并保护己方免受对方分化；对方做妥协的方案就是成功的方案。

应用该策略的具体操作方式如下：雇主在面对工资议题时，无法保证劳动者在工资增长的情况下能够同比例地提高劳动生产率，因此，认定工资增长的幅度就是己方人工成本增加的幅度，就是工会或劳动者方无绩效情况下收入增长幅度。对于此时的雇主来说，工资增长议题协商无异于一次零和博弈谈判，因此，双方的对立是非常直接和尖锐的，这也是传统的劳动关系理念上的立场和决策。

(二) 共赢协商模型

这一模型是劳动关系在当前新理念下发展起来的，也叫作双赢模式、基于利益考虑的模式。它试图遵循以下原则：仔细地分析自己和其他方的利益需求，而不是盲目地预设谈判立场；有更高层次的信息交换；相对以往的"如何分蛋糕"，更多地考虑如何"把蛋糕变大"；创造新的选择，从而促进利益共享而不是强调各自的利益；意识到程序与过程更重要。

应用该策略的具体操作方式如下：同样在工资议题上，持有此模型的雇主更可能将劳动者视为企业总利益和经营收益的"伙伴"。他们认定劳动者的工资增长对其工作绩效具有正相关的积极作用，进而能够增加企业的总体绩效和总利润，那么提高劳动者工资，其结果预估会是收入增长幅度大于人工成本增长幅度。对于雇主来说，工资增长议题协商更趋向于一次共赢协商，因此，双方的对立是表面的，其内在利益追求是一致的。

（三）混合模型

结合现实，完全对抗或完全互利的模式是难以达到的，因此，在某些点上对抗、某些点上互利是集体协商更为现实的模式。在这一模型中，针对多个议题的讨论，策略是不同的，对某些议题秉持共赢理念，对某些议题认定为无法退步，或者说无法预估让步会导致己方的未来收益增加。

为什么我们说这一模型可能更常见或更现实呢？由前两个模型的分析可知，协商一方所采取的策略模型实质上是依托于其对待议题的理念的。例如，当雇主将劳动关系的方方面面均视为对抗性的，那么其所采取的策略也会是零和博弈；当雇主将劳动关系视为劳动关系双方和谐共赢发展，那么协商中的议题会被认为对双方有利。现实中，不同理念下对待不同议题的观点是不一致的，同时每项议题下涉及的成本计算也不一样，这导致了协商方对于议题的议价区间和议价策略产生差异。

应用该策略模型的具体操作方式如下：当雇主经由往日的经验或整理数据（这一数据或经验是经过实践的，是对现状的更准确分析）认为，工资增长与企业的绩效具有正相关关系，福利却不被认为会对企业绩效产生影响，那么该雇主可能在工资增长上采取共赢的方式，以图企业绩效的增加，劳动者要求的福利则会被认为是消耗企业成本的因素，对此议题则不会过于宽容。

无论是哪种策略模型，都不能够说更好或者更糟糕，也不存在"万能的模型"。能够帮助取得更大利益的模型就是好模型。模型的选择受协商理念、协商过程走向、议题间关联等因素综合影响，因此，审时度势，立足于自身利益的考量，是选择策略模型的必要前提和要求。

二、集体协商谈判策略的控制[①]

集体协商谈判策略是集体协商策略模型的逐步分解，是集体协商在每一流程上的实现形式。一个好的谈判策略，是在把握当前协商过程走向的

---

① 唐鑛，杨振彬. 人力资源与劳动关系管理. 北京：清华大学出版社，2017.

脉搏下制定的，其中可能会短暂牺牲当前利益，也可能会采取迂回退让的方式以退为进，但总体的思想方针应该以追求提高或维持己方利益为主，合理制定集体协商谈判策略。

（一）雇主视角

以下我们将从雇主的视角对六种基本的谈判策略进行介绍，并具体分析雇主在何种情况下应当使用何种谈判策略，以及在使用谈判策略过程中的具体操作和需要注意的关键点。

1. 共赢策略

在集体协商过程中，针对某一项议题，要取得双方都满意的结果，可以采取的方式是，既要考虑职工的利益目标，也要兼顾企业的利益目标，从企业的实际出发，通过有效的集体协商使双方共同受益。

2. 攻进策略

当经济总体陷入萧条期，本企业经济效益低下，即使增加人工成本投入和采用激励手段，经济效益仍难以预料，此时，雇主方可以采取攻进策略，要求减少对成本的投入，甚至提出减员或者维持当前薪资水平的要求。在谈判过程中，雇主方通常在阐述企业经营困难的同时会先给出一个较为苛刻的方案，例如大规模裁员、延长工作时间、减少福利待遇等，以便在涉及核心利益的问题上，如工资谈判议题，获得更大的主动权，以达成预期的谈判目标，通过满足不裁员、不变更工作制度等要求达到维持当前薪资水平的目的。

3. 让步策略

在工资集体协商中，若劳动力市场求大于供（供不应求），根据"物以稀为贵"的交易原则，劳动者一方可能抬高要求，节节推进。当企业对人工成本投入的获利高于对实物成本或技术成本投入的获利时，职工一方协商代表甚至会主动提出提高薪酬待遇的要求。此时，雇主方可以采取让步策略，以暂时的让步换取未来的回报。这一退让是对当前形势的预估，但前提是在自身底线范围之内退让。

4. 坚守策略

如果劳动力市场供求关系处于不稳定状态，企业内部人工成本投入和其他成本投入之间的效益比不稳定，雇主无法预估对某项议题进行退让后可能的损失与收益，也无法揣测推进提高该项议题要求所引发的后果，那么坚守当前的态度和立场，并向对方揭示己方的考量，不失为一种更合适的方式。

5. 迂回策略

我们知道，各项劳动标准之间存在着内在的联系，即存在着此消彼长的关系。对此，雇主方可以采取相应的迂回策略，即通过一个议题的退让谋求另一议题的推进。例如，可以发放实物福利以谋取减弱工资增长率的谈判需求，或者，同意对方的工资增长需求但表明需要对方完成某种工作任务或达到某项工作绩效标准。

6. 包容策略

在集体协商中，要允许对方提出不同的观点、意见，认真倾听，理性思考，正确对待，求同存异，保证集体协商在和谐有序的气氛中进行。这一策略也就是建议雇主不能单一执着于自身的立场和策略方法，应对对方可能提出的替代性方案进行理性思考，使集体协商朝着一个更利于双方的局面转换。

（二）职工方视角

磋商阶段的开局一般由职工方首席协商代表主持并开场。一般包括的内容有：本方代表介绍、提出协商议题和协商顺序等。在此阶段，最重要的是营造一个良好和谐的协商氛围，化解协商双方的陌生感和紧张气氛，同时，初步了解企业方的主要想法和基本态度。

接下来的磋商阶段是集体协商的主体部分，双方就议题内容进行讨论与磋商。这个阶段充分体现了劳动关系双方对立与统一、合作与冲突并存的本质，协商过程可能并不简单，会有各种状况反复出现，但是集体协商不是辩论比赛，而是双方之间反复沟通的过程，要通过各种方法与策略，尽量说服对方，争取达成共识。

1. 主持协商

集体协商会议可以由双方首席代表轮流主持，也可以由一方的首席代表主持。现实中工会方面主持集体协商会议的不在少数。职工方协商代表主持协商会议，首先要保持公平公正立场，照顾到双方代表的发言时间与频率，保证双方平等的发言权；主持人要把握节奏，做好协商会议的引导工作，话题讨论要随时注意主题集中，不要分散话题；一个议题结束，马上进行归纳、总结，及时记录在案，并转入下一个议题的讨论，保持协商会议高效、有序推进；遇到困难话题，发生激烈争论，双方要保持冷静，主持人要劝说争论双方平息激烈的情绪，及时找出分歧点，适时转移话题或采取休会等方式缓解矛盾，待时机合适，再重启协商。可见，协商会议的主持人不仅肩负重要的责任，更需要高超的技巧。

2. 善于倾听

协商过程中，善于倾听而不是经常打断对方的陈述或解释格外重要。首先，认真倾听是对对方起码的尊重，诚恳的态度有利于营造良好的协商氛围；其次，只有认真倾听、仔细捕捉相关信息，才能真正理解对方观点，并提出有针对性的意见和建议。协商是双方之间的互动，前提就是相互的信任与理解，理解准确与否，与倾听对方的专注程度成正比。国际劳工组织在进行集体谈判培训时，也特别重视倾听原则，强调在集体协商过程中，工会或职工协商代表必须学会聆听和理解对方观点的内容和实质，以便捕捉所需讯息。要想使企业方的允诺符合自己的要求，倾听是解决问题的好方法。

3. 准确陈述

集体协商主要是通过语言表达各自的想法与主张，因此表达陈述的方式十分重要。协商代表在充分准备的基础上，对相关议题的表达要简洁、准确、条理清晰，态度要诚恳，语调要坚定。陈述本方意见时，尽量不做价值判断，要用数据说话，用事实论证，晓之以理，动之以情；要学会换位思考，除了说明自己一方的理由，还要尽可能从企业方的角度分析相关问题，以共同解决问题的口吻协商议题。在陈述过程中，切忌随意打断对方的发言、以势压人、不讲道理、进行人身攻击，同时，也要避免自说自话、没有针对性、语言啰唆、不断重复。

第4节 集体协商的技巧

集体协商技巧是指集体协商中对于某种策略理念的灵巧运用方法。这里需要清楚区分技巧与策略的概念。打个比方，如果说集体协商的过程就是从 A 点到达 B 点的过程，那么策略就是指你从哪条路前往目的地，是走水路、陆路还是空中飞行；技巧就是你是穿鞋，还是坐船，抑或是利用滑翔机。策略通过技巧表现出来，技巧加上一定的策略才能达到最佳效果。

无论是制定集体协商的策略还是选择技巧，都需要在规定的原则范围内实行。

一、一般协商与集体协商的谈判技巧

（一）一般协商的谈判技巧

谈判中的技巧多种多样，不同条件、不同环境下需要运用不同的谈判技巧。按照谈判的进程划分，可以将谈判技巧分为开始谈判时的技巧、谈判中的技巧和结束谈判时的技巧。

1. 开始谈判时的技巧

第一，需要注意的是，底线是双方谈判的基础，是否达成协议不仅取决于双方之间是否存在一个积极的协议区域，还取决于这个区域的大小。在谈判之前，双方对自己在谈判中希望达成协议以及谈判的底线已经有了清晰的认识。一般在谈判开始阶段，我们往往要提出相对较高的要求，同时也必须确定一个可以接受的底线，这样便可以形成一个谈判空间，双方可以在一个特定的谈判空间内讨价还价，绝不同意对方的第一个出价。

第二，既要保证自己坚定的立场，又要表现出灵活的、不与人为敌的态度，掌握分寸，保证推进，保持谈判的耐心和节奏。

2. 谈判中的技巧

第一，将谈判的决定权模糊化。雇主可以在谈判的关键时刻宣称自己没有决定权，要取得所谓上级或董事层、股东大会的同意，以此拖延时间，给自己一个回旋空间。

第二，不要轻易提出平分差价，但可以鼓励对方提出平分差价，让对方感觉自己是赢家。

第三，应对困境。谈判中容易出现双方意见不一致，甚至找不到解决办法的僵局状态，这时可以先将问题放置一边，转而讨论一些容易解决的小问题来创造契机，不要一味地钻牛角尖。另外，在对方要求小的让步时，本方应该要求相应的回报。

第四，当对方表示无法接受己方该项议题的要求时，可以选择降低其他议题的要求来进行替换性应对。

3. 结束谈判时的技巧

在谈判中要一点一点地解决问题，把每一项议题的谈判成果落到实处。

在结束谈判阶段，要注意坚持自己的终极目标，逐渐减少让步，避免自己在急躁的情绪下匆匆收场，为达成协议而退让。在结束谈判的阶段还需要注意与对方保持良好的继续合作的关系和态度，避免不必要的冲突。一段劳动关系并不能因为一次集体协商而宣告终结，应该是更加紧密的事业结合体的关系。

（二）集体协商的谈判技巧

集体协商与一般协商的基本原则是一致的，但集体间进行谈判时，还有一些特殊问题需要加以注意。

集体间的谈判一般是由谈判小组或谈判委员会进行的，那么谈判小组之间保持有效的协作就显得十分重要。每个小组应该作为一个整体来运作，追求一个共同的目标，协调好一致的立场。如果不能事先在小组内达成一致，在谈判桌上就会出现严重的沟通问题。

在谈判小组内需要做到：（1）研究谈判小组的实力和弱点。注意发现每个组员的特长，使其达到互补。（2）合理安排小组的讨论和辩论程序，加深大家对目标的理解。（3）明确划分权限。事先决定由谁来做主谈，谁做替补，谁做观察员。做好分工，以免发生内部冲突。（4）在谈判中，小组成员应在各方面互相支援。主谈者应负责控制谈判过程，并掌握其他发言的火候。（5）决定谈判过程中小组内如何沟通。（6）经常对协作情况进行总结，制定改进措施，使小组更有效地工作。（7）总结经验教训。

谈判小组应避免的错误有：（1）在进入谈判前，没有就谈判目标和谈判战略达成一致；（2）领导独裁，谈判前和谈判中事必躬亲；（3）每当出错或遇到困难时便谴责他人；（4）以为每个人都知道在小组内如何沟通；（5）在谈判中只关心被讨论的问题，不关心讨论的进展情况。

二、集体协商的谈判技巧

在集体协商过程中，企业和劳动者的谈判技巧与方式应该大多一致，面对劳动者诉求的冲击，企业可以采取迂回或退让的方式以退为进、围魏救赵。下面我们介绍集体协商中如何有效运用谈判技巧。

（一）谈判技巧把握原则

在集体协商过程中，无论技巧如何，都需要坚持一些运用谈判技巧的基本原则——依法合规、合理合情、谋求共赢、策略综合运用的原则。依法推动集体协商并让己方在谈判中占据主导权，离不开谈判技巧的使用，也需要将这些原则贯彻于实际谈判之中。

1. 依法合规的原则

在开展集体协商过程中，要严格遵循国家有关法律法规和政策，在国家法律法规和政策允许的范围内充分运用谈判技巧。只有把法律法规和政策与谈判技巧充分结合，才能实现谈判效果的最大化。

2. 合理合情的原则

由于不同地区、不同企业的环境、条件各不相同，开展集体协商不可能拘泥于一个模式。只有坚持实事求是，从自身地区、自身企业实际情况出发，从企业劳动者的实际状况考量，围绕重点难点问题，合理确定使用的谈判技巧，才能切实增强谈判的针对性和实效性，促使谈判结果为利益相关者所接受。

3. 谋求共赢的原则

我们知道，谈判在策略上分为分配式谈判和整合式谈判，分配式谈判并不能使劳动关系双方的利益需求均得到满足。企业的发展和职工利益的保障及实现息息相关，两者互为基础、互为前提，只有按照促进企业发展、维护劳动者权益的原则，合理运用谈判技巧，在争取己方利益的过程中谋求共赢，端正态度，才能实现集体协商的目标。因此，谋求共赢不仅是一个原则，也是在协商中需要展现给对方的善意和诚意。

4. 策略综合运用的原则

集体协商是一项系统性工程，企业在协商过程中的行为始终围绕着企业的内在理念和经营目标进行，不存在"万能策略""通用技巧"。在双方博弈过程中，也会出现诸多事前难以预料的问题。只有综合运用不同的策略和技巧的组合，并与具体的协商过程有机结合，才能达到事半功倍的效果。

（二）谈判通用技巧

就具体的谈判技巧来看，应着眼于以下两点：一是改变对方的期望值和谈判底线的技巧；二是准确判断对方让步程度的能力。

谈判技巧的使用受诸多方面的影响。不仅要对对手在谈判桌上的行为进行准确分析，还要对谈判力量、对方价值取向及期望值做出必要判断，以确定对方可能做出的最大让步。

一个具体的谈判结果，从根本上说，受制于谈判者及其所代表的群体对形势的把握和选择。如果工会或劳动者的谈判力量弱，罢工或消极怠工的成本高，那么企业便可以相应提高谈判的期望值，在谈判中采取强硬态度。由此可知，经济状况、经济形势及政府维稳、舆论压力等对企业谈判策略的选择具有不可忽视的影响，也是集体协商技巧采取的考量因素。以下我们介绍六种通用技巧，以供思考。

1. 以诚取信

对于一个品牌、一家企业来说，在经营过程中，诚信是灵魂，是生命，是企业生存与发展的永恒动力。人无信不立，企业无信不兴。一般人都喜欢和自己投缘的人协商，如果被认为诚实、公道，那么在协商过程中对方可能会愿意退让一步。这是人类社会发展到一定文明的必然要求。尽管协商重视技巧，但也必须体现真诚态度。雇主在协商过程中，要注意营造协商气氛，处处表现出对对方的尊重，做好必要的宣传、沟通工作，以坦诚、真诚取得对方的信任。

2. 重点突破

转移对方的注意力，以求实现协商的重点目标，做法就是声东击西，分散对方的注意力，实现协商的重要意图。雇主方对一项议题的执着关注，可通过其他议题的让步来达到该项议题的成功。这项议题必须是我方唯一重点关注的对象，是能够在未来的经营中获得潜在收益的。

3. 分工协作

使用"白脸"和"红脸"战术，协商代表分工协作，"白脸""红脸"交替出现，轮番上阵，直至达到目的。从雇主来看，总经理宜以较为严肃严格的形象出现，体现该项议题在最终管理层决策过程中经过深思熟虑；人力资源等职位代表应尽量体现关怀劳动者的态度和立场，以期在协商过程中谋求与对方的和谐沟通。但是角色形象的选择并不固定，可以根据协商代表的个人形象和对某一议题的态度进行自由切换。比如，在对待裁员问题上，人力资源代表可以尽量表现得强硬，法律代表可以表现温和，这样做的原因在于人力资源代表可能对这项议题更具有决策发言权，坚定态度在结果上更有利。

4. 留有余地

在协商时，向对方提出的要求应当高于自己所期望的要求。当对方向你提出某些要求时，即使你能满足，也不必马上和盘托出，应留有余地，以备对方讨价还价。这一方法就是在重申协商底线和协商区间的重要性。在协商过程中，不宜过早暴露自身协商底线，应该在对对方的议价区间进行准确估计后进行讨价还价，并试图让对方以为自身已经做出巨大牺牲，逼近底线了。

5. 学会让步

一是不做无谓的让步，应体现对我方有利的原则；二是让步要掌握火候，让得恰到好处；三是在重要问题上要力求使对方先让步，在较为次要的问题上，根据情况需要，自己一方考虑先做让步。协商过程可以看作在一定议价区间内讨价还价的一场"表演"或"作秀"，让对方看到自己的诚意，同时，遮挡住自身的谈判底线。

6. 用事实和数据说话

事实胜于雄辩。雇主要学会用事实和数据说话，如本地区、行业职工的平均工资水平、当地政府发布的工资指导线、本企业劳动生产率、本企业财务数据等，以增强说服力。也可以打苦情牌，对企业自身发展进行困境解剖，试图让对方产生企业经营不易但仍积极承担责任的印象。为此，应当做好有关资料、数据的收集工作。

要想在协商过程中谋求优势，有经验的谈判人员在协商阶段一般应做到：（1）协商一开始就弄清对方的要求、期望和真正利益所在；（2）对协商的现场形势做出判断，并制定出应付的方法；（3）为持续进行的各轮协商做好各方面的准备工作；（4）向对方施加影响，在获取我方实质利益的同时，使对方得到某些方面的满足，并且绝不损害其面子；（5）影响谈判形势，影响对方谈判人员对形势的看法，可以有限度地采取虚张声势的手法，但这样做要冒一定的风险；（6）以恰当的速度做出让步，且以我方的让步换取对方相应的（我方谋求的）让步；（7）把谈判面摊开，注意保护对方的面子，采取灵活措施，让多项议题同时展开协商。

拓展阅读

在对抗中争取双赢的结局

双赢的结局也称通盘协议，它要求谈判双方从多方面、多角度考虑问题，运用不同的方法，将针锋相对化解为利益调和，达成双方满意的结果。

西方学者普瑞特和鲁宾提出了 5 种途径，分别可以达成 5 种通盘协议。他们用丈夫和妻子讨论去哪里度假的例子说明这个问题。丈夫倾向于去山区，妻子倾向于去海边。他们曾考虑达成一项妥协方案，即在每个地方逗留一周，但他们还是希望能有更好的方案，他们应采取哪条途径呢？

1. 把馅饼做大

通过增加资源，使双方各得所需，可以达成通盘协议。例如，夫妻双方可以向各自的老板多请几天假，这样可以在山区和海边各逗留一段时间。

2. 滚木法

达成通盘协议的第二种途径是，双方在不同的问题上交换让步，各方都对自己不重要但对对方重要的问题让步。例如，在去哪里度假问题上，如果妻子愿意住一流旅馆而丈夫想要露营（住宿对妻子最重要，地点对丈夫最重要），那么他们的通盘协议可以是去有一流旅馆的山区。

3. 交易法

有时双方可以通过非特定补偿来达成交易。一方得到他想得到的东西，同时在某个无关的问题上给另一方补偿。例如，如果丈夫愿意花钱给妻子买一辆新车，妻子可能会同意跟丈夫去山区。

4. 减轻代价法

即由某人来找出一方立场背后的关注点，然后找到满足关注点的方法。有时只要找到一方的关注点就可以了，因为只要满足他的关注点，他就会接受另一方的要求。例如，假设丈夫不愿意去海边的原因是不喜欢那里的嘈杂和拥挤，如果能找到一个僻静的旅馆可以让他享受独处的快乐而让妻子到人群中去，这样就会减轻他付出的代价，他就会同意去海边。

5. 搭桥法

这种方法是根据双方的关切点制定的。这对夫妇可以找到一种能够满足各自最重要利益的新方法。例如，假设丈夫对钓鱼感兴趣，妻子对游泳感兴趣，那么双方就可以选择去有沙滩的港湾，这样就使双方的利益连接起来了。

上述方法告诉我们，谈判可以从"得到我能得到的东西"转变为"找到对双方都是公正和合理的方案"。双赢结局应该是谈判双方所希望的最好结局。当然，寻找双方都能获益的方案并不是一件容易的事，它需要谈判者具有敏锐的观察力、耐力、创造力和高超的技巧，最关键的是要明确树立争取双赢的目标。

资料来源：希尔特洛普，尤德尔．如何谈判．刘文军，译．北京：中信出版社，1999：105 - 107.

三、具体议题下集体协商的企业方技巧思路

（一）工资议题集体协商的企业方技巧思路[①]

工资集体协商是劳动关系集体协商中最常见的内容。工资的增长不仅关乎雇主在人力成本上的负担加重，也是整个经营体系中最重要的一环，涉及劳动定员、劳动定额、公司赋税等问题。雇主在同工会及劳动者协商该议题时，需要考虑自身成本负担。这项成本负担并非只是当下的成本支出，还包括未来的潜在成本。

从企业的实际情况出发，确定集体合同中的工资协商条款。企业生产经营正常稳定，效益较好的，工资协商条款应具体、细化、量化；生产经营不太正常，效益波动的，工资协商条款应采取相对灵活的比例要求；生产经营很不正常，停产、半停产的企业，工资协商条款应着重就最低工资标准和基本生活保障提出要求。外商投资企业和私营企业的工资协商条款应明确量化，并且不得低于《劳动法》和地方政府规定的最低工资标准；外商投资企业按照国家有关规定，工资标准不低于同行业、同类国有企业平均工资水平的120％。总之，集体协商的工资条款应尽量明确具体，便于操作、监督和考核兑现。

各类企业在工资协商中都应有企业最低工资标准的指标，并且不低于当地最低工资标准水平。当企业经济效益好时，要防止超额分配，雇主可以提出建立必要的工资储备金，以做到以丰补歉。

（二）工作制度议题集体协商的企业方技巧思路

在这一议题上，我们要探索如何以更低的成本来谋求绩效管理、冲突解决目标的最优化实现，这一议题往往可以成为雇主稍加让步而在其他议题上谋求利益的一个砝码。

[①] 本小节部分观点选自：全国总工会．集体协商与集体合同实用教材．北京：科学普及出版社，1997.

绩效管理作为雇主分享劳动成果的最主要的分配标准，直接关系着企业所有者的权利与获利情况。雇主可以在协商过程中引导对方关注，帮助修改绩效管理程序问题。对于绩效管理的具体内容，雇主应该保持坚决的决策意识，不要轻易地大幅度让步。

在充分核算清楚成本和效率变动后，冲突管理制度和员工代表大会制度等方面的协商可以作为让步的筹码，来获取对方在工资、福利等更为核心议题上的妥协。在这一方面的让步，可以作为雇主关怀员工、民主管理的"宣传片"，对于雇主来说，是有利可图的。当然，面对对方的要求，先要考虑其意见是否具有可行性、是否会影响企业经营与内部持续生产，再慎重做出让步。

（三）工作条件与标准议题集体协商的企业方技巧思路

工作条件和标准主要包括工作场所设备及劳动定额标准两方面。对于工作场所设备，采取内外对标方式，确定自身的劳动条件的水平线，根据自身的支出底线确定协商议价。

对待劳动定额标准问题，雇主需要掌握和研究本行业、本企业及不同岗位、不同工种的工作条件和标准特点。对职工工作前准备、下班后整理、连续工作的间歇、女工的哺乳时间等在工作时间中如何计算，上班交通工具落后、工作地点与职工居住地过远给职工体力带来的过多消耗等问题，通过横向（同行业、其他企业）、纵向（本企业历史）的对比和量化分析，作为己方对于工作标准变动的依据。

研究劳动条件和劳动强度对劳动者身体影响的程度。必须了解恶劣的劳动条件和劳动强度大的岗位对劳动者造成的损害程度，了解国内外对一些特殊岗位实行的特殊工时制度或办法，在此基础上，提出己方诉求。

认定计件工人工作时间，做到科学合理。不管是什么性质的企业，由作业方式和产品特性决定，都有可能以计件作为岗位或工种的分配方式。这种分配方式的关键问题是如何确定合理的劳动定额与计件报酬标准。

（四）专项集体协商的企业方技巧思路

单一谈判主题往往比多主题更具冲突性。在多主题谈判中，双方对某些主题的冲突可以借助其他主题加以缓解。在专项集体协商中，双方的关注点在单一对象或单一议题上，这使得所有的转移手段无用武之地。

专项集体协商的议题一般是劳动者在工作场所中集中关注的部分，通常是工资、弱势群体福利待遇等话题。雇主在协商过程中考虑自身的社会形象，承担自身的社会责任就成为外界可能影响协商过程的一大因素。如何在外界关注下维持自身的利益、在协商过程中掌握优势就成为专项集体协商需要思考的一个问题。

在专项集体协商中，还有一个事实值得我们关注，就是劳动者内部的诉求会趋向于统一。因为在集体协商中劳动者方面的力量会随着其意见的统一而增强，因此，雇主在进行专项集体协商时，应当考虑是否有足够的博弈力量来应对对方，是否需要做出让步，做出多大程度的让步。

拓展阅读

在集体协商中如何进行议题的安排次序

谈判的双方人员都要在开场阶段阐明"我方将如何使对方在谈判中得到满足"。

当然，谈判者首先要十分清楚己方的利益所在，要制定一套要达到的目标。目标应清晰明确，最好要有数字依据。

同时，在谈判过程中，要设身处地地分析对方的利益所在，以及我们可以在哪些方面使对方得到满足。

经验丰富的谈判者在进入谈判时，会格外注意了解对方在谈判中的价值观念和评价标准，工资、工时、福利等各方面情况，以及对方急于询问的各种情况。我们常见谈判人员急于了解对方的效益如何，因为在对方效益好或不好的情况下，其满足程度是大不相同的。

也有一些很有经验的谈判人员，在谈判的开始阶段经常问对方如何解决工资问题，因为这一问题会影响对方的支付能力。相反，对方则可能会反问采取何种劳动方式，因为这一问题会影响到谈判时对方的满足程度。但是，这样直接提问并不可取，因为对方在回答你的提问时，一般都会避免立刻透露关键性信息。

一般情况是，多数谈判人员并不善于弄清楚对方的真正需要，他们往往只从自己的立场看待整个谈判，过早地猜测对方的情况，实际上是把自己对对方的评价（往往是主观片面的评价）强加到对方头上。

更容易引起的恶果是：过早地提出摸底性问题，会使对方警觉而步步设防，甚至反击。

那么，应该如何利用开始阶段来争取在谈判中获得最大利益呢？

这里，有必要重申一下，开始谈判时的"气氛建立"仍然具有相当大的重要性，这个进入议题的过程是必不可少的。当然，这一阶段可以不必太强调如何制造诚挚的合作气氛，只要有一种轻松而又认真工作的气氛就足够了。

以开门见山的方式准确而肯定地亮出我方的谈判目的后，要尽量缩短摸底阶段。当然，谈判要一步步地进行，以达到最终成交的目的。但是，我们的兴趣不仅在于和对方合作进行建设性的贸易洽谈，而且要更多地集中于如何在这一笔交易中获得预期的利益。

议题的选择是提高谈判技巧的第一步。选择谈判议题和决定议题的先后次序，往往成为前期谈判的基本内容。例如，如果对方要求先谈工资问题，我方坚持先谈定额问题，实际谈判结果是把定额议题放在工资之前讨论，这说明我方在这一点上得到了利益。对方在程序上的这一让步使我方在洽谈过程中有可能了解到他们在工资上可能做出多大幅度的让步，这样我方知己知彼，可以更好地确定我们的让步方案、更好地确定让步多少和何时让步最为有利。

一般认为，争取在程序上做出对自己最有利的安排是谈判开始阶段的重要一仗。在如何选择第一议题方面，应考虑下列因素：一是第一议题如对我方来说不是很关键的问题，则可在这一议题上做出一些让步，以示我方之诚意；二是如果下一个议题也不是很关键，则可以以该议题的讨论试探对方的谈判方式和让步方式；三是如果下一个议题对我方十分重要（当然不能使对方感知到这一点），则在这一议题上要尽量使对方让步；四是将一些重要议题穿插在一些次要议题中讨论；五是将一个不太重要的议题放在谈判最后商议，对于这一议题，我方可做大幅度让步，甚至可以完全满足对方，以示我方希望成交之诚意。

当然，这种顺序是纵向的谈判方式，亦即每一个议题都分别讨论。在这种方式的谈判中，上述诸点确有其优越性。但是，总体而言，横向的谈判方式更有利于取得成果，有经验的谈判者总是选择横向的全面铺开的谈判方式。

在这一阶段，谈判双方仍然需要经常交换意见。这是因为双方站在各自的立场上，随时有可能发生意见冲突，使相互协调产生困难。

注意，在洽谈过程中，谈判者在努力为自己谋取利益的同时，要给对方一定程度的满足。当然，我们不应轻易让步，因为轻易做出的让步不易让对方感到满足，对方对我们很快就做出的让步会感到很容易得到，进而会"得陇望蜀"。因此，必须采取一种特殊的周旋的做法，有意识地拖上一段时间，多长时间视具体情况而定，其目的在于使对方为取得我方的"来之不易"的让步而感到满足。

由此可见，在谈判过程中，有时需要虚张声势，甚至需要偶尔冒一下风险。

资料来源：纪明波，强磊 . 集体协商谈判规程与谈判技巧 . 北京：中国工人出版社，1996：103 – 105.

本章小结

本章从四个方面对集体协商的策略与技巧进行了分析与解读：先对集体协商的原则与目标进行明确，在此基础上针对不同阶段制定方法与策略，在磋商阶段应用策略模型等方式，对策略进行适当选择。第 4 节就集体协商的技巧进行了深度分析。在协商过程中，双方都会进行大量的说服工作，采取协商技巧和策略，试图使对方重新调整期望值，愿意做出让步，从而为己方获得有利条件奠定基础。

关键词

策略选择　　策略模型　　谈判技巧

复习与思考题

1. 集体协商需要注意哪些原则，企业方如何寻找到在协商中的企业目标？
2. 集体协商中的策略和技巧有哪些？
3. 企业如何应对工资议题方面的集体协商，需要注意哪些问题？

案例分析

工资集体协商

X 航空公司职工方（包括飞行员、空服人员与飞机维修安检人员）要求全面加薪、放宽休假制度等事宜。在正式谈判之前，12 名职工率先罢工，使公司遭受财务损失，同时影响公司在顾客心目中的品牌形象。目前，12 名职工遭到停职处分，公司部分管理者坚持不再雇用他们，但职工方代表反对该项决议。老王身为总经理，全权代表公司立场与工会代表展开谈判。

近年来，各大行业的劳工意识普遍高涨，要求公司加薪或给予更多福利照顾，如公司未能予以满意响应，动辄以怠工、罢工威胁，以达成目的。本次谈判是该公司近年来的首次劳动关系双方的谈判交流。身为总经理的老王坚持原则，不能让职工方予取予求，他认为，一旦开了恶例，职工方尝到甜头，将来则永无宁日。同时，近年来，对比国内其他新成立的航空公司，X 航空公司营运利润有逐年萎缩现象，从公司账面会计的角度来看，在职工方薪资上实不宜做大幅度调整。然而，工会扬言，如谈判结果不令其满意，将于一周后发动怠工，如此一来，又将造成公司极大损失。老王身为总经理，除了关心公司利润，也关切职工方福利以及未来与职工方的关系是否良好。在谈判过程中，工会方多次强调全面加薪，并且态度十分强硬。

在本次劳动关系双方谈判的要约中，工人代表和公司方主要关注如下几个谈判事项：（1）正副驾驶员的起薪提高幅度；（2）空服人员薪资提高幅度，指空服人员薪资全面提高，但不涉及调升底薪；（3）空服人员的休假调幅；（4）设置增加维修安检技工、维修安检师的岗位数量；（5）是否成立职工惩戒委员会；（6）被停职的 12 名职工的处分结果。

思考：

请根据上述案例，自行安排收集航空行业薪资及福利等数据信息，进行案例分析，并为总经理老王拟订一个合适的谈判策略文案。（提示：在集体协商会议中，谈判策略和技巧的选择与运用直接影响谈判的结果，运用不当可能会造成严重的后果。策略文案应当包含策略模型、议价区间、谈判技巧、应急处理等重要内容，并分析各谈判议题的先后顺序是否对谈判结果有影响。）

第 8 章

集体合同的履行、变更、解除与终止

﹀ 学习目标

学完本章后，你应该能够：

● 明确集体合同履行及监督检查的相关概念、方法及常见问题。

● 了解集体合同变更、解除与终止的条件及程序。

● 为用人单位切实履行集体合同、解决因集体合同产生的劳动关系纠纷提供帮助。

﹀ 开篇引例

2017 年 1 月 10 日，某公司与工会经过协商签订了集体合同，规定职工的月工资不低于 1 000 元。2017 年 1 月 14 日，该公司将集体合同送劳动保障行政部门审查，但劳动保障行政部门一直未予答复。2018 年 1 月，公司招聘张某为经理，双方签订了为期 2 年的合同，月工资 5 000 元。几个月后，张某业绩不佳，公司于 2018 年 6 月降低了张某的工资，只发给张某 2 000 元。张某就此事与公司协商未果。2018 年 7 月，张某解除了与公司的合同。

问：（1）集体合同是否生效，为什么？

（2）张某业绩不佳，公司可否只发 2 000 元工资？为什么？

第1节 集体合同的履行及监督检查

一、集体合同的履行

(一) 集体合同的效力

集体合同是工会代表职工与企业缔结的有关劳动条件、劳动标准的书面协议。它是国家劳动基准法与个人劳动合同之间的重要环节,对企业内部劳动关系双方具有约束力。因此,在市场经济国家有人把集体合同称为"企业宪法"。集体合同的内容是劳动合同的基础,集体合同的内容规定对劳动合同具有约束的效力,即集体合同的内容对所有适用该合同的企业劳动合同的相关内容具有预先规定的效力,劳动合同的标准不得低于集体合同规定的标准。

法规依据

我国《劳动法》规定:"依法签订的集体合同对企业和企业全体职工具有约束力。职工个人与企业订立的劳动合同中劳动条件和劳动报酬等标准不得低于集体合同的规定。"

集体合同一经签订生效就具有法律效力,受到法律保护。集体合同的效力体现在以下几个方面:

一是时间效力。指从集体合同生效至其终止的时限内,为集体合同有效的持续期间。在此持续期间,集体合同始终保持其效力。

二是人员效力。指集体合同对哪些人适用且具有约束力。集体合同对企业方和企业全体职工具有约束力,双方人员都必须遵守集体合同的规定,不得违约。

三是法律效力。集体合同中劳动条件和劳动报酬的规定不得违背国家法律法规的规定;企业与职工签订的劳动合同在相关方面不得低于集体合同的规定。也就是说,集体合同的法律效力高于劳动合同,劳动法律、法规的法律效力高于集体合同。

(二) 集体合同履行的概念

集体合同履行是指集体合同当事人按照合同的约定,在适当的时间、地点，用适当的方法，全面完成各自承担的义务。双方当事人都完成了集体合同规定的全部义务，称集体合同全部履行；只完成了集体合同规定的部分义务，称集体合同部分履行；都没有完成规定的义务，称集体合同未履行。如果一方当事人完成了规定的义务，另一方当事人没有完成或者只是部分完成规定的义务，称集体合同单方面未履行，或者单方面部分履行。集体合同的履行以有效集体合同为前提。双方当事人忠实地履行集体合同是切实贯彻履行诚信集体协商义务的重要部分。

（三）集体合同履行的原则①

集体合同履行是集体合同主体双方按照集体合同规定履行自己应当承担的义务。履行集体合同应当遵循实际履行、全面履行和协作履行的原则。

1. 实际履行原则

实际履行原则是集体合同双方当事人按照合同规定的标的履行自己的义务和实现自己的权利，不得以其他标的或方式来代替。包括两个方面：一是一方当事人违约，即使接受了处罚，也不能以罚金或赔偿损失来代替合同标的的履行，除非违约方对合同标的的履行对于另一方当事人已无实际意义。例如，用人单位如果未履行劳保用品发放的义务，违背了劳动安全与卫生的专项集体合同，即使受到劳动保障部门的处罚，也必须按照合同约定对劳保用品进行发放。二是一方当事人不履行合同时，另一方当事人有权请求仲裁机构和法院敦促其履行。实际履行要求劳动者一方要按照集体合同的约定提供劳动，用人单位则应按照集体合同的约定提供劳动条件。

2. 全面履行原则

全面履行是指集体合同双方当事人应按照约定全面履行自己的义务，它要求当事人按照合同约定的内容，在履行期限、履行地点以适当的履行方式全面地完成合同义务。当事人一方在履行中对合同约定义务的任何一个环节的违反，都违背了全面履行原则。特别需要注意的是，集体合同履行包括合同中的劳动条件、劳动标准条款，还包括合同中的程序性条款以及其他劳动关系事项的规定，比如对职工方协商代表做出的权利义务规定。《广东省企业集体合同条例》中规定：协商代表违反条例规定，泄露企业商业秘密，给企业造成损失的，依法承担赔偿责任；企业方也不得限制、干扰工

---

① 中华全国总工会组织部，中华全国总工会集体合同部．全国工会工资集体协商培训教材．北京：中国工人出版社，2011．

会履行职权或者职工方产生协商代表，对职工方协商代表打击报复。如果出现上述行为，违反治安管理规定的，按照《治安管理处罚法》的有关规定处理。企业集体合同中如果有类似规定，要求劳动关系双方都必须遵守。

集体合同的全面履行在很大程度上有赖于对集体合同履行所实施的监督检查。有效监督可以随时发现问题、督促整改。

3. 协作履行原则

协作履行原则是指集体合同双方当事人在合同的履行过程中发扬协作精神，共同完成合同规定的义务，共同实现合同规定的权利。集体合同是劳动关系双方经过协商签订的，双方之间高度的相互依存要求履行集体合同时密切协作。

协作履行原则要求任何一方都要保证自己能够实际、全面履行合同的内容和条款。任何一方完成自己的任务就为合同的履行打下了良好的基础。

在集体合同履行的过程中，双方当事人要关注合同履行的实际状况，并进行必要的相互检查和监督。例如，可以建立由相同人数的企业管理者和劳动者组成的监督小组，共同监督集体合同的实施。在双方遇到问题时，应进行及时沟通，寻求解决问题的办法，避免事态扩大。双方的积极协作是保证集体合同全面履行的重要基础。

（四）集体合同履行的规定

在有关集体合同的地方法律法规中（如《北京市集体合同条例》和《江苏省集体合同条例》），集体合同的履行有如下规定：

（1）集体合同一经生效，集体合同双方应当履行。履行集体合同过程中发现的问题，应及时向对方通报，协商处理。

（2）集体合同双方应当建立集体合同履行情况的监督检查制度。集体合同一方或者双方每年至少向职工代表大会、职工大会或者职工代表会议报告一次集体合同履行情况。工资专项集体合同、集体合同中的工资条款或者附件的履行情况应当每半年公布一次。

（3）企业和职工方应当定期对集体合同的履行情况进行检查，并可以组织专门人员，监督集体合同的履行。检查中发现问题，应当以书面形式提交双方首席协商代表共同研究，协商处理。因履行集体合同发生的争议，当事人协商解决不成的，可以依法向劳动争议仲裁委员会申请仲裁。

（4）劳动保障行政部门应当将企业的集体合同履行情况列入企业劳动

保障守法诚信档案，并按照规定予以公布。

（五）集体合同义务条款不明确时的履行办法[1]

订立集体合同时，各项条款应具体、明确、清楚，不可含混不清、模棱两可。在实际工作中，常常会碰到集体合同中的某些条款订得不明确的情况，给合同的履行带来一些困难，这就要求两方及时协商予以明确。如果因集体合同某些条款不明确发生争议，可按下列办法处理：

第一，职工待遇条件不明确。凡国家法律、法规有明确规定的，按国家法律、法规执行；国家法律、法规没有具体规定的，应根据法律、法规所确定的原则，由当事人双方重新协商拟订条件，按新商定的条件履行。

第二，劳动保护标准条件不明确。双方可根据实际情况，重新议定标准。当重新议定标准意见不统一时，一般应当按法定标准条件履行，不能因意见不统一而不履行义务。

第三，履行期限不明确。凡没有规定履行期限的集体合同，其有效期一般应视为一年。

第四，履行方法不明确。集体合同的履行方法多种多样，如果集体合同没有规定履行方法，一般由当事人重新约定履行方法。当约定不成时，凡负有义务的一方能够即时一次完成的义务，应即时一次履行完成义务，一般不分期履行或拖延履行。其他义务应在合同有效期内分期履行。

为了尽可能避免因集体合同义务条款不明确而产生的劳动争议，双方当事人必须在平等协商的基础上严格遵守集体合同起草和审核的程序，从源头上解决问题。

二、集体合同的情况收集整理及监督检查

（一）集体合同履行的情况收集整理

集体合同正式生效之后，集体合同的履行质量决定集体合同制度的效果。企业管理方应当收集集体合同履行的情况。

收集集体合同履行情况需要有正确的渠道和有效的方法。收集集体合同履行情况的渠道包括：实地调查、职工个别访谈、召开职工座谈会、民

---

[1] 宋湛. 集体协商与集体合同. 北京：中国劳动社会保障出版社，2008.

主沟通会或劳动关系双方对立恳谈会等。

1. 实地调查

集体合同签订生效之后，用人单位首要的工作是将生效的集体合同以适当的方式向企业全体人员公布。在此阶段，企业管理人员应该重点关注企业公布集体合同的方式是否得当。现实当中有一些企业的集体合同没有以有效的方式公之于众，很多职工甚至不知道本企业有集体合同。因此，企业相关管理人员首先应该通过实地调查了解集体合同公布是否充分，能否让所有职工群众知晓集体合同的内容。根据不同企业的特点，集体合同文本可以采用不同的方式进行公布，比如在企业宣传栏里张贴、在职工大会上宣布、在企业内部网站上公布，最好的办法是将集体合同印成手册，发给每一个员工。如果需要检查是否已将集体合同文本送达每个员工，可以采用员工签收的方式。

2. 职工个别访谈

企业职工是集体合同的重要主体，合同条款的履行情况与职工群众的切身利益密切相关，因此，由企业管理方组织进行职工访谈是收集集体合同履行情况最有效的途径。个别访谈可以使职工消除顾虑，畅所欲言，表达最真实的想法和意见。企业相关管理人员应该详细记录职工的意见，并进行汇总分类，报告有关部门。

3. 召开职工座谈会

召开职工座谈会也是收集集体合同履行情况的重要途径。较之职工个别访谈，座谈会效率更高，可以在短时间之内收集到多方面的信息，也比较容易发现哪些是职工群众普遍关心的问题、哪些是迫切需要解决的问题。

企业管理方是集体合同签约的另一方，集体合同的绝大多数条款属于企业方义务。因此，企业方的行为和态度对集体合同的履行具有至关重要的意义。集体合同开始实施之后，每一个条款的落实都需要企业方有所作为。在每个阶段，集体合同履行的重点、步骤可能有所不同，企业中负责劳动关系协调的人员应该主动约见企业有关部门的负责人，询问集体合同条款的落实情况。同时，了解企业方面遇到的问题和障碍，帮助进行必要的协调沟通工作，促进集体合同按期履行。

收集集体合同履行情况的信息，需要特别注意重点和层次。企业管理方对于集体合同中的重点内容要给予重点关注。比如在困难企业，工资的按时足额支付是职工群众最为关心的问题，合同履行当中这项内容就应该给予特别的关注，深入实际调查企业到底是否按照合同的约定，按时足额支付了工人的工资。

（二）集体合同履行的监督检查①

1. 集体合同履行的监督检查的概念

集体合同履行的监督检查，是政府劳动保障行政部门、企业、企业工会、职工群众以及上级工会等有关方面对已生效的集体合同进行检查，督促其全面履行的行为。集体合同履行的监督检查应当涵盖集体合同的全部内容。

在集体合同履行过程中，监督是非常必要的。在我国，企业工会、企业职代会及其职工代表、签约双方代表以及人力资源和社会保障行政部门、企业主管部门、地方和产业工会，都应当对集体合同的履行实行监督。

2. 集体合同履行情况的监督检查方法②

用人单位要保证集体合同的有效履行，必须建立起行之有效的监督检查机制，这套机制应该由严密的组织机构、行之有效的方式方法和对违约行为的处理处罚构成。

（1）组织形式。

1）由企业党政工联合组成的集体合同监督检查小组。

2）由企业的上一级工会（或以工会为主）组成的集体合同监督检查小组。

3）职代会下设的以工会和职工代表为主的集体合同监督检查专门小组。

在实践中，上述各种形式的监督检查组织机构可以形成一种纵横交错

---

① 在有关集体合同履行的监督检查的法规政策中，《江苏省企业集体合同监督保证机制实施办法》积极健全完善多层次、多形式的集体合同监督保证机制。其中第四条规定了建立集体合同监督保证机制的工作目标：（1）推动和监督各类企业贯彻实施劳动法律法规及有关政策，维护职工合法权益，促进企业健康发展；（2）推动和监督各类企业普遍实行平等协商和集体合同制度，并依法规范运作；（3）推动实行平等协商和集体合同制度的企业围绕劳动关系中的突出问题进行协商和签约，认真履行集体合同，落实平等协商确定的重要事项，积极构建和谐的劳动关系；（4）有效预防和协调处理因签订、履行集体合同发生的集体劳动争议。

② 一些地方法规政策对集体合同的监督检查进行了规定。例如，《河南省企业集体合同条例》（1999 年 12 月起实施）中涉及企业内部集体合同履行监督检查的规定有：

第二十七条　企业工会应当教育和组织职工认真履行集体合同，遵守劳动纪律和企业的规章制度，努力完成生产和工作任务，促进企业的发展。

第二十八条　企业职工代表大会可以对集体合同的履行进行监督，发现问题应当以书面形式提交双方首席代表，双方应当认真研究和协商处理。

第二十九条　集体合同双方首席代表每年至少向职工代表大会或全体职工大会报告一次集体合同的履行情况。

此外，福建省、山东省等地方的企业集体合同条例都做出了类似规定。

的工作网络。

（2）方式方法。

1）集体合同履行情况的监督检查从方式上来说，可以采取以下三种：

● 常规巡查。即由监督检查组织机构定期就集体合同的履行情况进行检查。这种形式的检查，特点是比较细致和全面，往往涉及集体合同的各个方面，发现问题及时纠正。

● 随机抽查。其特点是不定期和随时就集体合同的履行情况进行检查，而且事先不发出检查的通知。

● 针对某个问题进行重点检查。例如，遇到因履行集体合同发生争议或在争议得到平息和处理之后，及时就集体合同的履行情况进行检查。

2）集体合同履行情况的监督检查从方法上来说主要有两种：

一种方法是负责监督检查的人员亲临企业现场，并有权向企业行政人员和职工直接询问和了解有关情况，核实有关劳动标准执行情况的材料，听取双方代表关于集体合同履行情况的介绍。

另一种方法是建立信息反馈制度，掌握来自实践中的情况，其中包括个人举报，从中了解、分析和把握集体合同履行中存在的问题，进而采取相应的对策。

（3）处理措施。用人单位对于集体合同履行中存在的问题应及时采取得力的处理措施：1）向违约当事人发出通告，并规定一定期限责令其改正；2）在通告发出之后规定的期限内，若违约当事人未改正其错误的做法，根据违约行为的具体情况给予相应的行政和经济处罚；3）对于个别因违约而对企业财产和职工权益造成重大损失和侵害的当事人，可交由司法机关追究刑事责任。

实践当中，很多企业采取各种方式监督检查集体合同的履行情况，随时发现问题随时整改，保证了集体合同到期时合同条款可以得到全面落实。例如，一些企业将内容比较多的集体合同所涉及的问题分成不同类别，按照重要程度、企业的实际能力以及生产经营的安排，确定合理的顺序分阶段予以履行；开展专项监督检查，对集体合同中带有经常性和周期性的工资发放、工作时间、劳动保护，职业培训、社会保险和福利等项目进行定期检查；在一些有毒有害问题集中的企业，劳动安全卫生问题是头等大事，一些企业首先对这方面的事项进行监督检查，特别制作了有毒有害化学物质信息卡，将有毒有害物质名称、危害级别、理化特征等内容登记建卡，职工人手一册，这样一来，企业管理方与每个职工都可以成为实际监督者。

此外，为保证集体合同得到切实履行和有效监督，需要在工作场所建立合理的建言机制与申诉机制。因此，企业应当积极构建企业内部的职工提案制度与职工申诉制度，鼓励职工针对企业的不足提出建议，对自身遭遇的不公正待遇提出申诉。企业应当及时、认真处理职工的申诉和提议，若申诉被认为是无理由的，企业方或申诉最终处理机构应该以书面形式详细说明理由，回复申诉人；若申诉被认为是合理的，那么企业方应当有所作为。工会干部与工人代表在劳动关系双方沟通过程中也应当发挥积极作用。当前劳动关系双方纠纷大都源于双方在理念和行为上沟通不顺畅。在企业内部建立职工申诉制度，对职工方而言，能够给职工提供表达不满的渠道，有利于消除误解并合理维护自身权利；对企业方而言，有利于不断完善企业内部沟通机制，对防范劳动关系双方纠纷、降低冲突解决成本具有重要意义。

拓展阅读

国际劳工组织与集体谈判

东风日产集体协议有通报机制，每年10月通过集体协商达成集体协议，协商双方于5日内将已经生效的工资协议以适当形式向本方人员通报。工资协议期限一般为1年。依法订立的工资协议对企业和职工方具有同等约束力。双方必须全面履行工资协议规定的义务，任何一方不得擅自变更或解除工资协议。在工资协议有效期内，由于环境和条件发生重大变化，致使工资协议难以履行时，双方均有权要求就变更或解除工资协议进行协商。

东风日产集体协议的监督检查工作由工会部门承担。企业工会定期组织有关人员对工资协议的履行情况进行监督检查，若发现问题，应及时与企业协商解决。企业工会可以与企业协商，建立工资协议履行的联合监督检查制度，定期或不定期对履行工资协议的情况进行监督检查。职工方代表有权对工资协议的履行进行民主监督。企业工会向职工代表大会或全体职工方通报工资协议的履行情况，组织职工方代表对工资协议的履行进行监督检查。

三、用人单位集体合同履行过程中的常见问题

（一）主要劳动标准性条款的履行不尽如人意

集体合同中主要劳动标准性条款难以兑现，特别是"三欠"现象较普遍，即欠工资、欠医药费、欠养老保险金。例如，一些企业不能足额发放职工工资或拖欠工资，有的企业拖欠职工工资达数月甚至数年，有的企业连最低工资也无法保证；一些企业养老保险费上缴缺额很大。

（二）平等协商制度形同虚设

平等协商制度的重要性在一部分企业中没有得到认同。有的企业是"一次协商管几年"，在签约前开展平等协商后就再也没有协商了；即使是经过平等协商的企业，也是"以个人协商代替集体协商"，遇到问题都由工会主席个人与行政有关部门负责人凭关系、靠反复交涉去解决，没有通过规范的平等协商程序来处理有关职工切身利益的事情；不少企业集体合同"以不变应万变"，不管企业经济效益升降与否，也不管经济环境发生多大变化，集体合同一经签订就再也没有根据情况变化对集体合同的条款经过平等协商进行修改、变更。

（三）集体合同的监督检查轻描淡写

集体合同的监督检查制度不落实，表现为"三无"：（1）无检查。一些企业在一年中未开展一次集体合同监督检查工作。（2）无报告。有的企业进行了集体合同检查，但既不向职代会报告，也不向企业行政部门报告，仅仅是例行公事，履行情况缺乏透明度。（3）无整改措施。有的企业进行检查后发现了履行中的问题，但未积极采取行动制定整改措施，以至于虽进行了检查，但检查结果毫无意义。

（四）集体合同的续签普遍滞后

一些企业集体合同到期后并未及时续签。到期集体合同续签率不高，既反映了这些企业对集体合同制度的重视程度不高，也暴露出第一轮集体合同的履约状况不佳。还有的单位以种种理由推迟续签，造成集体合同履行的空当。

四、用人单位违反集体合同的法律风险及防范[①]

（一）用人单位违反集体合同的法律风险

通常情况下，用人单位违反集体合同要同时具备以下两个条件：

（1）用人单位完全不按照集体合同规定的内容履行，或者用人单位没有完全按照集体合同规定的标准条件、履行方式履行合同。

（2）用人单位对违反集体合同具有过错，包括故意和过失两种。

故意是指当事人明知自己的违约行为会造成违约后果，却希望或放任这种违约结果的发生。过失是指当事人应当预见自己的违约行为发生违约的结果，但因疏忽大意没有预见或已经预见但由于轻信能够避免以致引起违约结果的发生。

企业违反集体合同的法律风险是指由于企业自己的作为或不作为的过错行为，造成集体合同不能履行或者不完全履行，根据法律规定和集体合同的约定须承受相应后果的风险。

我国《集体合同规定》第七条明确指出：“县级以上劳动保障行政部门对本行政区域内用人单位与本单位职工开展集体协商、签订、履行集体合同的情况进行监督。”据劳动和社会保障部、国家经济贸易委员会、中华全国总工会、中国企业联合会/中国企业家协会联合发布的《关于进一步推行平等协商和集体合同制度的通知》（劳社部发〔2001〕17 号）的规定，在集体合同履行监督问题上，“各级劳动保障部门要依法加强对集体合同制度履行情况的行政监察工作，把劳动保障监察同工会劳动法律监督紧密结合起来，对无正当理由拒绝平等协商、违反集体合同的企业，要责令其限期改正，依法处理”。因此，政府主导及各级工会、企业联合会等外部组织的监督检查能帮助预防企业履行集体合同时应当防范的风险。

《集体合同规定》第八条规定，“集体协商双方可以就下列多项或某项内容进行集体协商，签订集体合同或专项集体合同：……（十四）违反集体合同的责任……”

具体而言，企业一方违反集体合同所面临的风险主要有：

第一，行政责任风险。企业不履行集体合同规定的义务或者不完全履

---

① 范重光. 违反集体合同法律责任探究. 中国劳动关系学院学报，2012，26（4）：58 - 62.

行集体合同义务的行为，抑或违反了行政法的相关规定，依照行政法和行政法规，应当承担行政责任，包括接受行政处罚和行政处分。具体有：1）承认错误，赔礼道歉；2）接受行政处罚，如责令停产、停业，暂扣或者吊销许可证和营业执照，没收财物，罚款，警告，通报批评，等等；3）继续履行法定义务；4）恢复原状，返还财产；5）赔偿损失；6）接受并执行行政机关的限期改正等责令；等等。

企业法定代表人以及相关代表人等自然人，依法、依集体合同应当履行相关义务，包括行政法方面的义务，如果不履行义务，违反行政法规定，就要承担行政责任。行政处分有警告、记过、记大过、降级、撤职、开除等。行政处罚有人身罚、财产罚、申诫罚等。

第二，民事责任风险。当事人因违反民法而承担的法律责任。集体合同是企业和企业劳动者就集体劳动权利的具体约定。劳动权利本质上是一种特殊的民事权利，当用人者或者劳动者集体不履行或不完全履行集体合同时，也就意味着相关当事人的民事权利、合同权利受到损害，依照民法的规定，需承担相关的法律责任。根据法律实践，担当违反集体合同的民事责任形式主要有：停止侵害、继续履行合同、赔偿损失、赔礼道歉、承担违约责任等。

第三，刑事责任风险。刑事责任是国家对刑事关系进行刑法调整的法律后果。劳动关系，包括集体劳动关系，是社会生产关系的基础，也是国家政治关系的主要内容。在现实中，如果用人者违反集体合同的行为情节严重，同时也触犯了刑法的规定，依照刑法就得承担刑事责任。譬如未能提供合法的劳动保护条件导致安全责任事故发生，又如恶意拖欠克扣工资、不支付劳动报酬等情况，既违反了集体合同，也触犯了刑法相关规定。用人者承担刑事责任的条件、责任具体主体以及刑事责任的具体形式，以刑法明文规定为准。根据刑法规定，对单位犯罪的处罚分为两种情况：（1）双罚制原则。单位犯罪的，对单位判处罚金，同时对单位直接负责的主管人员和其他直接责任人员判处刑罚。（2）单罚制原则。单位犯罪不判处单位罚金，只对直接责任人员进行处罚。

《关于进一步推行平等协商和集体合同制度的通知》（劳社部发〔2001〕17 号）指出："要处理好集体合同和劳动合同的关系，劳动合同中劳动条件和劳动报酬等标准不得低于集体合同的规定。"《关于贯彻实施〈集体合同规定〉的通知》（劳社部函〔2004〕195 号）提出："企业劳动合同中劳动条件和劳动报酬等标准不得低于区域性、行业性集体合同的规定。"因此，若企业与职工一方在集体合同中约定内容与劳动合同内容相关，涉及三种法律风险的行为可参考《中华人民共和国劳动合同法》第八十条至第九十三条规定。

（二）企业如何防范集体合同履行风险

1. 明确违约责任

违约责任是由企业与职工一方在集体合同中约定或者补充约定的。企业一旦出现违约行为，应当及时采取补救措施。违约责任也不是一定不变的，合同双方在违约以后，可以再行约定采取合适的补救措施。常用的违约责任的承担方式有：继续履行、采取补救措施、支付违约金、支付赔偿金等。

2. 选择合理的纠纷解决途径

企业在一些情况下需要防范职工方故意利用和解或调解拖延时间，使企业方的权利超过仲裁或者司法程序确定的时效，从而使职工自身免于相关法律责任的情况。为了不至于落入这种圈套，企业应加快和解或调解的进程，如果久调不决，应当机立断寻求司法程序帮助来解决问题。

3. 选择有利的索赔案由

按照《中华人民共和国合同法》规定，当一方有违约行为发生，侵犯合同相对方人身、财产权益的，合同相对方向法院提起诉讼，可以选择"违约"或者"侵权"其中一种方式进行索赔，被认定为事实的，法院应当予以支持。

第 2 节　集体合同的变更和解除

一、集体合同变更和解除的概念

（一）集体合同的变更

集体合同的变更是指在集体合同没有履行或没有完全履行之前，因订立集体合同所依据的主观和客观情况发生某些变化，当事人依照法律规定的条件和程序对原合同中的某些条款进行修改和补充。

集体合同的变更，主要是合同内容的变更。它可以是集体合同有效期限的变更，也可以是标准条件、义务性条款的变更。只要当事人双方协商一致，手续和内容合法，变更原合同关系是允许的。集体合同变更后，当事人之间的权利与义务随之发生变化。

（二）集体合同的解除

集体合同的解除是指集体合同没有履行或没有完全履行之前，因订立合同所依据的主客观情况发生变化，致使集体合同的履行成为不可能或不必要，当事人依照法律规定的条件和程序，终止原集体合同法律关系。

二、集体合同变更、解除的条件和程序

依法订立的集体合同具有法律约束力，因此，变更或解除集体合同，必须符合一定的法定条件和程序。集体合同的变更或者解除应当以书面形式提出，提出变更或者解除集体合同的一方应当提供相关依据。

（一）集体合同变更、解除的条件

当事人双方在协商一致的条件下可以变更或解除集体合同。集体合同签订后，经当事人双方重新协商同意，可以变更或解除。《集体合同规定》第三十九条规定："双方协商代表协商一致，可以变更或解除集体合同或专项集体合同。"法律允许当事人经协商一致变更或解除集体合同，目的是使工会和企业能够根据客观情况的变化及时调整合同关系，使集体合同能够更加适应客观实际的需要，使集体合同更好地发挥作用。

此外，根据《集体合同规定》第四十条的规定，有下列情形之一的，可以变更或解除集体合同或专项集体合同：

（1）用人单位因被兼并、解散、破产等原因，致使集体合同或专项集体合同无法履行的。

（2）因不可抗力等原因致使集体合同或专项集体合同无法履行或部分无法履行的。不可抗力是指人力无法抗拒的某种外部力量，包括各种自然灾害及战争等社会现象。不可抗力事件发生后，允许根据实际情况变更或解除集体合同。

（3）集体合同或专项集体合同约定的变更或解除条件出现的。

（4）法律、法规、规章规定的其他情形。

一些地方性集体合同法规政策，例如《重庆市集体合同条例》（2016年修订）就可以变更或解除集体合同的情形还规定了订立集体合同所依据的法律、法规、规章已经修改或者废止的情况。国家法律、法规和政策是订立集体合同的重要依据之一。在集体合同订立之后，如果国家有关法律、法规和政策发生了变化，必须变更有关的集体合同内容或解除集体合同。

当发生以上几种情况之一时，集体合同的任何一方当事人有权提议变更集体合同，然而任何变更集体合同的提议都要具备足够的说服力。如若企业被兼并时，其业务被完全地吸收或者其主体业务被吸收，后续的兼并企业仍然应当负有继续履行集体合同的义务，因为从性质上来说，企业的整体业务并未发生实质变化，签订集体合同时的环境和条件也并未因企业的兼并而有实质的变更。当出现用人单位解散、破产等情况，或者因物价大幅波动、经济状况整体下滑等客观情况致使劳动者需要变更集体合同时，双方应在协商合作的基础上商谈变更或解除集体合同。此外，对提议变更集体合同的主体也有一定的限制，例如，少数职工在不经大多数职工同意的条件下不能和用人单位变更集体合同。因为集体合同的任何变更都会对企业的全体劳工产生约束力，集体合同的变更也就需要企业多数的职工同意才能进行。[①]

（二）集体合同变更、解除的程序[②]

变更或解除集体合同或者专项集体合同，适用集体协商程序，即按照《集体合同规定》关于集体协商的程序执行。

（1）集体协商任何一方均可就变更或者解除集体合同或专项集体合同以及相关事宜，以书面形式向对方提出集体协商的要求。一方提出进行集体协商要求的，另一方应当在收到集体协商要求之日起 20 日内以书面形式给以回应，无正当理由不得拒绝进行集体协商。

（2）集体协商会议由双方首席代表轮流主持。

（3）集体协商未达成一致意见或出现事先未预料的问题时，经双方协

---

① 周建春．我国集体协商制度下集体合同变更与解除的困境．法商论坛，2011（2）：195－196.
② 什么是集体合同的变更或解除，变更或者解除集体合同的条件和程序是什么．劳动和社会保障法规政策专刊，2008（8）：38－39.

商，可以中止协商。中止期限及下次协商时间、地点、内容由双方商定。

集体合同或专项集体合同变更后，应当自双方首席代表签字之日起 10 日内，由企业一方将文本一式三份报送劳动保障行政部门审查。

（三）集体合同变更、解除的效力[①]

集体合同变更是在原集体合同基础上所做的修改和补充，原集体合同关系并未发生改变。集体合同变更的效力不具有溯及的效力，只涉及合同未履行的部分，对已经履行的部分任何一方都不得要求对方返还。集体合同解除的法律后果具有特殊性。按照我国《合同法》第九十七条规定，合同解除后，尚未履行的，终止履行；已经履行的，根据履行情况和合同性质，当事人可以要求恢复原状、采取其他补救措施，并有权要求赔偿损失。因为劳动关系具有人身性和财产性，劳动力的提供和劳动力的使用在劳动过程中实现，劳动过程结束后已付出的劳动不能恢复原状、返还原物，所以集体劳动关系解除后，补救措施主要采用损害赔偿的方式。

第3节 集体合同的终止

一、集体合同终止的概念

集体合同的终止是指因某种法律事实的发生而导致集体合同法律关系消灭。集体合同或专项集体合同期限一般为 1~3 年，期满或双方约定的终止条件出现，即行终止。集体合同或专项集体合同期满前 3 个月内，任何一方均可向对方提出重新签订或续订的要求。

集体合同解除与集体合同终止是两个不同的概念。前者是集体合同尚未全面履行或者根本没有履行而予以终止；后者则是指集体合同全面履行而告终止。当然，广义的集体合同终止也包括集体合同的解除。

集体合同终止时，其效力自动消灭，但如果双方同意延长合同的有效期限，则集体合同继续具有法律效力；双方也可以在集体合同中做出在集体合同期满、未签订新的集体合同之前，原合同继续有效的约定。

---

① 李文军. 集体合同法律问题研究. 重庆：西南政法大学，2003.

在旧的集体合同失效后新的集体合同生效前，依照旧的集体合同的规定所签订的劳动合同，如存续时间没有结束，那么劳动合同仍然有效。在这段时间内，经劳动合同双方当事人同意，可以变更或订立新的劳动合同。

二、集体合同终止的条件

我国《集体合同规定》中并未对集体合同终止的条件做具体阐述，但诸多地方立法在有关集体合同方面做出了规定。如《北京市集体合同条例》对集体合同的终止条件有如下规定：

有下列情形之一的，集体合同终止：

（1）用人单位依法破产、解散的；

（2）集体合同期满或者双方约定的终止条件出现的；

（3）集体合同期满后，一方不同意续订集体合同的。

总体而言，大多数地方立法中规定的终止情形都包括以下几种情形：集体合同期满后一方不同意续订集体合同的；双方约定的终止条件出现的；企业依法破产、解散、关闭、停产的；法律、法规、规章规定的其他终止的情形。

↘ 本章小结

集体合同是企业职工一方与用人单位就劳动报酬、工作时间、休息休假、劳动安全卫生、保险福利等事项，通过平等协商达成的书面协议。凡符合法律规定的集体合同，一经签订就具有法律效力。但集体合同的法律效力需要依靠集体合同的切实履行及监督检查来保障。集体合同的变更、解除与终止是实施集体合同制度中的常见情况。

本章的核心理念在于在我国基本制度框架内规范企业方在集体合同履行及监督检查过程中的行为。通过本章的学习，企业方需要明确集体合同履行及监督检查的相关概念、方法及常见问题，了解集体合同变更、解除与终止的条件及程序，从而为用人单位切实履行集体合同、解决因集体合同产生的劳动关系纠纷提供帮助。

↘ 关键词

集体合同　　变更　　解除　　终止

↘ 复习与思考题

1. 请简述我国集体合同的基本制度框架。

2. 请简述集体合同履行的概念和原则。

3. 企业方在集体合同履行过程中可能遇到的风险有哪些？应当如何应对？

4. 集体合同的变更和解除应当遵循哪些程序？

5. 根据我国法律规定，在哪些情形下集体合同可以终止？

↘ 实操演练

集体合同解除中，有两个问题值得注意：（1）从企业一方来说，签订集体合同的企业被兼并后，集体合同是否自动解除？（2）从劳动者一方来说，劳动者个人是否有权同企业协商解除集体合同？劳动者个人同用人单位解除自己的集体合同，是否溯及其他的劳动者？

首先，一般情况下，如果仅仅因为企业的生产经营出现临时性困难，例如企业的部分经营被兼并，企业不得以此为借口终止集体合同。在企业被整体兼并之后，对于后续企业是否可以解除集体合同，一般认为，虽然作为集体合同的当事人有所调整，但是鉴于企业的经营是整体转移，其实质的合同内容并未受兼并的影响，后续企业仍负有继续履行集体合同的义务，不得任意解除集体合同。其次，就劳动者个人来说，劳动者可以就自己的劳动合同与用人单位协商解除，但因为集体合同涉及全体劳动者，单个劳动者是否有权和用人单位单独协商终止集体合同仍有一定的争议。一般来说，集体合同是由工会代表劳动者全体同用人单位签订的，其效力约束全体劳动者，如果允许劳动者个人就自己的合同有协商解除权，那将违背集体合同签订的主体规定。既然劳动者个人无权签订集体合同，同样，一般认为其也不具有解除集体合同的权利。

在明确了集体合同解除的限制条件外，如确实发生不可抗力等原因，使集体合同无法继续履行，那么当事人双方就应当协商解除集体合同。集体合同一经解除，就意味着集体合同的双方当事人权利义务重新进入了一个新的状态，双方不再负有彼此的合同约定义务，集体合同的约束力也将随之终止。

因集体合同解除所产生的劳动争议，同样可以采取协商、调解、仲裁和诉讼等途径寻求救济。

资料来源：周建春. 我国集体协商制度下集体合同变更与解除的困境. 法商论坛，2011 (2)：195 - 196.

思考：

1. 集体合同的解除与终止中有哪些法律风险？

2. 请结合你的体会，谈谈当前集体合同的解除程序在哪些方面可以进行优化。

Part³

第 3 编
行业性与区域性
集体协商

第 9 章

行业性与区域性集体协商概述

⬎ 学习目标

学完本章后，你应该能够：

● 了解行业性与区域性集体协商的基本概况。

● 明确行业性与区域性集体协商的相关概念、实施的决定性因素。

● 明确行业性与区域性集体协商的价值及面临的挑战。

● 了解中国现有模式。

⬎ 开篇引例

2011 年，全国总工会出台《中华全国总工会 2011—2013 年深入推进工资集体协商工作规划》，计划用 3 年时间全面推进企业建立工资集体协商制度，并强调将着重抓好区域性、行业性工资集体协商，特别是要在产业集群、中小企业、劳动密集型企业相对集中的地区和行业，重点推行区域性、行业性工资集体协商，着力解决一线职工劳动报酬偏低的问题，促进劳动关系和谐发展。

一、行业性与区域性集体协商的概念和基本内容

(一) 行业性与区域性集体协商的概念

随着社会主义市场经济的发展，中国非公有制企业迅速增多。这些企业大多规模较小，职工流动性较大，工会组织程度低，职工合法权益受侵害的现象时有发生，劳动关系矛盾相对突出。单依托个人的合同和企业层级的集体合同，早已脱离现实的需求。为构建和谐稳定的劳动关系，营造有利于企业持续健康发展的良好环境，促进区域和行业经济的协调发展，行业性与区域性集体协商呼之欲出。行业性与区域性集体协商和企业层级的单一雇主集体协商的根本差异在于企业方集体协商的团体组合性，即多个雇主的共同参与。

区域性集体协商是指以行政区域（如镇、区、街道、村、经济开发区、工业园区等）为单位，由区域工会组织与相应的区域企业组织或区域内企业方推选产生的代表，依照国家法律、法规，为签订覆盖本地区所有企业的区域性集体合同而进行商谈的行为。

行业性集体协商是指在同行业企业相对集中的区域，由行业工会组织代表职工与同级企业代表或企业代表组织，为签订行业内集体合同或专项集体合同进行商谈的行为。①

(二) 行业性与区域性集体协商的差异和联系

行业性集体协商与区域性集体协商有一定的差异和联系，具体表现如表 9-1 所示。

表 9-1　区域性与行业性集体协商的差异和联系

	区域性集体协商	行业性集体协商
适用条件	企业规模小，行业差异较大	企业规模小，但行业特征显著
区域范围	较小	较大

---

① 郑东亮，唐鑛. 高级劳动关系协调师：国家职业资格一级. 北京：人民出版社，2014.

续表

	区域性集体协商	行业性集体协商
协商内容与标准	通用性标准（如最低工资）	行业性标准（劳动定额、工时工价和涉及劳动者权益的事宜）
合同效力	本区域内所有劳动者和所有企业	本行业所有劳动者和所有企业
两者联系	区域谈底线，行业谈标准	

1. 适用条件

区域性集体协商一般适合在企业规模较小、工会组织程度低且企业的行业差异较大的民营经济区（县）域内推行，在比较集中的乡镇、街道、社区和工业园区（经济技术开发区、高新技术产业园区）开展。行业性集体协商同样适用于企业规模小的企业，但当企业生产产品的同质性较高时，即行业特征明显，则适合重点推行行业性集体协商。

2. 区域范围

《中华人民共和国劳动合同法》第五十三条明确规定，区域性和行业性集体合同在县级以下区域内推行，但在实践中两者存在差异。区域性集体协商由于企业性质差异、各行业劳动者需求不同等，在一个较大区域内协商签订集体合同往往比较困难，即使签订集体合同也往往因为缺少针对性而难以实施，因此一般是在镇、村、乡、县范围内推行。行业性集体协商是以行业共同性为基础，在区域适用范围上约束较小，2009 年全国总工会在《关于积极开展行业性工资集体协商工作的指导意见》中明确提出"有条件的地方也可以从实际出发，探索在县（区）及以上开展行业性工资集体协商工作"。近年来，一些地方行业集体协商在地级市甚至省级层面实现了突破，如 2011 年海南酒店餐饮行业开展了省级行业性集体协商。上海市出租车行业、山西吕梁煤炭行业、沈阳餐饮行业、大连机械行业、武汉餐饮行业都在地市级层面开展了行业性集体协商。

3. 协商内容与标准

区域性集体协商重点内容是制定本区域内职工最低工资标准，维护一个区域内劳动关系的稳定，促进区域整体经济可持续发展。行业性集体协商由于同行业内的企业在企业利润、工资水平、职业安全、劳动者素质等方面有共同性，普遍把劳动定额、工时工价作为集体协商的重点内容，同时把涉及劳动者权益的事项尽可能纳入协商范围，制定有针对性的具体的全行业共同标准，防止同行业企业的恶性竞争，维护行业劳动关系稳定，促进行业内所有企业实现健康、有序的可持续发展。行业性集体合同可以是综合性的，也可以是专项的。

4. 合同效力

区域性集体协商订立的集体合同对协商订立该合同的劳动者代表（工会）和企业代表具有约束力，同样也对本区域内所有劳动者和所有用人单位具有约束力。行业性集体协商订立的集体合同具有约束协商订立集体合同的劳动者代表（工会）和企业代表的效力，而且具有约束本行业的所有劳动者和所有企业的效力。

5. 两者联系

区域性集体协商确定底线，行业性集体协商确定标准。在实践中，应在充分研究区域内行业企业的用工特点基础上，用区域带动行业，用行业支撑区域，以行业落实区域协商结果。如有的地方区域性集体协商实行的是"1＋N"模式，"1"是指区域性的集体合同，规定了区域所在企业的最低工资标准以及支付保障、工作时间等通用性合同条款。在此基础上，工会把区域内企业按照行业特征划分为"N"类，再向企业发出协商要约，依据行业生产特点，签订 N 个行业集体协议，行业集体协议中的工资标准和增长幅度不得低于区域性集体合同。①

二、行业性与区域性集体协商和单雇主集体协商

（一）两者的差异

在开展集体协商的实践中，由于企业、行业、区域所处情况不同，有时需要各层级协商相互交叉、融合使用，这就需要认真把握各层级集体协商的相互区别与联系（见表9-2），从而更好地发挥不同层级集体协商的特殊功能，达到扩大覆盖面、增强实效性的目的。

表9-2　行业性与区域性集体协商和单一雇主集体协商的差异

	单一雇主	行业性与区域性
层级	企业	企业群体、地区、部门、行业或国家

---

① 闻效仪. 转型期中国集体协商的类型化与制度构建. 北京：社会科学文献出版社，2016.

续表

	单一雇主	行业性与区域性
雇主代表	一个单一雇主	一个或多个雇主或雇主组织
工人代表	在多数情况下是一个独家谈判代表，由一个单一工会或工会联盟代表绝大多数工人	行业或国家层级最具代表性的工会
每个行业协议的典型数量	许多	一个或多个
雇员覆盖面	中或低	高
按企业规模	大企业覆盖面高 小企业覆盖面低	小企业和大企业都覆盖
对工资分配的影响	将工资费率标准化并压缩企业工资结构	在高度协商下，提高整个行业的最低工资并将行业工资费率标准化，对工资分配产生均衡效应
对企业效率的影响	协议反映了企业的绩效表现和企业所处的竞争环境	协议适用于整个行业，并降低企业间的（工资）差距，激励更高效的企业进行创新
谈判主体和内容详细程度	就一揽子主题做出详细规定，专门针对本企业需求	解决影响整个行业的问题，例如社会保险 通常确立最低工资和基本就业条件，在行业层级带来总体增长 可以在企业层级就具体问题做出详细规定
规定的适用	根据所在协商体系，一份集体协议可以适用于参与协议协商的各方及其代表的群体。雇主可以决定将协商确定的条件适用于所有工人，无论其是否具有工会会员身份 在一些协商体系中，例如那些有独家协商代表的体系，如果工会（或工会联盟）代表企业内的大多数工人，则集体协议适用于所有雇员	适用于签约方，即所有雇主和/或雇主组织代表的雇主和所有工会会员 集体协议的适用性可以由政府主管部门扩展至非签约方，只要满足一定条件（例如，有一个或多个签约方提出这样的要求；签约方被认为有足够的代表性；非签约方能够提出观察意见） 企业级协议可以实施高级别协议中的具体规定

续表

	单一雇主	行业性与区域性
包容性	不可以包括非签约方的雇员,例如临时就业中介机构雇用的工人(在同一个工作地点工作)取决于集体协商框架,一份集体协议一经达成可以(或不可以)适用于协商单位的所有雇员,包括非工会会员	高度包容性,因为允许多个雇主参与协商可根据征拆集体协议中的权益扩展至适用于弱势工人群体,例如从事非标准就业形式的工人
协议的通常期限	固定期限	固定期限没有固定期限,往往有重启协商条款以定期审议工资或其他问题
通常由谁倡导	雇主在一家企业内代表多数雇员但是在行业内没有良好组织的工会	工会希望防止不公平工资竞争和/或降低在企业级与多家工会协商的管理成本的雇主

资料来源:国际劳工组织《集体协商政策指南》.

(二)两者效力等级问题

实行多层次集体合同模式时,法律允许企业层级雇主集体协商的集体合同与若干宏观层次集体合同并存,包括行业性与区域性集体合同,也包括全国性集体合同。建立了多层次的集体合同制度后,集体合同就可能发生竞合的情况,需要对不同层次的集体合同的适用先后顺序做出合理规定。具体如下:

(1)一般来讲,行业性与区域性集体合同的效力优于企业集体合同。在企业集体合同和行业性与区域性集体合同内容不一致时,一般应当优先适用后者。

(2)如果企业集体合同就某一事项做了特别规定,又不与行业性与区域性集体合同基本原则相冲突,则优先适用该规定。

(3)如果效力等级相同的行业性与区域性集体合同适用于同一劳动关系且内容又相异时,效力发生在前的集体合同做了特别规定,则依其规定。

(4)没有特别规定时,适用职业范围较小的集体合同。如果不是关于职业性质规定的，优先适用行业性或地方性的范围较大的集体合同。[①]

三、行业性与区域性集体协商的决定因素

中国当前真正意义上的行业性与区域性集体协商主要是行业性集体协商。从企业主导的角度来看，企业是应该选择企业层级的单一雇主集体协商还是行业层级的行业性与区域性集体协商呢？这受到多种因素的影响，总体来看，企业异质性、市场环境和经济特征是雇主进行决策的主要影响因素。

（一）企业异质性

企业规模越小，越应该选择行业性与区域性集体协商策略。面对行业工会的谈判能力弱的情况，规模越小的企业联合起来越能提升自身的谈判能力，并在协商过程中获得更多的收益。行业内规模越大的企业，其自身的问题越具有特殊性，需要采取更大的自由性处理企业问题。

企业的空间布局越密集，企业之间的空间距离越近，越适合进行行业性与区域性集体协商。如武汉市餐饮行业的集体协商与温岭羊毛衫行业工资集体协商。这主要是因为雇主间和工会间的信息流通更加便利，更易形成雇主组织。

劳动密集型产业的企业更适合行业性与区域性集体协商。集体协商结构的集中化程度与生产的劳动密集程度正相关，这是因为工资上涨造成的（单位）成本上升效应，使得劳动力成本敏感的劳动密集型企业统一工资标准、抑制工资上涨的意愿更为强烈。在相同条件下，相对于劳动力成本较低的企业而言，劳动力成本较高的企业从限制条件中获得的好处更多。行业性与区域性集体协商会使相互竞争的企业确定相同的劳动力价格，避免各企业为了竞争而提高劳动力价格，造成雇主间的无序竞争。现实中，行业性与区域性集体协商多集中于制造业、建筑业等。

工作内容同质化的行业更适合行业性与区域性集体协商。劳动者工作内容的同质化和单一化是进行行业性与区域性集体协商的重要条件。如果企业间的工资体系、工作的评估与衡量方法都很相似，集中化的集体协商

---

① 俞勇建，徐建丽．和谐劳动关系视野下的区域性行业性集体合同．金华职业技术学院学报，2009，9（5）：54－57．

更为有效。因为协商的基础一致时才能进行外部对比，所以行业性与区域性集体协商在工作内容同质化的行业更易开展，其优势也更为显著。

（二）市场因素

产品市场竞争性强的企业更偏向行业性与区域性集体协商。为了降低竞争压力，获得更大的竞争优势，同时避免恶性竞争，通过行业性与区域性集体协商进行行业规范是非常有必要的。为了"使工资从竞争中剔除"，雇主与工会都会尽可能地采取行业性与区域性集体谈判策略，直到行业性与区域性集体谈判覆盖整个产品市场。竞争激烈的市场中，小规模企业更希望通过行业性与区域性集体谈判来获得竞争优势。

劳动力市场竞争性强的企业更应该选择行业性与区域性集体协商。在劳动力市场供给短缺时，工会的议价能力提升，雇主必须联合起来进行集体协商才能获得更大的收益。如果企业仅通过单一雇主谈判与工会协商工资，由工人不断寻求更高工资产生的"跳背效应"（leapfrogging）就会造成工资快速螺旋式上升。同时，对于供给更加短缺的制造业技术熟练工人，雇主承担了绝大部分技能培训成本。如果其他企业用更高的工资挖走技术熟练工人，则会造成劳动力过度流动和工资成本迅速升高。因此，熟练工人的稳定性取决于雇主间的协商机制能否强有力地降低其他雇主挖走熟练工人的风险。行业性与区域性集体协商无疑是重要途径之一，雇主协会中的压力可确保所有企业放心培训工人。

（三）经济因素

经济繁荣时期存在劳动力短缺、劳动力需求难以满足和相关成本压力的风险。利好的经济条件提高了工会的相对谈判优势，面对强势的工会，雇主试图通过联合起来开展行业性与区域性集体协商稳定局势。经济不景气时，因为企业发展差异的扩大，进行行业性与区域性集体协商就变得更加困难。需求的下降给企业造成压力，使企业很难提高利润率，只能通过增强灵活性以应对不断变化的市场条件。失业率较高时，工会争取普通工人对举行罢工的支持也变得更加困难，因此，工会在雇佣条款方面施加的压力相对较小。面对不再强势的工会，雇主不再与同行合作，而是重新制定自己的雇佣制度，就协商发生的层面而言，此时的雇主更倾向于分散化的协商结构。

四、行业性与区域性集体协商的主要程序

开展行业性与区域性集体协商，要严格按照《集体合同规定》履行协商程序，充分表达区域或行业职工的意愿要求，协议内容应得到双方的一致认可。其中行业性与区域性集体协商的双方代表产生方式是：职工一方的协商代表由区域内的工会组织或行业工会组织选派，首席代表由工会主席担任；企业一方的协商代表由区域内的企业联合会/企业家协会或其他企业组织、行业协会选派，也可以由上级企业联合会/企业家协会组织区域内的企业主经民主推选或授权委托等方式产生，首席代表由企业方代表民主推选产生。

行业性与区域性集体协商一般应有以下几个主要程序：

（1）以书面形式向企业方提出协商要约或回复企业方提出的协商要约。

（2）做好协商前的各项准备工作，特别是熟悉掌握相关法律、法规、政策规定，收集了解相关资料、信息及企业和职工意见，确定区域性或行业性工资集体协商议题。

（3）进行集体协商，在双方协商一致的基础上形成区域、行业工资集体合同（草案）。在区域、行业工资集体合同框架下，企业结合自身实际开展二次工资集体协商的，其确定的劳动报酬标准不应低于区域、行业工资集体合同规定的标准，具体做法应参照《工资集体协商试行办法》等有关规定。

（4）区域、行业工资集体合同签订后 10 日内，工会应当协助企业方将区域、行业工资集体合同文本一式三份及说明报送当地劳动保障行政部门审查。劳动保障行政部门审查同意后，区域、行业工资集体合同即行生效。双方协商代表应将已经生效的区域、行业工资集体合同以适当形式及时向区域、行业内企业和全体职工公布。

（5）区域性、行业性集体协商未达成一致意见或出现事先未预料的问题时，经双方同意中止协商的，工会应积极做好向职工说明情况和下次协商的相关准备工作。区域性、行业性集体协商一般每年进行一次。工会可在原区域、行业工资集体合同期满前 3 个月内，向企业方书面提出重新签订或续订的要求。[①]

行业性与区域性集体协商一般每 1～4 年进行一次。工资集体协商一般每年进行一次，工会可在原行业性与区域性集体合同期满前 3 个月内，向企业方书

---

① 郑东亮，唐鑛. 高级劳动关系协调师：国家职业资格一级. 北京：人民出版社，2014.

面提出重新签订或续订的要求，并发出协商要约。

区域性集体合同签订的程序并没有明确的国家法律条文作为参考，但基本程序与行业性集体合同签订相似。另外，可以遵照各地的地方政策规章，如《吉林省关于推行区域性行业性集体协商签订集体合同工作的指导意见》《石家庄市区域（行业）性集体合同试行办法》等。

第2节 >> 行业性与区域性集体协商的发展与现状

一、行业性与区域性集体协商的发展[①]

中国行业性与区域性集体协商的发展相互叠加、相互促进，大致起步于20世纪90年代中期。当时，江苏常州、深圳龙岗等地工会顺应经济社会发展变化呈现出的阶段性特征，针对非公有制中小企业数量多、比重高的实际，在一些乡镇企业、私营企业和外资企业相对集中的行业开展了行业性与区域性集体协商试点工作。1998年3月，在总结各地实践经验的基础上，全国总工会制定并下发了《关于建立区域性行业性平等协商和集体合同制度的意见》，对开展行业性与区域性集体协商的必要性以及建立行业性与区域性平等协商和集体合同制度的内容、重点、方式、途径等进行了初步规范。此后，一些地方结合实际进行积极探索，对行业性与区域性集体协商的推动起到良好作用。2001年6月，深圳市装饰行业签订了首份副省级城市行业集体协议，该协议覆盖了全市100多家企业。这一阶段行业性与区域性集体协商虽然在局部地区取得了一些进展和突破，但就全国范围而言，不仅数量少，而且签订的协议针对性和实效性不够高。这一状况与开展行业性与区域性集体协商在制度层面缺乏足够的支撑有很大关系。从这一时期对集体协商进行立法的十几个省（区、市）的相关规定看，除个别省份立法中没有涉及行业集体协商外，绝大多数省份都是在地方法规的附则中以原则性的"行业性与区域性集体协商参照本条例执行"一笔带过，并无详尽的可操作性规定。

从2005年起，由于经济社会的快速发展，尤其是在经济发达的江浙一带，一些地方集群经济特征初步显现，"一村一品""一镇一品"经济状态

不断扩展，同区域内的同行业企业劳动定额、工时工价和工资标准等涉及收入分配方面的问题呈现出更为明显的行业特性，为行业集体协商在经济发达地区实现更大范围的探索实践提供了广阔的空间和舞台，由此行业性与区域性集体协商在局部地区进入快速发展期。这一阶段，上海、江苏、浙江等地行业性与区域性集体协商在实践和立法层面形成了良性互动，上海、江苏、重庆等地在当地集体协商地方法规中都以专章的形式对行业集体协商做出专门规定，既以制度的形式有效巩固了实践成果，又为实践的进一步深入发展提供了有力支持，成为这一时期行业性与区域性集体协商在这些地区快速发展的重要助推力。同时，在全国总工会的大力推动下，《关于开展区域性行业性集体协商工作的意见》于 2006 年由国家协调劳动关系三方制定下发，对行业性与区域性集体协商的适用范围、协商代表的产生方式、协商内容和程序、签订合同的法律效力和争议的处理方式等做出规定，为在全国范围内普遍开展行业性与区域性集体协商初步奠定了制度基础。

2008 年《劳动合同法》的颁布实施标志着行业集体协商工作进入一个全新的发展阶段。《劳动合同法》第五十三条规定："在县级以下区域内，建筑业、采矿业、餐饮服务业等行业可以由工会与企业方面代表订立行业性集体合同，或者订立区域性集体合同。"这是第一次以国家立法的形式对开展行业性与区域性集体协商做出规范，成为支撑开展行业性与区域性集体协商的重要制度依据。在《劳动合同法》颁布实施后进行集体协商地方立法或修改法规的黑龙江、浙江、安徽、福建、湖南、海南、甘肃、新疆 8 个省（区）中，除新疆外全部以专章的形式或者较大篇幅对行业性与区域性集体协商做出规定。2009 年 7 月，全国总工会在总结各地开展行业集体协商工作探索实践经验的基础上，下发了《关于积极开展行业性工资集体协商工作的指导意见》，要求各地大胆探索，不拘泥于单一形式，不拘泥于已有做法，积极推进行业性集体协商。特别是《指导意见》明确提出，"有条件的地方也可以从实际出发，探索在县（区）及以上开展行业性工资集体协商工作"，并指出同行业非公有制中小企业、劳动密集型企业相对集中的地区是开展行业性工资集体协商工作的重点。《指导意见》对集体协商地域方位的突破性规定，为各地创造性地开展工作提供了政策空间，为行业集体协商在更大范围、更高层次开展奠定了基础。行业性与区域性集体协商政策环境持续向好，社会氛围日益浓厚，实践基础更加坚实，内外共识不断提高，覆盖范围逐步扩大，实际效果初步显现。

二、行业性与区域性集体协商的现状[①]

截止到 2014 年底，中国签订行业性集体合同 27.43 万份，覆盖企业 136.9 万家，覆盖职工 4 776.01 万人。行业性集体合同的数量、覆盖企业、职工比例分别为 10.87%、19.94% 和 15.97%。2015 年全国行业性和区域性集体协商覆盖企业数达到 283.4 万家。中国各地也出现了一批比较典型的行业、企业协商典型，包括上海纺织和出租车行业、武汉餐饮行业和建筑行业、大连机械和软件行业、河南登封和山西吕梁煤炭行业、北京保安行业和家政行业、河北汽车 4S 店行业、江苏邳州板材行业、海南餐饮行业和注册会计师行业以及沃尔玛、东风汽车等。与西方国家集体谈判分散化趋势相反，中国的集体协商正从分散化向集中化发展，从单雇主谈判走向行业性与区域性谈判（见图 9-1）。

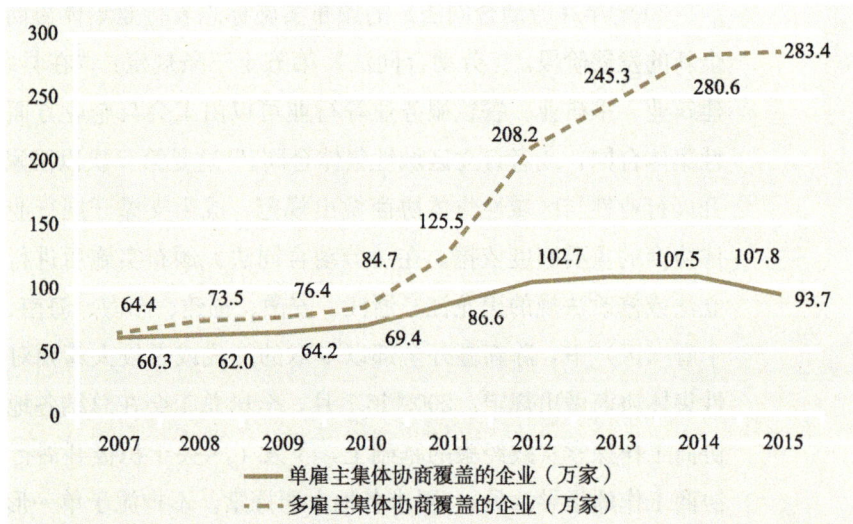

图 9-1　2007—2015 年全国行业性、区域性与单雇主集体协商覆盖企业数
资料来源：中华全国总工会集体合同部.

（一）中国行业性与区域性集体协商的分布

根据中华全国总工会统计年报的数据，以行业性、区域性为代表的中国行业性与区域性集体谈判总体分布不平衡。从地区分布来看，目前在地区生

---

① 徐璐，林瑶. 新法团主义视角下的中国多雇主谈判——现状、典型实践及政策启示. 中国劳动关系学院学报，2016（5）：1-11.

产总值较高的省份，行业性与区域性集体协商发展较快；从产业分布来看，行业性与区域性集体协商主要集中在建筑业和服务业；从企业规模来看，行业性与区域性集体协商主要集中在小型企业；从所有制来看，行业性与区域性集体协商主要集中在非公有制企业（见图9-2、图9-3、图9-4、图9-5）。

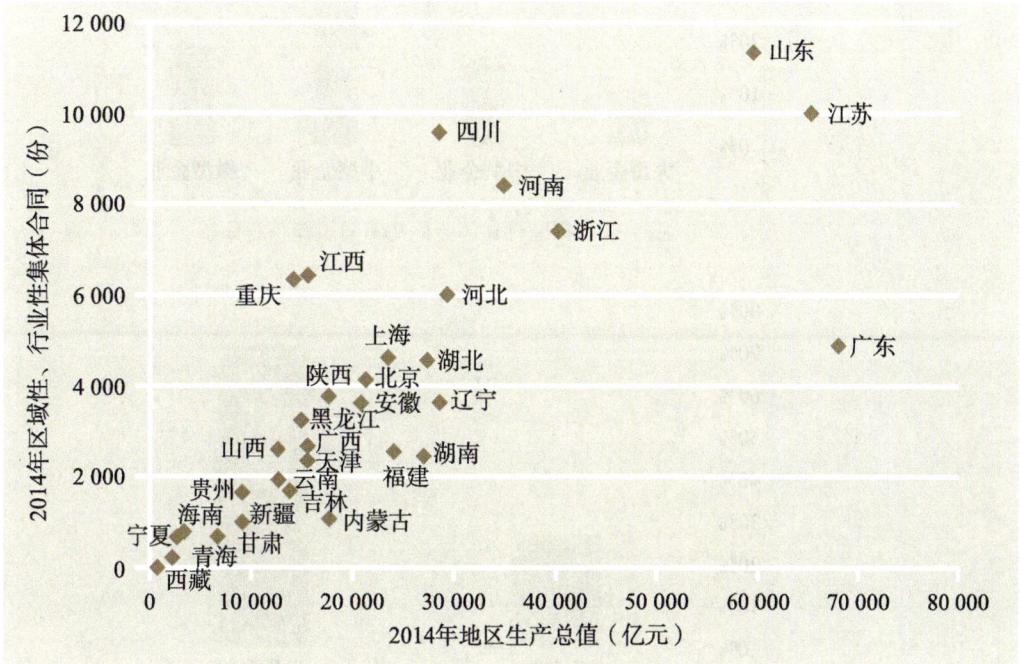

图9-2 行业性与区域性集体协商和地区生产总值对应图
资料来源：中华全国总工会统计年报及国家统计局年鉴.

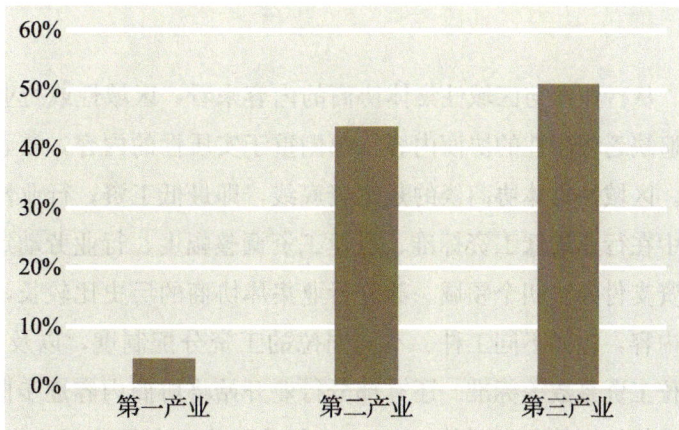

图9-3 行业性集体合同中产业分布状况
资料来源：中华全国总工会集体合同部.

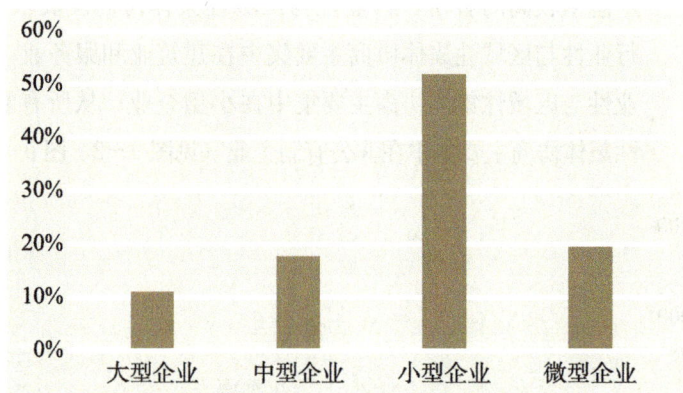

图9-4 行业性集体合同在不同规模企业分布

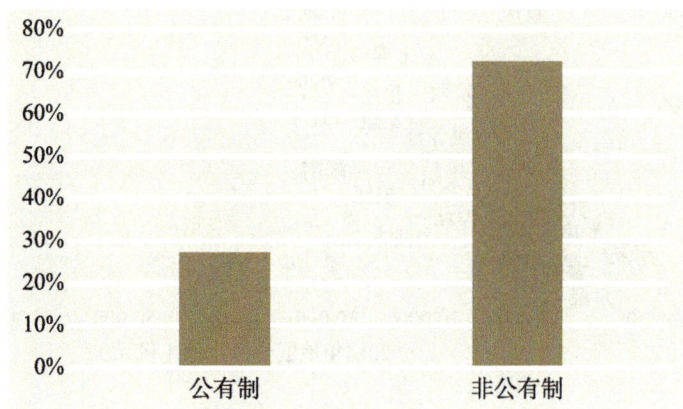

图9-5 行业性集体合同在不同所有制企业分布

(二) 中国行业性与区域性集体协商的内容

从行业性与区域性集体协商的内容来看，区域性或行业性的集体协商普遍缺乏程序性的协商内容，都侧重于实质性的内容，核心内容聚焦于工资。区域性集体协商谈的是工资底线，即最低工资；行业性集体协商主要集中在行业最低工资标准、行业工资调整幅度、行业劳动定额标准、行业工资支付办法四个领域。部分行业集体协商的历史比较长，也开始探索其他内容，比如不同工种、不同岗位的工资分配制度，以及岗位工资基数、岗位工资系数等标准。还有部分行业开始将协商内容逐步向劳动条件、职业技能培训等方面延伸。以2015年的《武汉市餐饮行业集体合同》为例，其不仅详细规定了餐饮行业各工种的最低岗位工资标准和工资调整机制，而且对职工工作时间、休息休假、劳动安全、劳动保障、女职工特殊保护也做出了规定，甚至为餐饮业从业人员提供了额外福利。在 2017 年武汉市建筑行业集体协商中，除了最低工资保障和工资增幅外，把为包括农民工在内的全体员工依法办理社会保险作为集体合同的突破点。总体而言，中国的行业性与区域性集体协商目前关注的领域在于维护职工经济权益，即保障职工工资水平。由于当前中国劳动争议的核心仍然是工资问题，行业性与区域性集体协商在预防和解决集体劳动争议案件上发挥了重要作用（见图 9 - 6）。

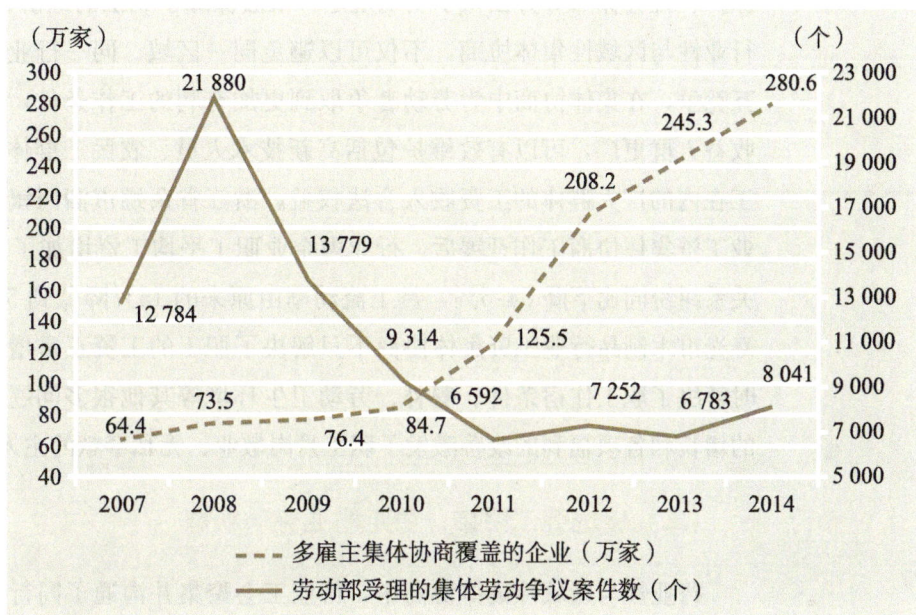

图 9 - 6 2007—2014 年行业性与区域性集体协商覆盖企业数与集体劳动争议案件数
资料来源：中华全国总工会历年统计年报．

第 3 节 行业性与区域性集体协商的价值

开展行业性与区域性集体协商和签订集体合同，成功地走出了一条非公有制小企业开展集体合同工作的新路子。行业性与区域性集体合同工作的发展，有力地推动了区域的和行业间的劳动关系协调机制的建立，在构建和谐劳动关系、促进企业发展、维护职工权益等方面发挥了积极作用。具体体现在以下几个方面：

一、雇员角度

（一）拓宽维权空间，维护职工合法权益

行业和区域工会组织的独立性更高，组织能力、谈判技巧性更强，能真正代表劳动者的利益，在集体谈判中获得更多利益。行业性与区域性集体协商订立的综合或专项集体合同，对职工的收入分配、休息休假、劳动保护、社会保障等方面做了明确规定，依法保障了职工的经济权益。同时，行业性与区域性集体协商，不仅可以避免同一区域、同一行业的劳动者相互竞争，在集体协商中为劳动者争取到更加有利的工作条件，而且其覆盖收益人群更广，可以有效维护包括高新技术人员、农民工群体、劳务派遣工在内的广大群体的工资收入合法权益。浙江省余姚市泗门镇电线电缆行业工资集体协商工作开展后，行业内企业职工平均工资增加了 20%，劳动关系纠纷同比下降 54.5%，员工流动率由原来的 15% 降低到 5%。山东省寿光市木制品行业工资集体协商不只解决了职工的工资正常增长问题，同时解决了职工住宿条件、餐补、劳动卫生环境等其他很多问题。职工工资的增长和各项福利的改善激发了职工爱岗敬业、无私奉献的主人翁意识。

（二）促进劳工团结，稳定职业劳动状态

行业性与区域性集体协商中，行业工会聚集并沟通了同行业与同区域内工人的共同利益，也形成了工人的动员机制和团结机制。在与雇员频繁沟通互动的过程中，工人在业缘关系中形成的特殊亲近关系使他们很容易相互感染，滋生集体情绪，促进集体意识的形成，增进集体团结。这种集体意识的形成一方面吸引工人不断加入，同质群体不断扩充，并形成逐渐扩大的社会网络，提高了工人群体动员社会资源的能力和空间；另一方面在客观上固定了与雇主的雇佣关系，稳定职业劳动状态，直接促进组织化劳动关系的形成。

二、雇主角度

（一）构建和谐劳动关系，优化企业经济环境

从企业外部经济环境来看，行业性与区域性集体协商的推行，有利于

构建和谐的劳动关系，稳定劳动力市场，优化企业经济环境。具体来看：一是行业性与区域性集体协商制定统一行业性与区域性劳动定额、工时工价标准，能够有效克服区域内行业内部各企业乱挖墙脚的无序竞争状态，避免企业利益受到恶性竞争的损害。其中，政府公权力的加入减少了部分企业以往存在的雇主投机行为，稳定并优化了企业的经济发展环境。二是行业性与区域性集体协商健全了劳动关系双方的利益协调机制，在关注企业效益的同时，职工方协商主体的行业工会沟通并聚集员工的共同诉求，主动地把工人的群体抗争转变成对制度规则的遵守，从而在协商的框架中重构双方的冲突，与企业方协商代表共同寻找双方的利益平衡点，最终构成一种稳定、有序的劳动关系。事实上在唐古拉厂罢工事件后，新河镇再也没有发生过罢工，工人的焦点早已习惯性地放在行业工会和雇主协会的谈判上。

（二）规范企业劳动用工管理，促进企业健康发展

从企业内部管理来看，行业性与区域性集体合同制度的建立，规范了企业的用工管理，促进了企业的发展。具体表现为：一是促进企业增强依法管理的意识，将劳动用工管理、劳动定额和制定工时工价等劳动标准纳入协商内容，完善了企业工资分配制度，提高了企业管理水平；二是稳定企业用工行为，减少雇员的机会主义，形成稳定雇佣关系，降低企业招聘成本。如为规范企业用工行为，温州市工商联与市总工会紧密合作，试点成立了紧固件等 11 个行业工会，积极推广行业工资集体协商，推动劳动合同签订，开展劳动纠纷调解，推动了行业用工的规范化。其中温州市合成革、服装等协会商会，针对行业核心技术人员跳槽十分频繁的现象，通过订立人才流动公约，共同约定对恶意跳槽者在一定年限内不得聘用，遏制了这股歪风，维护了企业权益。江苏省邳州市板材行业通过连续 6 年开展行业集体协商，行业内规模以上企业职工的流动率由 60% 降低到 10% 以下。湖北省武汉市硚口区建筑行业通过签订行业工资集体合同，避免了企业间的不正当竞争，有效地解决了建筑工人流动性大、劳动合同签订率低的问题，进一步理顺了建筑公司、劳务公司、包工头和建筑工人之间的法律责任，促进企业进一步优化管理，科学管理，加强行业自律，杜绝了部分"包工头"私拉滥招、非法用工、违法劳务分包、拖欠农民工工资等问题的发生。

（三）平衡雇主与工会间谈判力，降低交易成本与工资溢价

从行业性与区域性集体协商运行来看，行业性与区域性集体协商可以

增强雇主的谈判力，降低协商的交易成本与工资溢价。相互竞争的雇主同工会单独谈判，会使雇主总体处于不利地位。这是因为工会可能会以罢工作为威胁，逐一地击破雇主。如果是单雇主谈判，当工会针对某个雇主罢工时，该雇主的竞争者会继续运营，被罢工的雇主迫于客户和市场的压力，不得不向工会妥协。行业性与区域性集体协商可以采取团结性的"停工"，提高工会罢工成本，平衡了工会与雇主间的谈判力。同时，参与行业性与区域性谈判的多是有经验的协商者，他们会很容易找到大家共同接受的规则。在这种情况下，行业性与区域性集体协商的作用在于发现并实施合同中的空隙补缺，参与协商的多数人会同意该类补缺，因此，可节省多数合同参与者的协商成本。另外，从各个企业的角度来看，在不完全信息的情况下，对于善于制定工资的企业，工会取得的工资溢价就不会很高，但是对于风险规避型的企业来说，企业的利益相关者也是风险规避者，他们希望通过与工会谈判工资而不至落后于产品市场上的其他竞争者，避免给公司带来风险，强势的垄断工会可以获得更多的工资溢价，行业性与区域性谈判会使雇主承受的工资溢价降低，降低工资成本。

（四）增强劳动关系双方合作共赢意识，提高企业生产效率

开展行业性与区域性集体协商，建立企业职工工资调整机制与共决机制，企业和职工可以根据区域内或行业内企业发展状况，及时调整确定合理的薪酬。行业发展良好、企业经济效益提高时，可以提高职工的工资。行业发展受挫、企业经济效益下降时，也可以适当降低职工工资。建立完善的职工工资与企业绩效挂钩机制，强化了企业和职工的合作共赢意识，将职工和企业融合在一起，形成合作共赢、共谋发展的良好局面。如2014年北京餐饮行业工资集体协商中，集体合同在约定岗位工资标准、明确技能激励政策、加强女工权益保护的同时，还为企业量身定制了科学合理的工资增长机制与人才培养制度。比如，约定企业职工工资水平应随企业经济效益的增减相应浮动，分别约定了盈利、效益持平、效益下降时企业职工的工资涨幅额度；约定企业对工作创新且为企业带来经济效益的职工给予一次性奖励或晋级，并提出企业可对获得相应职业证书的职工给予1 000～2 000元的现金奖励，这一举措稳定了职工队伍，避免了行业无序竞争，同时提高了企业生产效率。又如在邳州板材行业集体协商后，职工的创造性得以发挥，仅在2016年，板材行业职工提出的合理化建议就达3 210

条，被采纳的重大建议 238 条，直接创造经济效益 1 300 多万元。

三、社会角度

推行行业性与区域性集体合同制度的意义在于形成了劳动关系双方协商谈判的新机制和互利合作的新格局，探索了中小企业尤其是尚未建立工会企业协调劳动关系的新路子，有利于本区域内或行业内劳动关系的平衡和协调。同一行业中的企业在劳动条件、劳动标准、劳动定额等方面有许多共性特征，其企业职工也有共同的利益，行业工会可以最大范围团结具有共同利益诉求的工人群体，行业协会协调多方雇主利益，进而形成职工方与企业方力量的平衡，稳定行业劳动关系。劳动关系双方矛盾逐年减少，劳动关系的和谐推动整个社会和谐发展。如 2013 年 4 月，湖北省黄石市西塞山区开展了行业性与区域性集体协商后，全区无一家企业因工资问题发生群体性劳动关系争议，没有发生一起涉及企业职工政治、经济待遇的群体性事件，招工难、人才外流现象也得到了较大改善。因此，行业性与区域性集体协商有利于减少劳动关系双方矛盾冲突，实现社会和谐发展。

第4节 行业性与区域性集体协商的挑战

虽然各地推进行业性与区域性集体协商取得了明显进展，发挥了积极作用，也日益成为开展集体协商工作的重点和突破口，但在实践中发现，当前推进行业性与区域性集体协商还面临着一些较为突出的问题，有些已经严重制约了行业性与区域性集体协商工作的深入开展。这些突出问题主要有以下几个。

一、认识不到位，发展不平衡

集体协商三方主体对开展行业性与区域性集体协商的重要性和必要性认识不够到位。有的地方政府认为若积极订立，可能会影响地方的投资环境；企业认为开展行业性与区域性集体合同订立，会增加企业本身的成本，影响企业自身的发展，干涉企业经营自主权；职工是对行业性与区域性集体合同表示不信任，认为只是形式上的某种存在，对于实际的工作待遇不会有实质的改变和监督，因此出现对行业性与区域性集体协商订立集体合同的工作予以抵触的反应。同时，各地区的行业性与区域性集体协商工作发展不平衡。市场经济比较完善的东部沿海地区发展较快，中西部有些地区还处在起步阶段；在同一地区，非公经济比较发达地区要好于欠发达地区；行业性集体合同工作要好于区域性集体合同工作。

二、协商主体不到位，代表性不强

中国在行业性与区域性集体合同中双方主体有着长期虚化的问题。工会组织相对于雇主组织比较健全，但是县（区）级以下的区域、行业工会组织空缺较多，并且代表性较弱，工会干部与普通职工之间信息交流过少，甚至在订立过程中不告知职工，直接剥夺了职工的知情权、参与权；工会经济不独立，不能真正反映职工方的需求，容易受到雇主干涉和控制，代表性不足。企业方主体没有真正的行业性与区域性雇主组织，按照《劳动合同法》的规定，县（区）级以下才能订立行业性与区域性集体合同，但现在行业性的企业组织主要是在省市级，县（区）级还未健全，县（区）以下大多缺位。还有许多企业只是签了一个集体合同，缺少实质性的协商过程，使得矛盾解决机制被忽略。

三、订立程序不完善，集体协商难启动

行业性与区域性集体合同订立启动满足的条件是：一方主动提出集体协商，对方同意接受；国际惯例是工会和雇主两边都享有提起启动集体谈判的权利，同时彼此互相负有接受另一方提起启动谈判的义务。实践中，大多由工会主动启动集体合同的谈判意向，雇主方长时间不予回应，因此有些国家的制度特别侧重于雇主方所承担的集体谈判义务。我国《集体合同规定》中不能拒绝集体协商的缘由，仅仅是模糊性的"无正当理由"，不含任何具体的程序。雇主方以"无正当理由"拒绝进行行业性与区域性集体协商时，职工方无法与雇主组织进行抗衡，这样就限制了谈判的启动。

四、法制保障不健全，合同效力不明确

多数地区开展行业性与区域性集体协商没有相应的法律规定，更多的

规定和条例基本上都是倡导性的规范而非强制性的约束，缺乏法律意义上的刚性支持和保障。《劳动合同法》却将区域层级和行业层级集体协商订立的集体合同效力的强制性直接作用于非工会成员，强迫非工会成员接受集体合同约定的劳动条件。在这种没有健全理论的支撑也缺乏正当理由的情况下，我国立法直接规定行业性与区域性集体合同具有强制效力是超前的。对于当行业性与区域性集体合同和企业层面的集体合同、个人的劳动合同产生冲突时的效力冲突等问题，并没有做出规定。

五、信息不对称，合同缺乏实质性内容

区域和行业层级的集体合同所确立的劳动标准要高于法律规定的劳动基准，但在实践中，行业性与区域性集体合同照搬法律、法规的现象很普遍，对于工资标准等内容的确定也与实际不符合，针对性和操作性差，多数是以"小合同、低标准、广覆盖"为特征的基本保障型集体合同，在现实中难以发挥应具备的作用。其根本原因是劳动关系双方信息不对称，职工方、工会并不了解用人单位的实际情况，特别是用人单位的经济利益。如2011年盐田港口汽车运输行业集体协商工作开展以来，港运工联会与市拖车协会所进行的集体协商主要内容涉及行业最低工资标准、各岗位指导标准。虽然2013年新增的不定时工作制涉及工时制度，但集体协商的内容依然囿于劳动报酬这一主要类型。在港口汽车运输行业中，工伤事故、职业安全卫生保护等是劳动关系和谐的重要因素，理应是协商的重要内容，可惜的是在现今的集体协商中均没有涉及。

第5节 ▶▶ 中国行业性与区域性集体协商的模式

区域性集体协商，由于行业差异，其内容仅限于最低工资的协商，即"区域谈底线"的内容，并不具备集体协商的实际意义。中国当前真正意义上的行业性与区域性集体协商主要是行业性集体协商，故而本节主要对行业性集体协商中国模式进行总结。根据发起者的不同，我们将中国行业性集体协商分为政府发起的行业集体协商、工会发起的行业集体协商和雇主发起的行业集体协商。具体类型与典型案例如表9-3所示。

表9-3　中国行业性与区域性集体协商模式的类型和典型案例

内容	行业性集体协商		
类型	政府发起	工会发起	雇主发起
典型实践案例	邳州模式	武汉模式	温岭模式
发起者	邳州市政府	武汉市总工会	行业协会
主要动因	板材行业无序竞争，需要建立统一标准	解决餐饮行业内企业用工荒问题，稳定企业员工	羊毛衫生产行业无序竞争，需要建立统一标准
形成条件	政府主导培育协商主体，将集体协商纳入政府考核指标	党委领导、政府主导推动集体协商，实施"一月一报送，一季一协调，半年一约谈"	强大的民间协会和雇主组织的形成，它们有更大的动力和能力推动区域内行业集体协商
协商过程	劳动关系双方在合作基础上进行协商，激烈交锋不多	劳动关系双方在合作基础上进行协商，激烈交锋不多	劳动关系双方在合作基础上进行协商，集体协商在民主恳谈的基础上衍生而来，但也有一定的意见交锋
协商成果	就最低工资标准、工资平均增幅、计件定额标准、职工工龄工资和职工专项福利待遇进行协商，各企业根据自身情况可以二次协商（该比例达到85%以上）	双方分别就工作时间、社保支付、工资支付时间、行业最低工资标准、加班工资、女职工待遇、医疗期等方面进行协商达成协议	工资调整围绕劳动定额进行精密测算，科学性强
主要影响及简评	规范劳动力市场，促进劳动力合理流动，规范企业用工行为，防止恶性竞争，动态调整行业劳动标准，有利于构建和谐劳动关系，但存在工资刚性上涨问题	近几年来，"武汉样本"在武汉市产生了行业性工资集体协商的"壮腰"效应，区级行业工资集体协商机制建设呈现"井喷"式发展。然而武汉市餐饮行业工资集体协商覆盖范围过大，存在集体合同形式化问题，其标准和福利待遇偏低，虽利于全行业的落实，但不利于切实保障餐饮从业人员的利益	规范劳动力市场和企业用工行为，预防和化解劳动关系冲突，建立了制度化行业劳动关系双方对话平台，对其他地区相近行业的集体协商做出示范作用

↘ 本章小结

  行业性与区域性集体协商与用人单位集体协商的根本差异在于企业方集体协商的团体组合性，即多个企业共同参与。行业性与区域性集体协商的开展有力地推动了区域的和行业间的劳动关系协调机制的建立，在构建和谐劳动关系、促进企业发展、维护职工权益等方面发挥了积极作用。

  本章的核心理念在于普及行业性与区域性集体协商的基本概况。通过本章的学习，企业方需明确行业性与区域性集体协商的相关概念、实施的决定性因素、价值所在、面临的挑战以及中国现有模式等基本内容，为开展多企业集体协商提供基础性知识的指导。

↘ 关键词

  区域性 行业性 现状 挑战

↘ 复习与思考题

  1. 如何界定行业性与区域性集体协商，两者在实际操作中存在哪些程序上的异同？

  2. 我国行业性集体协商的现状如何，具有哪些现实价值？

  3. 当前我国区域性集体协商存在哪些现实问题？

↘ 案例分析

A 企业的发展将何去何从

  A 企业是一家中型水晶加工生产民营企业，企业坐落在享有"水晶灯饰之乡"美誉的湖北省宜城市雷河镇。在这里从事水晶灯饰业的企业有 126 家，其中，规模以上企业 21 家，为全国 1/3 以上的水晶灯饰企业提供原材料。近年来，宜城市水晶行业的发展现状为：一是水晶行业存在"三多三少"情况，即民营企业多，国有企业少；小企业多，大企业少；农民工多，城镇职工少。二是存在"两低一高"的现象，即管理水平普遍偏低，薪酬普遍偏低，职工方跳槽流失率偏高。工人工资缺乏统一的计领标准，技术工和业务娴熟的普工更是频繁跳槽。三是职工合法权益得不到有效保障。有的企业规模较小，只有几十名职工方，职工工资发放根据订单的浮动而波动；还有部分家庭作坊式个体户仅有职工方 3～5 人，工时安排不合理，工价测算不科学，职工五险一金不能足额到位，职工休息休假权难以保障。企业普遍用拖欠工资的办法"拴心留人"，工人牢骚埋怨，经常发生劳资纠纷。

在这样的行业背景下，A 企业也面临着劳资冲突频发以及职工方流失率较高、行业用工竞争激烈、相互拆台"挖墙脚"的现象。在经济复苏的时期，企业的订单量扩大了，但招工难，行业竞争激烈。对于 A 企业的发展将何去何从，高层管理者都焦虑不安。

思考：

1. 若你是该企业的人力资源部总监，你会建议企业做怎样的选择？

2. 你认为企业解决以上问题，是应该采取区域性集体协商、行业性集体协商还是单一企业集体协商？为什么？

3. 在采取该层级集体协商时，需要规避哪些问题？

第 10 章

行业性与区域性集体协商的
流程设计和过程控制

↘ 学习目标

学完本章后，你应该能够：

- 了解开展区域性、行业性集体协商的具体流程与过程。
- 了解开展区域性、行业性集体协商前的主体准备工作与会议准备工作。
- 了解区域性、行业性集体合同的签订与履行。

↘ 开篇引例

近几年，随着国内外形势的变化，木制品行业发展环境越来越严峻，贸易摩擦、人民币升值、原材料涨价、资金短缺、政策变化等给 S 市木制品行业企业的生产经营带来了很大冲击；同时，木制品行业中小规模企业扎堆，行业内各企业之间无序竞争较为严重，各企业间相同工种工资标准不统一，行业内企业间存在劳动定额偏高、同工不同酬等问题，导致职工跳槽频繁、集体诉求大量增加。这些因素严重制约了整个木制品行业的健康持续发展。一些木制品企业的职工流动率高达 30％以上。行业内企业都希望能够改变困扰多年的"招工难、用工荒、无序竞争"等诸多问题，行业内职工则期待能够提高工资福利待遇、改善生产条件。对于这些情况，各个企业往往是招工一个价、用工一个价，即通过较高的薪资水平承诺从各个竞争对手企业中招工，实际用工过程中则通过各种方式降低、克扣职工方工资。

为了改善此种状况，政府责成市经济和信息化局牵头，推动成立木制品行业协会。F先生作为当地一家龙头企业的董事长，深感成立协会的迫切性，积极配合政府工作，成立行业协会。但是，当地三十余家企业彼此都为直接竞争对手，在常年的无序竞争中彼此敌意很大，F先生一筹莫展。

你能帮他想想办法吗？

第1节 行业性与区域性集体协商的准备

一、雇主方的主体准备

（一）确定协商主体

行业性集体协商主体确定分为四种情况：一是由行业工会或联合会与行业内企业代表组织进行协商；二是由行业工会与行业内企业方推荐产生的代表进行协商；三是由行业工会与行业所属各企业行政进行协商；四是未组建行业工会的，可由行业所在区域的工会代行行业工会的职能，与企业代表组织进行协商。

区域性集体协商主体可以有三种情况：一是以区域工会组织与对应的企业代表组织为协商主体；二是在没有区域企业代表组织的情况下，可由区域工会组织与区域内所属企业分别进行平等协商；三是可由区域工会组织与区域内经全体企业民主推选或授权委托等方式产生的企业方协商代表进行平等协商。

根据过往案例，企业方代表的条件为：（1）企业方代表必须具有鲜明的政治立场；（2）企业方代表所管理的企业职工离职率必须在特定百分比之下；（3）代表方企业必须在行业中具有风向标作用；（4）代表必须在行业企业主之间具有一定的威信及发言权。首席代表从协商代表中民主推选产生。

因此，从雇主角度来看，企业方要加快建立基层企业联合会或企业家协会组织，或采取灵活务实的做法，理顺现有企业组织体制关系，吸纳各类企业组织参与其中，承担代表职能；也可采取以当地有影响力的企业为主的首席代表制，以授权委托的方式产生企业方的协商代表；或者通过上级企联组织的组织与协调，使同类型其他企业积极参与协商，推动行业性与区域性集体协商工作的开展。

（二）成立行业协会

行业协会是指同业以及其他经济组织以自愿方式组成、实行行业服务和自律管理的非营利性社会团体。行业协会的宗旨是为会员提供服务，维护会员合法权益，保障行业公平竞争，沟通会员与政府、社会的联系，促进行业经济发展。

行业协会遵循自主办会的原则，实行会务自理、经费自筹。行业协会的活动应当符合法律、法规以及行业的整体利益和要求，不损害社会公共利益。行业协会的正常活动受法律保护，任何组织或者个人不得非法干涉。

1. 受理条件

成立社会团体应当具备法人条件，即：

（1）有50个以上的个人会员或30个以上的单位会员；个人会员和单位会员混合组成的，会员总数不得少于50个；

（2）有规范的名称和相应的组织机构；

（3）有固定的住址；

（4）有与其业务活动相适应的专职工作人员；

（5）有合法的资产和经费来源，有三万元以上的活动资金；

（6）有独立承担民事责任的能力。

不具备上述条件中的任何一条，均不能申请成立社会团体。

2. 受理程序

（1）筹备阶段审批。

1）成立申请的条件。

● 自民政部门批准筹备之日起，6个月内完成筹备工作；

● 完成筹备期间的各项任务，即：召开会员大会或会员代表大会，通过章程，产生执行机构、负责人和法定代表人，向民政部门申请成立登记；

● 筹备期间没有以独立的社会团体名义对外开展活动。

2）需提交的材料。

● 筹备申请书；

● 业务主管单位同意筹备的文件；

● 验资报告、场所使用权证明；

● 发起人和拟任负责人的基本情况、身份证明；

● 章程草案（依据《社会团体登记管理条例》第三章第十一条）。

（2）受理。民政部门自收到社会团体申请筹备的全部有效文件之日起，60 日内以书面形式做出批准筹备或者不批准筹备的决定。

（3）告知。民政部门自收到《社会团体登记管理条例》第十一条所列全部有效文件之日起 60 日内，作出批准或不批准筹备的决定，并书面告知发起人；不批准的要向发起人说明不予受理的理由及相关权力和投诉渠道，发起人对民政部门的决定不服的，有权按国家有关规定申请复议。

3. 审批环节

（1）受理：由民管办工作人员先行受理，并签署经办意见。

（2）初审：由民管办主任进行初步审核，并签署意见。

（3）审核：由民管办主管局长再次审核，并签署意见。

（4）审定：由民政局局长最后审定，并签署意见。

二、职工方的主体准备

（一）协商代表的产生方式

行业性与区域性集体协商代表的产生方式与企业协商不同。职工一方的协商代表一般是由区域内的工会组织或行业工会组织选派而非职工直接选举。首席代表由区域或行业工会主席担任。未组建行业工会的，由行业所在区域相应一级的工会主席担任，或由上级工会选派，或在上级工会指导下从本行业、区域内企业工会主席中民主推举产生，或由其书面委托的其他职工代表担任。

集体协商双方的代表人数应当对等，一般每方 3～10 人。职工方协商代表应该结构合理，有本行业、区域主要工种一线职工代表。双方首席代表可以书面委托专家、学者、律师等专业人员或集体协商指导员作为本方的协商代表，但委托人数不得超过本方代表的 1/3。选举或委托专业人员参与协商，在行业区域协商中尤为重要。特别是在涉及行业区域劳动标准、劳动定额方面，专业人员的参与可以有效弥补职工方的不足，提升集体协商的质量。实践中，集体协商指导员作为职工方协商代表加入行业性集体协商过程中，可以有效提升集体协商团队的专业能力。在很多地方职工选择协商代表时，经常会把具有专业背景的人员推选出来，比如学历高、熟悉劳动法律、懂管理的专业人员。实践也证明，这些具有专业背景的协商代表在推动集体协商工作中发挥了重要作用。

例如，在丹阳眼镜行业的集体协商中，当选职工代表的条件有：（1）坚持党的基本路线，认真贯彻党的各项方针、政策，政治立场坚定，思想端正，作风正派；（2）具有爱岗敬业、扎实工作、勤奋学习、开拓创新等优良品质；（3）有较强的参政议政能力，能密切联系群众，实事求是地反映职工的意见和诉求；（4）能够正确行使代表权利，履行代表义务，带动职工贯彻落实大会决议；（5）对眼镜行业的劳资关系状况有一定的了解，能够提出自己的观点和建议。丹阳眼镜行业的集体协商中职工方协商代表的选举程序为：首先，由行业工会从所有行业企业中进行筛选，初步确定协商代表候选人企业。然后，经丹阳市总工会审核，最终确定候选人企业。确定候选人企业之后，再由各候选人企业工会根据分配名额拟定代表候选人，并通过职工代表大会进行选举。选举的结果通过微信群、厂务公开栏等形式进行公示，公示时间为 7 天。如出现有异议的代表候选人，则继续通过职代会进行补选。

又如，在邳州市板材行业集体协商中，职工方代表选取原则有：（1）与企业建立劳动关系和劳务关系并正常在岗的职工；（2）关心企业、顾全大局、坚持原则、办事公道、遵纪守法，具有一定的参与管理能力；（3）热心为群众办事，能够真实、准确、全面、理性地反映职工群众的意见和要求，获得群众拥护。邳州板材行业职工方协商代表产生程序为：首先，由职工自荐或者企业工会根据以上三项选取原则确定协商代表候选人范围；其次，以板材行业内各企业为单位设立选区；最后，通过职工代表大会选举产生。选举协商代表，各选区必须有 2/3 以上职工参加，采用无记名投票方式，得到选区全体职工总数一半以上赞成票者方可当选。协商代表产生后，进行公示，公示期为 7 天。如果有异议，可通过职代会补选。2017 年集体协商企业职工方代表的构成如下：职工方首席代表 1 人，协商代表 8 人。其中，首席代表由行业工会主席担任（邳州市总工会副主席兼任行业工会主席）。其余代表中，镇工会主席 2 人，村级工会联合会主席 1 人，企业工会主席 4 人，职工代表 1 人。

上述行业性与区域性集体协商代表的选举，充分注意到了覆盖职工的广泛性和代表性，以及协商代表的专业素质与能力要求，为行业区域的集体协商奠定了良好的基础。

（二）协商代表的职责

行业性与区域性协商代表在政治素质、道德品质、专业能力和心理素质方面应该有更高的要求。行业性与区域性集体协商的职工方代表承担着非常重要的职责，他们不能仅仅了解微观企业的劳动标准、劳动关系问题，还要对所在区域或行业的劳动标准、劳动关系问题有广泛的了解与把握，知晓和掌握更为丰富的数据与信息，用科学可行的方法，调查了解各企业职工的状况与诉求，从更加宏观的层面与企业方代表协商讨论行业区域的劳动标准、工资水平以及相关议题。行业性与区域性协商代表需要极强的沟通能力、协调能力和全局掌控能力。不仅要善于与企业方代表协商，还要用相当的时间与精力做好职工方内部的沟通，将分散于各个企业的职工的意见与诉求进行有效的收集、分析、统计与整合，并将协商过程与结果及时告知职工，做好说服解释引导工作。同时，还要做好行业区域集体合同的履行监督。与企业级协商不同的要求还有，要将行业性与区域性协商的成果通过细致的工作落实到相关企业当中。

（三）协商代表的培训

选拔职工协商代表固然重要，但对于大家比较生疏的行业性与区域性集体协商，对协商代表的素质能力培养更为重要。法律法规、企业管理、工会业务、职业道德、协商技巧等方面的学习培训缺一不可。邳州市总工会和行业工会在开展板材行业集体协商中举办了 8 期协商代表培训班，培训了职工方协商代表 210 人次，为开展行业工资集体协商提供了有力保障。

三、会议准备

（一）议题准备

行业性与区域性集体协商的各项准备工作与企业级集体协商类似，主要是综合各个企业的特点，总结共性。在将各个参与企业的意见归纳整理后，结合现行政策和行业、区域情况进行分析研究，提出协商议题。对于协商议题的拟定，首先要注意协商的民主性，要积极收集不同企业关心的议题和建议，以利于形成合力；其次要注意有关议题信息来源的科学性与合理性。

相比于企业级集体协商，行业性与区域性集体协商形成协商议题，需要做更广泛、更细致的组织协调工作。行业性与区域性集体协商需要分企业、分类型、分层级采取切实可行的方法征求职工意见，并将职工意见和要求进行汇总与整合，拟订符合行业区域特点的、切合实际的协商议题。

拓展阅读

国际劳工组织与集体谈判

株洲市为开展餐饮行业集体协商做准备，出动百余名工会干部，历时 5 个月进行前期调研。苏州市姑苏区餐饮行业提前一个月将工资集体合同文本发给协商代表，广泛征求一线职工的意见和建议。常德市鼎城区总工会为准备集体协商，联合人社部门，通过明察暗访、座谈等多种形式，用两个月的时间走访 80 多家企业，召开座谈会 4 次，接触企业经营者和职工近千人。

（二）资料收集

1. 熟悉有关法律法规

在开展集体协商前，集体协商企业方代表应当认真学习、了解与集体协商有关的法律、法规、规章和制度，如《劳动法》《工会法》《劳动合同法》《集体合同规定》《工资集体协商试行办法》以及当地的相关行政规章制度等。掌握法律和依据政策，能为集体协商提供有力支撑。

2. 收集了解与集体协商有关的情况和资料

进行集体协商需要用事实和数据说话，因此应当收集了解与集体协商有关的情况和资料。

在集体协商之前，双方应尽量收集相关信息，准备好集体协商会议文件，保证本方在协商中处于有利的位置。应准备的会议文件包括外部信息和内部信息。

行业外部信息资料包括：（1）国家和地方有关经济社会发展的目标

措施、劳动和社会保障方面的政策规定，企业改制的政策规定和要求；（2）国家和地方有关物价指数，最低工资标准、劳动力市场价位和当地的职工生活消费价格指数等信息资料；（3）地区和行业的职工平均工资、工资增长水平和其他劳动标准、劳动条件的情况、劳动力市场的供求状况。

行业内部信息资料包括：（1）行业内企业的具体数量、规模以及成立时间等；（2）本行业目前与本地区其他行业在薪酬、工作时间以及工作强度等方面的对比情况；（3）行业平均的劳动标准、工资水平、劳动生产率以及人工成本情况。

行业内各企业内部情况资料包括：（1）企业登记注册的基本情况、企业章程、财务会计报告；（2）企业劳动定额标准和工资支付情况、企业的劳动生产率和人工成本情况；（3）企业的纳税和社会保险费缴纳情况、企业经营和财务情况、行政机关依法登记的其他有关企业身份的情况和法律法规认为可以提供的其他资料。

值得注意的是，以下几个综合性经济指标对于区域性、行业性集体协商具有非常重要的参考价值：（1）国内生产总值（GDP）；（2）居民消费价格指数（CPI）；（3）职工平均工资；（4）劳动力市场状况，包括劳动力市场管理的法律法规、劳动力市场的基本供求状况；（5）就业与失业状况；（6）劳动报酬状况。

第2节 行业性与区域性集体协商会议

一、会议要约

（一）要约的程序

职工和企业任何一方均可提出进行集体协商的要求。集体协商的提出方应向另一方提出书面的协商意向书，明确协商的时间、地点、内容等，另一方接到协商意向书后，应于20日内予以书面答复。无正当理由不得拒绝进行集体协商。

（二）要约的内容

行业性与区域性集体协商要约书应该明确提出进行集体协商的时间、地点和议题等，还应附有协商代表资格认定书。雇主方的要约应围绕劳动报酬、工作时间、基本绩效考核和职工培训等涉及企业与劳动者双方核心利益等方面的主要问题，确定集体协商要约的内容。根据实际情况，每年可确定 1～2 个协商主题，有重点、有目标地开展集体协商要约行动，集中力量，上下联动，突破难点。对于集体合同履行中出现的问题，也可通过集体协商要约行动予以解决。

二、会议管理

行业性与区域性集体协商会议流程与企业级集体协商会议流程基本一致，但有几点要额外注意：

（1）集体协商会议过程中很可能要涉及不同企业的商业秘密，会议工作人员应严格执行保密制度，不得泄露保密信息。

（2）企业间涉及竞争关系，各个企业协商出发点不尽相同，协商应本着求同存异的思想进行，尽可能地将大家的共同利益维护好。

第3节 行业性与区域性集体合同管理

一、行业性与区域性集体合同的签订

（一）行业性与区域性集体合同的签订过程

1. 集体合同的起草

集体合同的文本应该由谁起草，要视具体情况而定。一般来说，起草集体合同文本可以有三种方式：一是由工会方面起草；二是由企业方面起草；三是工会和企业方面共同组织有关人员一起起草。从目前国家的实践来看，集体合同文本由工会方面起草的情况较多，因此，各个企业要注意的就是工会方所起草的集体合同的内容是否符合协商的结果。

2. 集体合同订立生效程序

经过集体协商的集体合同草案的生效，必须经过三个法定程序。首先是经职代会审议通过。集体合同草案必须提交职工代表大会或者全体职工讨论通过。只有职代会通过草案，双方协商代表才能签字。其次是进行签署。集体合同经职工代表大会审议后，由集体协商双方首席代表签字。最后是报劳动保障行政部门审查及生效。签字后的集体合同必须提交劳动保障行政部门审查。

因此，在形成区域性、行业性集体合同草案后，企业方应等待工会方走完职代会审议通过的程序，再进行签署。

（二）行业性与区域性集体合同的效力

单个企业与职工签订的集体合同，其法律效力只限于本企业和企业的全体职工。区域性工资专项集体合同具有约束本区域内所有企业和职工的法律效力，行业性工资专项集体合同具有约束本行业内所有企业和职工的法律效力。由此可见，行业性与区域性集体协商所签订的集体合同的效力覆盖范围远远大于单一企业层级的集体合同。

据我国有关法律规定，一般来说，行业性与区域性集体合司的效力要优于企业集体合同。在企业集体合同和行业性与区域性集体合同内容不一致时，应优先适用对劳动者有利的条款。

（三）二次协商

值得注意的是，由于我国存在多层级集体协商模式，某些地区不可避免地会出现企业、行业性和区域性集体合同重合的现象。行业性与区域性集体合同依法生效后，对本行业、本区域的企业和职工均具有约束力。在已签订行业性与区域性集体合同的地区和行业，所覆盖企业可根据实际情况进行二次集体协商，签订更小范围的行业性与区域性集体合同直至企业层级集体合同。

有效的二次协商也是对行业性与区域性集体协商的补充及行业性与区域性集体合同落实的保障。一种情况是企业在行业性与区域性集体合同的框架下，只签订执行协议，表明执行行业性与区域性集体合同。另一种情况是签订契合企业自身特点的、具体量化标准的企业层级集体合同。这就是集体合同的二次覆盖。在二次覆盖的情况下，单个企业签订的集体合同所确定的劳动条件和劳动报酬标准，不得低于本行业或者本区域签订的行业性与区域性集体合同的规定。

二、行业性与区域性集体合同的监督履行

行业性与区域性集体合同的监督检查是保证集体合同履行的重要途径。首先，行业性与区域性集体合同确立的标准对于辖区内签约的所有企业和职工具有约束力，企业签订的集体合同的标准不得低于行业性与区域性集体合同的规定。也就是说，行业性与区域性集体合同对所属企业的集体合同具有约束力，同时，对所属企业的劳动合同也应该具有约束力。

例如，《上海市集体协商争议协调处理办法》规定，对在行业性与区域性集体合同履行过程中发生的争议，按照《劳动法》《集体合同规定》的有关规定协调和处理。目前行业区域协商中，履行集体合同的争议还较少发生。

又如，湖北省武汉市硚口区建筑行业集体合同履行情况的检查中，为了确保合同得到较好执行采取了三项措施：一是在制定全区建筑行业集体协商工作方案时，就将合同的执行提前考虑，写入方案，明确责任，分工到人。二是在合同正式签订时，区总工会高调举行签约仪式，对全区所有建筑企业严格按照合同约定的标准执行提要求。三是合同经人社局审查生效后，区总工会要求各建筑企业将合同公开张贴，并于合同期内至少开展两次自查。2015 年 6 月，在合同到期前 3 个月时，全区建筑行业集体协商领导小组联合开展了一次合同履行情况的调研检查，了解情况，解决问题，同时为开展第二轮协商掌握一手信息。

再如，武汉市餐饮行业集体合同履行情况的检查中，推进全市餐饮行业工资集体协商制度工作小组全体成员先后四次联合开展调研检查活动，分头深入全市 16 个区（包括开发区、风景区）检查餐饮企业工资专项集体合同的落实情况。例如，2012 年，为了解和掌握集体合同的落实情况，进一步推进全市餐饮行业工资集体协商工作的深化发展，武汉市总工会牵头，联合市劳动关系三方四家以及市商务局、武汉餐饮业协会组成工作组，分成 4 个组对全市 13 个城区、2 个开发区和东湖生态旅游风景区的集体合同落实情况进行了调研检查。

武汉市总工会通过职工（代表）大会和其他民主形式，采取民主测评、问卷调查、个别访谈、网络调查等形式，每年定期开展以企业为单元的质效评议，对企业单独签订、行业或区域覆盖的集体协商工作程序，以及协商内容、集体合同履行情况、职工方协商代表履职情况、职工知晓率和满意度等进行测评。对无故不开展集体协商工作的企业实行"一票否决"，不得参加工会组织的模范职工之家、工人先锋号等评比表彰活动；在参与推荐和评选劳动模范、五一劳动奖状（章）、劳动关系和谐企业、优秀工会工作者等活动时，将协商前向职工征求意见和建议，协商代表向职工或职代会述职，以及职工对集体协商内容、过程和集体合同落实情况的反馈意见等作为列入"武汉市十佳和谐企业"候选单位的重要条件。

值得探讨的问题是，在行业区域标准确定的情况下，辖区内企业的劳动标准是不是一定要完全依照、无差别地实施，企业还有没有一定的弹性空间？德国是产业集体协商比较成熟的国家，德国在产业集体合同签订以后，落实到每个企业时，在时间、进度方面会给企业留出一定的弹性空间，以适应各企业不同的发展经营状况。在这方面，我们的法规还缺乏具体规范，但在实践层面我们已经开始进行探索。比如，2015年北京市餐饮行业的工资集体协商首次根据行业企业生产经营情况、经济效益增长幅度、职工实际工资水平等，对行业最低工资标准和企业部分岗位最低工资标准设置了三个档次。其中，第一档为生产经营正常、经济效益增长且盈利能力良好的企业，职工月最低工资标准不低于2 100元；第二档为生产经营正常、经济效益增长的企业，职工月最低工资标准不低于2 000元；第三档为生产经营正常、经济效益不稳定，销售收入与职工劳动报酬比较接近的企业，各区县覆盖的餐饮街区、区域覆盖的小微餐饮企业，最低工资标准不低于1 800元。这种拉开层次的弹性标准，给了不同企业不同的参照，不失为一种有益的尝试。

实践中会不会出现行业协商标准低于市场定价的情况呢？例如著名的武汉餐饮业集体协商，历经几年发展之后就出现此类问题。这说明我们行业集体协商的起点标准需要跟随社会经济环境的变化不断调整、不断更新，否则就失去了集体协商的实际意义。另外，经过反复磨合协商制定的一些标准，是否应该固化为政府劳动部门的行业标准，让劳动关系双方进一步拓展协商新的议题和空间？

集体协商发展到一定阶段之后，协商议题的范围可能就需要根据现实的发展拓宽，不仅仅是工资、工价议题，劳动关系领域有更多的话题值得我们去挖掘、讨论。例如，四川省达州市大竹县非煤矿山建材行业集体协商是从 2012 年开始的。起初协商的议题是主要工种的计件单价级工资高低线，并坚持计件工作量要控制在正常条件下 90％以上职工能够完成的标准上。随着集体协商工作的推进，该行业集体协商的议题越来越广泛，涵盖用工管理、劳动报酬、工作时间、职业安全、职业培训、社会保障、特殊用工、奖惩等 13 章 62 条内容。职业病防治专项集体合同则涉及职业病防治责任主体、职业危害、职业卫生培训、健康检查、津贴补贴发放、工会与职工的权利义务等内容，共 4 章 28 条。另外，还签订了女职工特殊权益保护专项集体合同。在全县同一个行业一次形成以工资专项集体合同为龙头，集体合同、职业病防治、女职工权益保护三个集体合同为翼的"1＋3"合同体系。

总之，行业性与区域性集体协商探索的空间还很大，我们应该勇于实践摸索，寻找最佳模式和更有实效的做法。

本章小结

本章旨在对如何开展行业性与区域性集体协商进行具体的流程指引与过程指导，包括开展行业性与区域性集体协商前的主体准备工作与会议准备工作，行业性与区域性集体协商会议的开展，行业性与区域性集体合同的签订与履行等内容。

关键词

区域性　　行业性　　流程　　会议　　合同　　协商策略与技巧

复习与思考题

1. 开展行业性与区域性集体协商需要进行哪些具体的流程指引与过程指导？

2. 行业性与区域性集体协商与企业内部集体协商在策略与技巧上有何异同？

↘ 实操演练 1

大企业借协商压榨，小企业该何去何从

某省 H 市是全国生产某机器零配件高度密集的地区，该地区所生产的零配件占全国生产总量的 80% 以上。在 H 市的东郊和北郊，零配件的大小企业连成一片，吸引大量外来劳动力流入。每到上下班时间，人流如潮，景象壮观。

近年来，H 市总工会在推行集体合同制度方面做了大量工作，几个生产该零配件的当地龙头企业纷纷签订了集体合同。但是，由于零件订货的季节性和技术劳动力具有一定的短缺性，企业之间挖墙脚严重，技术劳动力流动频繁。企业家们商定，建立行业协会，通过与工会集体协商，确定行业统一的工价标准。

然而到了开始协商时，小企业代表发现大企业无意代表他们，因为大企业总以行业协会的名义相压制。本来企业间互相挖墙脚，小企业其实也是受害方，也愿意参加集体协商，只是大企业借机提高门槛，意图在行业内重新洗牌，打压小企业。这样自己内部都不协调，协商谈判难以进行下去。

思考：

如果你是小企业代表，请根据上述情况，拟订一个下一步行动的方案。

↘ 实操演练 2

知己知彼，如何百战不殆

沿海某地区船舶行业发达，船舶企业 150 余家，共有职工约 52 000 人。该市在市机械重工工会的指导下，成立了船舶工业行业工会联合会。其成立伊始，就致力于与船舶工业行业协会开展行业性工资集体协商，并且在产业工会的支持下，对船舶工业行业 16 个技术工种工资进行了调查，并深入部分企业调研，对 40 余家企业 7 300 余人进行了调查。调查结果经过汇总后，得到如下结果（见表 10-1）：

表 10 - 1　调查结果汇总表

序号	工种名称	月工资（不含加班费）（元）					备注
		最高工资	平均工资	最低工资	拟订最低工资	达到标准的企业比例	
1	装配工（铆工）	4 888	3 644	2 487	2 062	80％	
2	手把焊工	4 880	3 593	2 596	2 130	87％	
3	自动焊工	6 524	3 865	2 639	2 190	90％	
4	气割工	4 197	3 284	2 297	1 910	92％	
5	舾装工	4 250	3 529	2 492	2 070	75％	
6	管加工	5 073	4 047	2 655	2 200	86％	
7	管装工	5 813	4 450	2 644	2 190	76％	
8	强电工	5 035	3 920	2 641	2 190	77％	
9	弱电工	5 106	4 396	2 663	2 210	73％	
10	钳工（主机工）	5 293	4 010	2 966	2 460	77％	
11	钳工（辅机工）	4 647	4 438	2 557	2 120	88％	
12	木舾工	4 831	4 246	2 414	2 000	100％	
13	涂装工	4 384	3 372	2 492	2 070	73％	
14	机加工	4 535	3 658	2 740	2 270	70％	
15	吊装工	5 292	3 978	2 695	2 240	88％	
16	吊车工	4 148	3 186	2 515	2 090	73％	

思考：

如果你是企业方代表，在协商即将开始之时意外得到这份表单（表 10-1），你将采用何种计划。请拟订接下来的集体协商的方案。

Part4

第 4 编
集体协商争议处理与校正

第 11 章

集体协商争议的预防与处理

↘ 学习目标

学完本章后，你应该能够：
- 了解集体协商引发的集体劳动争议的处理方式、渠道和程序。
- 理解签订集体合同争议、集体合同履约争议、集体行动争议三种不同的集体劳动争议处理。

↘ 开篇引例

新疆、重庆两地对预防集体协商争议制度建设的区别

一、新疆

在自治区协调劳动关系三方机制工作体系下，全区 15 个地、州、市建立了由协调劳动关系三方和相关部门组成的应急处置预防机构，明确责任，建立制度，制定预案，形成了自治区、地（州）、县（市）、乡镇（街道）四级纵向的劳动关系群体性突发事件应急处理网络。对劳动关系的突出问题及群体性事件，按照五项制度，即应急预警制度、实情反映上报制度、提前介入干预制度、负责跟踪座谈对话制度、法律解答宣讲制度规定，在第一时间介入，引导劳动关系双方以法律手段解决。

二、重庆

为了使共同预防化解作用更加明显，各方在增强合作的同时也要明确各自职责。重庆市形成"六位一体"联动工作机制，建立健全人力社保、人民法院、工商行政、工会组织、信访部门、企事业单位"六位一体"的内外衔接、高效运行的多方联动机制。

第1节　集体协商争议概述

一、集体协商争议的概念

集体协商争议又称集体合同争议，是指集体合同当事人双方在行业性、区域性或企业集体合同运行过程中发生的关于设定或实现集体劳动权利义务的争议。

我国关于集体合同争议的制度设计，未区分行业性、区域性或企业集体合同，均适用同样的争议处理制度。

集体合同争议不同于集体争议，其区别在于：

（1）集体合同当事人，一方是工会或职工推举的代表和企业的全体职工，另一方是用人单位；集体争议是指职工一方当事人为 10 人以上（劳动者一方当事人在 30 人以上的集体劳动争议，根据国家劳动法律、法规的规定适用劳动争议处理的特别程序）有共同理由的劳动争议，可以是针对未来权利义务产生的争议，也可以是对既存权利义务产生的争议。集体争议是多个个别劳动争议的集合，其实质仍然为个别劳动争议，显著特征是对既存权利义务的争议。

（2）集体合同争议的标的是工会所代表的全体劳动者的共同劳动权利义务；集体争议的标的是用人单位部分特定劳动者的劳动权利义务。

二、集体协商争议的分类

集体协商争议分为签订集体合同争议、集体合同履约争议、集体行动争议三种，分别实行不同的处理方式、渠道和程序。

因签订集体合同发生的争议，是围绕劳动者未来利益的争议，要通过协商和协调处理，而不是通过司法或准司法途径裁决，这与西方发达国家处理签订集体合同争议的原则相似。因履行集体合同发生的争议，是对既定权利发生的争议，沿用个别劳动争议的仲裁诉讼程序处理。因集体行动发生的争议，只能通过协商的方式予以解决。

第2节 >> 预防集体协商争议

要想预防签订集体合同过程中发生的争议，就应提高协商双方的认识，提升共同体意识；完善集体协商规则，规范协商行为；推动劳资沟通协商；提升双方的协商能力，提高协商实效。

一、预防集体协商过程争议的途径

集体协商过程中产生的争议，一般源于当事方的认识程度不高、能力水平不足等问题，目前又以诉求表达机制不完善或意愿没有得到及时表达为直接诱因。因此，政府在预防集体协商过程争议方面，一是要积极预防，重点解决协商主体方面的问题，主要内容包括建立明确的谈判框架、提升双方的协商能力、推动劳资沟通协商来构建协商文化、塑造合作精神等；二是预警防范，对于可能发生集体协商争议的高风险企业进行监控，在必要时提前介入，引导双方以法律手段解决分歧。

（一）积极预防

预防集体协商过程中发生的争议，应以防止和消除当事人之间的意见分歧为首要目标。争议预防服务使得劳动关系双方可以认识到他们之间的分歧，并致力于解决分歧。

国际劳工组织认为，在防止集体谈判纠纷方面，政府主管部门可采取的首要措施是建立明确的集体谈判框架和程序。根据具体情况，政府主管部门还可以通过以下五种方式预防争议：

（1）为第一次进入集体谈判的雇主和工会提供关于谈判框架和谈判程序的信息。

（2）鼓励采用行为规范来引导社会伙伴相互认可对方的代表地位，并善意谈判。很多国家规定，司法或准司法机构在处理相应争议时要考虑相关行为规范。

（3）为雇主和工会提供集体谈判技巧培训，或支持他们提升谈判技巧。

（4）鼓励在工作场所进行信息交流和意见征询，例如工人-管理者联合委员会定期开展沟通，讨论和解决问题。工人-管理者联合委员会不是要取代集体谈判，而是要通过加强建设性对话来补充集体谈判。

（5）为谈判各方提供预防性调解服务，以促进双方建立积极的关系或修复因产业行动而破裂的劳资关系。

我国各级政府协调各方，大力推动健全企业内部民主管理制度，构建和谐劳动关系的举措都属于积极预防的机制性建设。

（二）预警防范

预警防范主要包括三个环节：排查、评估和预警。

1. 建立劳动关系重大问题的信息排查网络

"防"在"治"先，从源头介入，促进企业用工更加规范、劳动关系协调制度更加健全，及时化解劳动关系苗头性、倾向性问题，有效防范重大恶性的劳资纠纷，是减少劳动关系领域不和谐因素的关键。因此，要建立健全劳动关系矛盾信息排查网络。

例如，北京市要求掌握重点行业动态，严格执行裁员报告制度。昆明市人力资源和社会保障局的相关部门每季度召集一次涉及人力资源和社会保障方面的矛盾纠纷排查工作会议。听取劳动信访、仲裁、监察、社会保险经办机构在工作中发现的劳资矛盾纠纷多发用人单位的情况汇报，并将各部门汇报的违法违纪信息进行综合比对，按照案件涉及的多少，按从多到少的顺序排列违纪用人单位名单。江苏省要求建立和畅通信息渠道，及时掌握企业实行平等协商和集体合同制度的情况。

2. 合理评估风险

摸排各方要对摸排的劳动关系矛盾纠纷进行风险评估和分级工作，对摸排出来的隐患和问题要进行认真的分析研究。对于重点企业要做到心中有数，要抓紧、抓小、抓苗头，力争从源头上预防和减少突发事件的发生。

例如，昆明市建立了对劳资纠纷多发用人单位的黄牌警示和红牌干预制度。凡涉及劳资矛盾纠纷的用人单位，人力资源和社会保障部门应当加强劳动保障政策法规宣传，规范用人单位用工管理；对一年内涉及3起以上（含 3 起）违法情形严重、影响恶劣案件的用人单位，实行黄牌警示，不予通过劳动保障执法年审，并督促其限期整改；对限期不改的，实行红牌干预，记入劳动保障不诚信企业名单，并通报人力资源和社会保障部门依法查处。

3. 建立预警和预报制度

要加大对重点地区和重点企业的监控力度，对于排除出来的高风险用人单位，要有应对解决策略。要形成有针对性的预警制度，对一些可能引发群体性纠纷事件的重点监控企业，应进行主动预报，必要时主动出击，遏制突发事件的苗头。

二、预防集体合同履行争议的途径

预防集体合同履行争议的重点在于强化集体合同约束力、加强对集体合同履行的监督。

（一）引导协商双方增强履行责任

增加和完善集体合同文本内的履约监督检查的条款，通过集体合同约定的方式，确定合同双方当事人在合同履行过程中所承担的责任和义务。避免合同双方当事人在合同的履行和监督检查过程中出现配合不密切的问题。

明确履约责任。企业行政方作为履约的主体，对集体合同制度的履行负主要责任。行政方的各职能部门对集体合同各项条款的履行负专项责任。企业工会对集体合同的履行负监督责任，这里应该包含工会有义务引导和教育职工遵守合同约定的劳动者一方的义务的意思。

建立向职代会报告的制度。企业要将集体合同履行情况向职代会做出报告，请职工代表监督集体合同的履行情况。

（二）强化外部监督检查

来自企业外部的监督检查，是保障集体合同履约到位、避免出现因履行集体合同发生争议的重要手段。可以采取的做法主要包括：

（1）将企业建立与执行集体协商和集体合同制度情况作为劳动监察、劳动用工年检的重要内容，加强执法监督。对企业无正当理由拒不建立集体协商制度和签订集体合同，以及劳动关系双方不履行集体合同规定的义务等行为，及时依法予以纠正。

（2）开展协调劳动关系三方联合检查，推动并积极参与人大、政协等就集体协商工作开展的监督检查和巡视。

（3）发挥激励和约束机制的导向作用。将企业签订和履行集体合同的情况列入社会信用体系，并作为和谐劳动关系企业评价的条件之一。政府在部署经济工作和加强企业管理工作中，同步对企业落实集体协商制度提出要求，通过社会联合激励和约束措施引导企业履行集体合同。

（4）通过集体协商质效评价，推进集体合同的落实。例如，江苏、青海等省从集体协商过程、集体协商结果、集体协商知晓度和满意度等维度出发，围绕企业履行协商法定程序、集体协商结果及落实情况等方面进行评价，引导和督促企业依法诚信协商、落实协商结果，持续提升协商质量。

各地探索了一些切实的手段，强化对集体合同履行的要求。例如，河北省在《河北省企业集体协商条例》中规定，对于拒绝或者拖延集体协商的，拒不履行或者不完全履行已经生效的集体合同等行为，经责令限期整改但逾期不改的，将被列为不良信用企业，纳入人力资源社会保障信用体系和公共信用信息共享平台。内蒙古自治区在开展和谐劳动关系企业评价时，将工资集体协商和集体合同履行情况作为重要的评价指标之一。根据《内蒙古自治区公共信用信息管理办法》（内蒙古自治区人民政府令第234号），被认定为和谐劳动关系企业的信息，作为企业信用的良好信息列入社会信用体系；对信用状况良好的信息主体，国家机关在日常监督管理、行政许可、项目审批、资质认定、政府采购、招标投标、专项资金安排、财政补贴等活动中应当依照相关法律、法规的规定给予优先、优惠等激励措施。江苏省实施的《集体协商工作质效评价规范》规定，对于集体协商工作质效评价综合得分90分以上的企业，优先推荐企业、主要经营管理者及工会、工会主要负责人等参加相关评先评优活动。

第3节 签订集体合同的争议处理

签订集体合同的争议是指在签订或变更集体合同的过程中当事人双方

就如何确定合同条款所发生的争议，其标的是在合同中如何设定尚未确定的劳动者利益。学界将其称为利益争议。在集体合同的签订过程中，就劳动报酬、工作时间、休息休假、劳动安全卫生、保险福利等事项进行协商时容易产生争议。

一、签订集体合同争议的处理方式

签订集体合同的过程中发生争议，双方当事人不能协商解决的，当事人一方或双方可以书面向劳动保障行政部门提出协调处理申请；未提出申请的，劳动保障行政部门认为必要时也可以进行协调处理。

劳动保障行政部门应当组织同级工会和企业组织等三方面的人员，共同协调处理签订集体合同争议。

三方机制的组成主要有代表政府的劳动保障行政部门、代表职工的地方总工会和代表用人单位的企业代表组织（企业联合会、企业家协会、商会等）。三方协商机制实际上是一种平等对话的机制。政府、企业组织和工会组织三方的职能不能替代，各有侧重和相互独立，相互没有隶属关系。

《中共中央国务院关于构建和谐劳动关系的意见》（中发〔2015〕10号）提出，依托协调劳动关系三方机制完善协调处理集体协商争议的办法，有效调处因签订集体合同发生的争议和集体停工事件。

二、签订集体合同争议的处理渠道

签订集体合同争议处理实行属地管辖，具体管辖范围由省级人力资源和社会保障部门规定。中央管辖的企业以及跨省、自治区、直辖市用人单位因集体协商发生的争议，由人力资源和社会保障部指定的省级人力资源和社会保障部门组织同级工会和企业组织等三方面的人员协调处理，必要时，人力资源和社会保障部也可以组织有关方面协调处理。

三、签订集体合同争议的处理程序

协调处理签订集体合同争议应当按照以下程序进行：（1）受理协调处理申请；（2）调查了解争议的情况；（3）研究制定协调处理争议的方案；

（4）对争议进行协调处理；（5）制作《协调处理协议书》。

《协调处理协议书》应当载明协调处理申请、争议的事实和协调结果，双方当事人就某些协商事项不能达成一致的，应将继续协商的有关事项予以载明。《协调处理协议书》由集体协商争议协调处理人员和争议双方首席代表签字盖章后生效。争议双方均应遵守生效后的《协调处理协议书》。

协调处理签订集体合同争议，应当自受理协调处理申请之日起 30 日内结束协调处理工作。期满未结束的，可以适当延长协调期限，但延长期限不得超过 15 日。

四、相关法律法规

（一）《劳动法》

《劳动法》第八十四条第一款规定："因签订集体合同发生争议，当事人协商解决不成的，当地人民政府劳动行政部门可以组织有关各方协调处理。"

（二）《集体合同规定》

《集体合同规定》（2004）的规定具体如下：

第四十九条　集体协商过程中发生争议，双方当事人不能协商解决的，当事人一方或双方可以书面向劳动保障行政部门提出协调处理申请；未提出申请的，劳动保障行政部门认为必要时也可以进行协调处理。

第五十条　劳动保障行政部门应当组织同级工会和企业组织等三方面的人员，共同协调处理集体协商争议。

第五十一条　集体协商争议处理实行属地管辖，具体管辖范围由省级劳动保障行政部门规定。中央管辖的企业以及跨省、自治区、直辖市用人单位因集体协商发生的争议，由劳动保障部指定的省级劳动保障行政部门组织同级工会和企业组织等三方面的人员协调处理，必要时，劳动保障部也可以组织有关方面协调处理。

第五十二条　协调处理集体协商争议，应当自受理协调处理申请之日起 30 日内结束协调处理工作。期满未结束的，可以适当延长协调期限，但延长期限不得超过 15 日。

第五十三条　协调处理集体协商争议应当按照以下程序进行：

（1）受理协调处理申请；

（2）调查了解争议的情况；

（3）研究制定协调处理争议的方案；

（4）对争议进行协调处理；

（5）制作《协调处理协议书》。

第五十四条　《协调处理协议书》应当载明协调处理申请、争议的事实和协调结果，双方当事人就某些协商事项不能达成一致的，应将继续协商的有关事项予以载明。《协调处理协议书》由集体协商争议协调处理人员和争议双方首席代表签字盖章后生效。争议双方均应遵守生效后的《协调处理协议书》。

第4节　履行集体合同的争议处理

履行集体合同的争议是指在履行集体合同的过程中当事人双方就如何将合同条款付诸实现所发生的争议，其标的是实现合同中已经设定并且表现为权利义务的劳动者利益。学界将其称为权利争议。就集体合同中约定的劳动报酬、工作时间、休息休假、劳动安全卫生、保险福利等权利义务的履行发生的争议属于权利争议。

一、履行集体合同争议的处理方式

因履行集体合同发生争议，当事人应先进行协商。如果协商不成，此类争议不能进行调解，也不能像签订集体合同争议那样由劳动保障行政部门协调处理，而是进入到劳动争议仲裁程序。

因履行集体合同发生的劳动争议，经协商解决不成的，工会可以依法申请仲裁；尚未建立工会的，由上级工会指导劳动者推举产生的代表依法申请仲裁。

履行集体合同发生的劳动争议，仲裁委员会应当优先立案，优先审理。仲裁委员会处理因履行集体合同发生的劳动争议，应当按照三方原则组成仲裁庭处理。

集体合同双方对仲裁裁决不服的，可以自收到仲裁裁决书之日起 15 日内向人民法院提起诉讼；期满不起诉的，裁决书发生法律效力。

进入到诉讼程序的因履行集体合同发生的争议，法律并无特别规定，参照普通劳动争议诉讼程序进行。

二、履行集体合同争议的处理渠道

集体合同履行过程中常见争议的解决方法和途径主要有以下三种。

（一）协商解决集体合同履行纠纷

协商是解决履行集体合同争议的必经途径。发生履行集体合同争议后，当事人双方，即用人单位工会代表与用人单位代表，可以就争议事项召开专门会议进行协商；经协商达成一致意见的，应制作协议书并由双方自觉履行。协议书经工会和用人单位代表签字、盖章后，发生法律效力，对双方具有约束力。

（二）仲裁解决集体合同履行纠纷

仲裁解决集体合同履行纠纷是指劳动保障行政部门组织同级工会和企业组织等三方面的人员，通过劳动争议仲裁机构对集体合同纠纷进行仲裁。通过仲裁查明事实，分清责任，对不遵守集体合同的一方，裁决其承担违约责任。

（三）诉讼解决集体合同履行纠纷

诉讼解决集体合同履行纠纷是指通过人民法院的审理，对集体合同履行纠纷案件进行判决的行为。在解决集体合同履行纠纷时必须掌握一个原则，即"不经仲裁不得起诉"，只有在当事人一方对仲裁裁决不服的情况下才能起诉，否则人民法院不予受理。

三、履行集体合同争议的处理程序

对集体合同履行过程中出现的问题，双方代表应及时协商，制定解决方案并共同实施。当事人协商解决不成的，可以依法向劳动争议仲裁委员会申请仲裁。对仲裁裁决不服的，双方可向人民法院提起诉讼。协商、仲裁、诉讼是解决履行集体合同争议的三个环节，这三个环节不能选择性进行。未经协商，不能进行仲裁，未经仲裁也不能直接诉讼。在协商阶段双方签订协议书并履行，在仲裁阶段双方均未就裁决结果起诉，在诉讼阶段未就诉讼结果上诉或法院做出终审判决，均可使履行集体合同争议得到解决。

四、履行集体合同争议的其他知识点

集体合同中劳动报酬和劳动条件等标准不得低于当地人民政府规定的最低标准；用人单位与劳动者订立的劳动合同中劳动报酬和劳动条件等标准不得低于集体合同规定的标准。如果新签订的集体合同中约定用人单位可将劳动者工资降低（如统一降低原工资标准的 1‰），用人单位早先与劳动者签订的劳动合同中约定的工资标准高于集体合同的规定，则用人单位应当依据新的集体合同及时与劳动者重新签订劳动合同；如果劳动者拒绝签订，其以用人单位单方降低工资标准为诉求申请仲裁将不会得到支持。

五、相关法律法规

1.《劳动法》

《劳动法》第八十四条第二款规定："因履行集体合同发生争议，当事人协商解决不成的，可以向劳动争议仲裁委员会申请仲裁；对仲裁裁决不服的，可以自收到仲裁裁决书之日起十五日内向人民法院提起诉讼。"

2.《劳动合同法》

《劳动合同法》第五十六条规定："用人单位违反集体合同，侵犯职工劳动权益的，工会可以依法要求用人单位承担责任；因履行集体合同发生争议，经协商解决不成的，工会可以依法申请仲裁、提起诉讼。"

3.《工会法》

《工会法》第二十条第四款规定："企业违反集体合同，侵犯职工劳动权益的，工会可以依法要求企业承担责任；因履行集体合同发生争议，经协商解决不成的，工会可以向劳动争议仲裁机构提请仲裁，仲裁机构不予受理或者对仲裁裁决不服的，可以向人民法院提起诉讼。"

4.《集体合同规定》

《集体合同规定》第五十五条规定："因履行集体合同发生的争议，当事人协商解决不成的，可以依法向劳动争议仲裁委员会申请仲裁。"

5.《劳动争议调解仲裁法》

6.《民事诉讼法》

7.《劳动人事争议仲裁办案规则》

《劳动人事争议仲裁办案规则》第五条规定："劳动者一方在十人以上并有共同请求的争议，或者因履行集体合同发生的劳动争议，仲裁委员会应当优先立案，优先审理。"

第六十三条第二款规定："因履行集体合同发生的劳动争议，经协商解决不成的，工会可以依法申请仲裁；尚未建立工会的，由上级工会指导劳动者推举产生的代表依法申请仲裁。"

第六十五条第二款规定："仲裁委员会处理因履行集体合同发生的劳动争议，应当按照三方原则组成仲裁庭处理。"

第5节 集体行动争议处理

集体行动争议是市场经济下集体争议中最高程度的争议形式，是劳动关系双方通过集体行动来保障和争取权利的争议行为，有学者称之为"行动型集体劳动争议"。集体行动以维持改善劳动条件或获得其他经济利益为目的，并以集体合同缔结为目标。集体行动的表现形式主要有雇主闭厂和工人罢工，核心内容是工人罢工。在市场经济下，集体行动与集体谈判密不可分，通常只有在集体谈判破裂的情况下才可发起集体行动。

一、相关法律法规

我国《工会法》第二十七条规定："企业、事业单位发生停工、怠工事件，工会应当代表职工同企业、事业单位或者有关方面协商，反映职工的意见和要求并提出解决意见。对于职工的合理要求，企业、事业单位应当予以解决。工会协助企业、事业单位做好工作，尽快恢复生产、工作秩序。"

根据前述法律规定，其一，企业、事业单位职工因劳动权益的诉求得不到满足时发生停工、怠工行为，是一种法律上承认的、客观存在的现象；

其二，在解决此类集体劳动争议的过程中，工会应当代表职工与所在用人单位进行协商，反映职工的合理要求，在此基础上尽快恢复生产和工作秩序。

二、集体行动争议的处理途径

我国法律并未明确规定劳动者的罢工权和用人单位的闭厂权，因此在发生停工、怠工事件后，协商成为解决问题的唯一途径，此类争议无法适用其他争议处理方式。

拓展阅读

南海本田员工不满薪资待遇罢工案

2010 年 5 月 17 日起，位于广东省佛山市南海区的本田汽车零部件制造有限公司（简称"南海本田"）员工因不满薪资待遇罢工。工人提出四点要求：(1) 基本工资每月提高 800 元，提出三天内重签劳动合同；(2) 改革薪酬、晋升机制以及公司管理制度，包括年度提升不可少于15%，年终奖、节日奖金不能少于或等于上一年，追加工龄补贴，工龄每增加一年加 100 元，十年封顶；(3) 重组公司工会，由工人推选工会代表；(4) 复工后，公司不得对参与罢工人员进行打击报复。但公司拒绝接受工人的要求，并解雇领头罢工的工人。双方的胶着状态一直持续到 5 月底。

在此期间，广东省主要领导认为，南海本田事件是劳动关系经济纠纷，政府应协调劳动关系双方妥善处理。根据这一指示，南海区政府通过三方机制的途径对争议进行调解。主要措施有：政府劳动部门以第三方的身份介入，调查争议原因，了解劳动关系双方的诉求，推进企业与工人进行工资协商谈判，并为双方谈判提供平台；邀请广汽集团的总经理、全国人大代表曾庆洪到场斡旋，曾庆洪以行业领袖和商业伙伴的身份与企业沟通，并劝说情绪激动的工人暂时复工进行集体谈判；接受罢工工人委托劳动法律和劳动关系专家——中国人民大学的常凯教授，作为集体协商谈判的职工方法律顾问。在集体协商谈判前，曾庆洪和常凯分别代表劳动关系双方，具体沟通和交换了意见，并对于事件的处理方式取得了一致的看法。在谈判中，区劳动局局长主持谈判，曾庆洪和常凯从中联络斡旋劳动关系双方谈判代表。在经过三轮谈判后，双方达成增加工资34%，平均提薪500元等谈判结果。南海本田罢工至此得到解决。

南海本田事件的处理特点是以政府为主导的三方机制介入。但是，政府没有以行政手段介入罢工，而是以第三方的身份居中调解，通过劳动关系双方的代表构成三方的格局，来具体协调劳动关系冲突。但是，在本田事件中通过三方机制处理的过程中，缺乏职工方和企业方的代表组织。当地工会与罢工工人发生冲突，加之罢工工人又提出"改组工会"的诉求，致使工会在事件处理中未能发挥积极的作用。三方机制中的工人代表，是由劳动法专家常凯教授充任的。三方机制中的企业方代表则是由曾庆洪充任的。他以广汽集团总经理的身份向其配件供应商本田公司施加压力，要求企业方做出让步。两者的介入，影响和约束了争议双方，促使双方达成共识。

资料来源：常成. 三方机制与集体争议处理. 中国劳动关系学院学报，2013（5）.

第6节 行业性与区域性集体协商争议处理

处理行业性与区域性集体协商中的争议，重点要关注两个方面的内容：一是启动协商过程中的争议；二是集体合同适用范围方面的争议。

一、行业性与区域性集体协商启动过程中的问题

行业性与区域性集体协商的启动一般都由地方工会的组织领导，职工群众自发启动的比较少。现实中很多地方的行业性协商，多是由于出现了企业劳动关系不规范、劳动关系矛盾突出、职工队伍不稳定、企业没有工会、职工分散流动率高等问题，地方工会为了化解矛盾，主动以上带下，提出开展集体协商，甚至直接介入集体协商。这样的启动方式，运行相对顺利，特别是借助地方党政力量，多方合作，加大了推进力度。在此过程中的争议，更多的是企业不愿协商，消极被动。工会通过自上而下地开展说服、宣传等全方位的工作，甚至与地方党政联合发文的方式，启动集体协商。

另外一种情况是来自职工群众的压力传导到企业主，为了避免恶性竞争、稳定行业秩序，企业方主动愿意坐下来与职工方协商工资、工价等劳动标准。出现这种情况，往往是工人以"用脚投票"离职跳槽，甚至停工、怠工等方式，表达对于工资等劳动条件的不满，劳资矛盾比较尖锐。这种劳动争议影响到企业的正常运营与发展，企业方面主动考虑接受行业性集体协商，以便保障稳定的生产秩序。有人把这类集体协商称为雇主发起的集体协商。这种带有自发性质的协商体现了劳动力市场上劳动关系双方的内在诉求。面对这类协商过程中的争议或问题，需要有关各方协调疏导，将双方的利益表达纳入有序的集体协商过程中。

二、行业性与区域性集体合同适用范围的问题

依法签订的行业性与区域性集体合同，对行业或区域内签约的所有企业和职工具有约束力。企业签订的集体合同，其标准不得低于行业性与区域性集体合同的规定。

行业性与区域性集体合同的适用范围是一个新问题。一般来讲，行业性与区域性集体合同应该适用于认可该合同的企业以及职工。行业或区域内多少企业认可相应的集体合同，并没有严格的规定。有可能一些属于相关区域或行业的企业，因为种种原因并不认可相关集体合同确定的标准或者部分不认可。这就需要有关方面进行深入细致的工作，向企业说明集体协商的意义、签订集体合同的目的，帮助这些企业了解集体协商对于协调劳动关系、稳定职工队伍、促进企业持续发展的重要作用。当然，如果一些企业主一时接受不了，也不能强求。可以等待已签集体合同的优秀样本发挥示范作用，再逐步扩大集体合同的覆盖面。目前，一些地方劳动关系三方共同发力，自上而下，督促企业执行行业或区域标准，改善用工环境。这种方式的效率的确比较高，但实际效果如何要视具体情况而定。

例如，江苏省邳州市板材行业拥有 2 000 家企业，职工 200 000 名。2005 年邳州市总工会开始推进集体协商工作。他们首先建立了行业工会，行业工会覆盖了 748 家企业。经过工价标准调查和几轮集体协商，劳动关系双方签订了一份行业最低工资协定。最初这个带有尝试性的协定，只覆盖了 60 家会员企业。之后，每年双方都要进行集体协商，邳州市总工会开始筹划将此合同逐步推广到整个行业。截止到 2017 年，邳州板材行业集体

协商已进行了 12 轮，每次协商持续三个月左右，并且经过七八个回合反复认真的商讨。在循序渐进扎实工作的基础上，集体合同的覆盖面逐步扩大。从 2008 年起，邳州市总工会与劳动保障部门将协商签订的行业工资集体合同以文件形式联合发文，进一步推广到木材协会中非会员企业参照执行，拓展了行业工资集体合同的覆盖范围。

三、行业性与区域性集体协商争议处理程序

对在行业性与区域性集体协商过程中发生的争议，双方当事人不能协商解决的，当事人一方或双方可以书面向辖区内的劳动保障行政部门提出协调处理申请；未提出申请的，劳动保障行政部门认为必要时也可以进行协调处理。劳动保障行政部门应当组织同级工会和企业代表组织等三方面的人员，共同协调处理集体协商争议。

2011 年上海市制定了《集体协商争议协调处理办法》，对集体协商争议的处理程序、方式等进行了比较详细的规定："人力资源和社会保障行政部门可以通过召集争议双方陈述各自协商意见，并由争议相关方提供证据；与有关各方共同对双方协商意见合理性进行调查；根据需要可委托社会第三方对双方协商意见进行合理性评估；协调双方利益争议，促进双方继续协商。"经协调后，就双方达成一致的部分，制作《集体协商争议协调处理协议书》。"未能达成一致的部分，人力资源和社会保障行政部门发出《集体协商争议协调处理意见书》，促进双方在缩小差距、互利互信的基础上继续进行协商。"

↘ 本章小结

集体协商过程中以及集体协商完成后都有可能发生劳动争议，本章帮助企业方了解集体协商引发的集体劳动争议的处理方式、渠道和程序，主要对签订集体合同争议、集体合同履约争议、集体行动争议三种不同的集体劳动争议处理分别进行阐述。

实践当中，行业性与区域性集体协商过程的问题与争议主要是通过三方协调机制进行处理的。首先，对行业性与区域性集体协商，法律法规的规范程度并不十分严格。现实中实践探索的比重比较大，对于一些不太规

范、不太严谨的做法，也不必吹毛求疵，要求一步到位。要通过实践不断探索，积累经验，完善制度。有条件的地方先行实践，呈现效果就会带动更多行业、企业加入进来。丰富的实践经验还可以反过来充实完善我们的相关法律法规。

↘ 关键词

集体行动　　集体合同争议　　处理途径

↘ 复习与思考题

1. 假如你是集体协商中的企业方代表，在集体协商过程中由于工会方态度强硬，发生了罢工，你将如何处理？

2. 假如你是集体协商中的企业方代表，在集体协商过程中由于双方互不让步，在签订集体合同过程中发生争议，你将如何处理？

3. 假如你是集体协商中的企业方代表，在签订集体合同后，职工方没有履行集体合同，你将如何处理？

↘ 案例分析

常德沃尔玛集体争议案

申请人：沃尔玛（湖南）百货有限公司常德水星楼分店工会委员会

被申请人：沃尔玛（湖南）百货有限公司常德水星楼分店

申请人述称：被申请人 2009 年 1 月 17 日开业，至 2014 年 3 月实有员工 135 名，其中大多数员工与被申请人签订的是无固定期限劳动合同。申请人于 2010 年成立，现有 135 名员工均为工会会员。

2011 年 7 月 18 日，申请人与被申请人签订了《沃尔玛（湖南）百货有限公司常德水星楼分店集体合同书》（以下简称《集体合同书》），并于 2011 年 7 月 20 日报常德市武陵区人力资源和社会保障局审查同意，故该《集体合同书》已依法生效。

《集体合同书》有效期为 2011 年 7 月 18 日至 2014 年 7 月 17 日。《集体合同书》第二条规定："本合同规范劳动合同管理、劳动报酬、工作时间和休息休假、保险福利和劳动安全卫生。"

2014 年 3 月 5 日，被申请人在没有与申请人进行任何沟通和协商的前提下，突然在超市醒目位置张贴《沃尔玛（湖南）百货有限公司常德水星楼分店员工安置通知》（以下简称《安置通知》）。宣布将于 3 月 19 日闭店，并于宣布当日调动外店员工 200 余人替代现有员工的工作岗位，并锁定现有员工的工作 ID 和电脑权限，粗暴地剥夺了员工的劳动权。该《安置通知》要求员工在其所提供的方案中进行选择，并于 3 月 19 日 17：30 前做出答复，否则就视为劳动者拒绝选择。依据《劳动合同法》第四条之规定，被申请人闭店是关乎会员切身利益的重大事项，被申请人在未召开职工代表大会或者经过全体职工讨论，也未与申请人协商的情况下，单方面宣布闭店，违反了《劳动合同法》相关规定。

鉴于双方签订的《集体合同书》尚在有效期内，且闭店事宜直接关系到《集体合同书》规范的劳动合同管理、劳动报酬等事项，直接关系到《集体合同书》本身的履行，2014 年 3 月 24 日，申请人向被申请人递交了《谈判要约函》，明确告知被申请人此次闭店裁撤员工及员工安置方案不符合《劳动合同法》第四条、第四十一条、第四十三条、第八十七条，《工会法》第五十二条之规定，被申请人没有经过职代会讨论，也没有与申请人协商，并由此产生了集体劳动争议，为此员工集体提出了 14 条诉求。《集体合同书》第二十条规定："当一方就本合同的执行情况和变更提出商谈时，另一方应予答复，并在 15 天内进行集体协商。"被申请人当日接收《谈判要约函》，至今已近一月，但一直未答复申请人，显然违反了《集体合同书》的上述规定。

2014 年 3 月 31 日，常德市总工会向被申请人发出《关于邀请沃尔玛公司常德水星楼分店劳动关系双方开展协商谈判的函》，但被申请人拒绝接收。2014 年 3 月 28 日，被申请人总经理电话通知部分员工，要求领取《关于终止劳动合同的通知》（以下简称《终止通知》），被员工拒绝。被申请人遂在公司收货部门口张贴《终止通知》的公告，并以电话、短信等方式向公告所示人员进行沟通告知，同时向公告公示的 65 名员工，按照企业方的安置标准将补偿款打到了员工工资卡账户。在《终止通知》中，被申请人以分店解散为由，依据《劳动合同法》第四十四条之规定，终止与劳动者的劳动合同。《集体合同书》第六条规定："劳动合同的内容以及订立、变更、解除或终止，应符合法律、法规的有关规定。"

申请人认为，根据《公司法》规定，分公司不具备解散的主体资格，被申请人以公司解散为由，适用《劳动合同法》第四十四条终止劳动合同，是违法行为，这种行为也直接违反了《集体合同书》第六条规定。

综上，被申请人的粗暴闭店行为严重违反了《劳动合同法》第四条、第四十一条、第四十三条，《工会法》第五十二条规定，严重违反了《集体合同书》第六条、第二十条的相关规定。为维护申请人的合法权益，请求依法裁决：（1）确认《沃尔玛（湖南）百货有限公司常德水星楼分店员工安置通知》无效；（2）责令被申请人承担违反集体合同的违约责任，即公开向员工和工会道歉；（3）责令被申请人与申请人就闭店问题进行集体协商。

被申请人辩称：一、2014 年 3 月 5 日，被申请人组织工会主席、代表召开了碰头会，征求工会的意见召开员工大会，8 人出席；3 月 7 日至 3 月 28 日，被申请人与工会、员工多次协商。3 月 19 日之前已有 50 多名员工与公司协商解除了劳动合同；3 月 28 日，被申请人终止了部分员工的劳动合同；3 月 31 日，被申请人与曾同意和公司协商解除劳动关系的几名员工终止了劳动关系。被申请人一共 129 名员工，将近一半员工与被申请人签订了解除劳动合同协议书。

二、关于申请人第一项请求，被申请人的员工安置方案不对员工产生必然的效力，该请求毫无意义。本案被申请人因被撤销而丧失了继续履行合同的权利，双方的集体合同也因被申请人被撤销而终止。被申请人向员工提供的安置方案系被申请人与员工沟通的通知，不具备约束力。工会作为集体合同的主体，代表的是全体员工，在安置过程中已经有 54 人签订了解除劳动合同协议，是员工个人意思的表示，非集体合同争议，工会无权代表这些员工提出安置方案无效的主张。

关于第二项请求，没有事实依据和法律依据。赔礼道歉并不是劳动争议中应当承担的责任，根据《集体合同书》第二十二条之规定，该请求也没有法律依据、合同依据和事实依据，被申请人单方终止行为合法有效。

关于第三项请求，从申请人提交的证据看，申请人提交了 3 月 24 日的《谈判要约函》和 3 月 31 日常德市总工会发出的邀请谈判的函，但 3 月 24 日之前已有 54 名员工与公司协商解除劳动合同。集体谈判是代表全体员工，所代表的员工有一部分已经离开公司，申请人不能在这个背景下代表全体员工。3 月 31 日，被申请人与员工全部结束劳动关系，申请人的仲裁申请应驳回。

仲裁委员会查明：2014年3月28日18：00，沃尔玛（湖南）百货有限公司董事会做出决议，"因经营不善，同意公司撤销位于常德市武陵区城南办事处东湖巷社区人民中路水星楼负一楼名为'沃尔玛（湖南）百货有限公司常德水星楼分店'的分支机构，并办理工商注销手续"。同日，沃尔玛（湖南）百货有限公司根据董事会决议，决定撤销被申请人。

仲裁委员会认为：集体合同的履行，是指在集体合同依法签订后，双方当事人按照集体合同约定完成集体合同约定的义务。就本案而言，申请人主张被申请人未履行《集体合同书》第二条、第六条、第二十条约定的义务，由此提出三项仲裁请求：一是确认《安置通知》无效；二是责令被申请人承担违反集体合同违约责任，即公开向员工和工会道歉；三是责令被申请人与申请人就闭店问题进行集体协商。

关于第一项仲裁请求，实际上是要求确认被申请人做出《安置通知》的民事行为无效，并由此产生自始无效的法律后果。从庭审查明来看，申请人主张无效的理由是被申请人做出《安置通知》之前未履行与工会或职工协商的程序，因程序违法而导致该民事行为无效。首先，无论从内容、形式，还是法律后果上看，被申请人的《安置通知》应有别于用人单位单方面做出的解除或终止劳动合同决定。《安置通知》称将于2014年3月19日停止营业，并告知员工几项安置选择，等待员工回复。《安置通知》内容并不违反劳动法律法规的规定。该《安置通知》中的内容既可以被员工接受，也可以不被员工接受，也就是说，在员工未做出选择之前，该《安置通知》对双方的劳动关系不产生任何影响。其次，从逻辑上说，假定该通知违法被确认为无效，按照自始无效的理论，是否导致已经与被申请人协商一致解除劳动合同的行为也当然无效呢？这个结论显然有悖常理，并有违自愿、公平和意思自治的民事活动原则。最后，从事实上看，2014年3月5日，被申请人就《安置通知》主动与申请人沟通和协商，但申请人坚持认为被申请人必须出具书面的《谈判要约函》才能视为协商程序正式启动。在不能与工会协商一致的情况下，被申请人以张贴的方式将《安置通知》向全体员工告知。2014年3月5日至2014年3月28日期间，被申请人采取了挂号信、短信等多种方式向员工告知《安置通知》的内容，并有部分员工与被申请人协商解除劳动合同。如果认定被申请人完全没有履行协商程序，显失公平。申请人主张《安置通知》无效，无法律依据和事实依据，仲裁委员会不予支持。

关于第二项仲裁请求，公开道歉并不是《劳动法》《劳动合同法》等劳动法律法规规定的承担责任的方式。同时，双方依法签订的《集体合同书》中违约责任的责任承担方式亦无此种约定，故申请人的此项仲裁请求既无法律规定，也无当事人约定，本会不予支持。

关于第三项仲裁请求，首先，需要明确的是，我国法律没有"闭店"一说，申请人所称的"闭店"指被申请人的被撤销，公司撤销分公司属于市场经济条件下市场经营主体的经营自主权，是不需要与劳动者协商的事项。其次，就集体协商本身而言，无论是《集体合同规定》《湖南省集体合同规定》等规定，还是双方签订的《集体合同书》的约定，均只明确"一方提出集体协商，另一方应予回复，无正当理由不得拒绝集体协商"，并未就不予回应的一方应承担何种责任或如何承担责任予以规定或约定。仲裁委并非行政执法部门，亦无权做出"责令"任何一方进行协商的裁决。另外，从《劳动法》《工会法》《劳动合同法》三部法律规定来看，均明确了只有履行集体合同争议才能够由工会提起仲裁和诉讼。履行集体合同要保证一个前提条件，即当事人因履行集体合同发生争议时，该集体合同还合法有效地存在。本案申请人申请仲裁时，本会只对申请仲裁所需要的立案证据材料进行必要的形式上的审查。基于仲裁立案的需要，对申请人所主张的事实和理由，在仲裁申请时只是一种假定，假定发生纠纷的权利为申请人所享有，这种假定在仲裁过程中始终被认为存在，直至查明案件事实为止。本案通过庭审查明，双方当事人签订的《集体合同书》第二十四条对"被申请人被撤销，集体合同终止"有明确的约定，同时，该约定也符合《集体合同规定》第三十八条集体合同"期满或双方约定的终止条件出现，即行终止"的规定。又根据《公司登记管理条例》第四十九条，《企业法人登记管理条例施行细则》第四十条之规定，公司有权撤销其设立的分支机构。故本会认为，自2014年3月28日沃尔玛（湖南）百货有限公司做出撤销被申请人决定之日起，双方所订立的《集体合同书》自行终止，申请人所提出的履行集体合同的事实基础已经不复存在，故申请人要求被申请人就闭店问题进行集体协商的仲裁请求，本会亦不予支持。故驳回申请人的全部仲裁请求。

沃尔玛（湖南）百货有限公司常德水星楼分店工会委员会收到仲裁裁决后不服，起诉至常德市武陵区人民法院，常德市武陵区人民法院于2014

年 7 月 22 日做出判决，因审理查明被告沃尔玛（湖南）百货有限公司常德水星楼分店已于 2014 年 6 月 5 日被常德市工商行政管理局核准注销登记，故判决认定被告沃尔玛（湖南）百货有限公司常德水星楼分店被注销登记，其法律主体资格已经消失。原告以其为被告进行诉讼，属于诉讼主体不适格。故驳回原告沃尔玛（湖南）百货有限公司常德水星楼分店工会委员会的起诉。

思考：

1. 从劳动关系管理的角度分析，常德沃尔玛为什么会引起此次集体争议？

2. 根据所学知识，如果你是沃尔玛人事主管，你会如何事先规避此次集体劳动争议，使损失最小化？

第 12 章

集体协商评估与改进

⬎ **学习目标**

学完本章后，你应该能够：
- 理解集体协商评估的意义、原则、内容、主体与方法。
- 理解集体协商改进的意义、影响因素、原则、路径方法。

⬎ **开篇引例**

集体协商评估是对集体协商实施过程及结果的综合评价，集体协商评估是集体协商改善的基础和重要依据。因企业内外环境不断变化，集体协商需要与时俱进地动态调整与完善，以达到最佳的协商效果。

要学好本章的内容，首先，要理解劳资双方进行集体协商的目的是什么，如何评估集体协商的效果，也就是集体协商的目的是否达到，需要评估什么，评估的方法有哪些，以及如何具体实施评估。其次，还要掌握对集体协商进行不断改进与完善的方法和技术，以更好地开展集体协商。

第1节 集体协商评估

集体协商评估就是要以综合的评估指标体系为衡量内容，以科学严谨的调查研究与分析为主要手段，通过广泛收集各种相关信息，采取定性和定量相结合的评估方法，对各地区、各行业、各企业集体协商制度建设和实施工作的效果、效益和效率做出评估，从而对集体协商制度执行进行科学管理，推进集体协商制度实施工作的健康发展。

集体协商是劳动关系双方的利益博弈，但这种博弈是非零和的[①]，企业实施集体协商的理想效果是达到劳动关系争议两利的帕累托最优[②]状态，即通过集体协商对等实现企业的绩效和员工的报酬，共创、共享、共赢，并不断朝着构筑劳动关系双方利益共同体、事业共同体、命运共同体、使命共同体的目标迈进。[③]

一、集体协商评估的意义

采用科学的方法和有效的工具对集体协商实践进行评估，是推动企业、行业、区域依法开展集体协商，规范签订集体合同的一项重要措施，它有利于促进集体协商机制的普遍建立，促进不断规范和完善集体协商制度规则，检验集体协商工作效果，充分发挥集体协商制度在发展和谐劳动关系、促进企业发展、维护职工权益中的重要作用。一方面，建立集体协商评估机制，作用于集体协商制度建设本身，能够促进集体协商制度建设更加科学、更加完善；另一方面，建立集体协商评估机制，能够有效促进提高集体协商制度执行力和执行效果，对集体协商过程加以更为科学的规范。因此，建立集体协商评估机制，对于检验集体协商工作效果具有十分重要的意义。

总之，建立并应用集体协商评估机制，可以客观地反映集体协商的

---

① 非零和博弈是一种合作下的博弈，博弈中各方的收益或损失的总和不是零值。它区别于零和博弈，在经济学研究中比较有用。在这种状况下，自己的所得并不与他人的损失的大小相等，连自己的幸福也未必建立在他人的痛苦之上，即使伤害他人也可能损人不利己，博弈双方存在双赢的可能，进而达成合作。

② 帕累托最优（Pareto optimality），也称为帕累托效率（Pareto efficiency），是指资源分配的一种理想状态，假定固有的一群人和可分配的资源从一种分配状态到另一种状态的变化中，在没有使任何人境况变坏的前提下，使得至少一个人变得更好。帕累托最优状态就是不可能再有更多的帕累托改进的余地，换句话说，帕累托改进是达到帕累托最优的路径和方法。帕累托最优是公平与效率的"理想王国"。

③ 唐镳，杨振彬. 人力资源与劳动关系管理. 北京：清华大学出版社，2017.

工作进展、政策效果、执法力度、组织和实施的质量，使人们对集体协商现状有一个条理化、精确化的认识；可以客观地对集体协商实践进行评估、分析、比较，并通过对集体协商实践的各类指标进行比较分析，找出工作中存在的问题，有助于提高集体协商的针对性和实效性；可以根据集体协商评估结果的对比，对集体协商实践状况做出评估，促进相关政策措施的及时调整，促进不同企业、行业、区域在集体协商实践中相互学习借鉴，促进职工广泛参与，促进集体协商机制的建立和更好地发挥作用。

二、集体协商评估的原则

（一）客观公正

评估过程是否客观、公正，直接影响到评估的实际效果。因此，评估活动必须阳光操作，所有评估均应该由社会各界和职工监督，确保评估公开。一是将评估工作的主要内容、实施办法、程序步骤等评估流程向社会公开；二是将评估操作过程公开，集中发放评估问卷，现场填写；三是将评估结果公开，现场向职工公布评估结果。

（二）科学合理

要想评估活动反映实际，关键是评估机制的科学性。为保证评估活动科学合理，一是应该制定严谨细致的日常工作考核细则，做到考核目标量化细化；二是应该建立动态评估档案，详细记录每年一次的评估过程和结果；三是应该丰富评估形式，有必要的还可以开通职工网上评估，让职工"点赞"或"拍砖"；四是评估时间要集中，每年开展集体协商后，都应及时进行职工评估；五是应该网上公开评估结果，由职工评判监督。

（三）注重实效

能否突出集体协商评估重点，要看集体协商是否实现了企业要的绩效及员工要的报酬，即是否对等实现了企业要的绩效和员工要的报酬，是否实现企业与员工共创、共享、共赢，是否朝着构筑劳动关系双方利益共同体、事业共同体、命运共同体、使命共同体的目标迈进。

三、集体协商评估的内容

对集体协商制度运行情况进行评估，是推动企业、行业、区域依法开展集体协商、规范签订集体合同的一项重要措施，有利于促进集体协商机制的普遍建立、提高集体协商制度的执行力和执行效果，更好地规范集体协商过程，检验集体协商工作效果，充分发挥集体协商制度在促进企业发展、维护职工权益中的重要作用，同时，通过评估发现、解决问题，也能够不断促进健全集体协商规则体系。

集体协商评估体系的基本内容应该覆盖集体协商制度建设、执行和实施工作的基本要素，包括集体协商工作评估主体的确定（谁评估）、客体的确定（评估谁）、评估标准和程序的确定（如何评估）、评估结果运用的确定（评估后怎么办）等几方面的内容。集体协商工作的评估机制应确保评估主体构成合理、评估内容完备、评估程序科学、评估结果客观公正。

集体协商评估指标体系设计必须考虑的主要因素包括社会共识、职工获得感、企业发展和和谐劳动关系建设等。

（一）社会共识程度

（1）各级党政对集体协商的重视支持程度。把集体协商纳入当地经济社会发展规划、党政工作目标考核体系、党政年度工作报告；当地党政主要领导听取集体协商工作汇报，对集体协商做出指示；建立比较完善的政府主导集体协商工作机制，协调劳动关系三方机制在推动集体协商中发挥重要作用，开展联合要约、联合培训、联合总结表彰典型、联合督查等工作。

（2）劳动关系双方是否树立了通过集体协商解决劳动关系问题的理念。资方理解支持协商的公开表示和具体行动，资方主动发出要约数量的增加；通过调查问卷、第三方机构调查等方式反映职工对集体协商的知晓率、支持率不断提高及职工对集体协商认可支持的具体表现；在发生具体劳动争议时，劳动关系双方主动采用沟通、协商、协调的办法解决分歧；等等。

（3）社会舆论和专家学者关注、了解、支持集体协商的情况。有关集体协商的新闻报道和学术论文数量；集体协商先进典型、集体协商相关立法或其他具体工作引起社会广泛关注；著名专家学者关注、认可或赞同集体协商的相关文章和公开表态；等等。

（二）职工获得感

（1）建立工资共决机制，保障职工参与收入分配的话语权。企业内部收入分配、工资标准由劳动关系双方平等协商确定，方案制定过程公开透明；职工通过民主选举协商代表，能够充分表达对工资标准制定的相关诉求；职工对企业内部工资收入分配的满意率；等等。

（2）建立工资正常增长机制，促进职工收入与企业发展同步增长。同一企业或行业开展集体协商后职工工资增幅明显；一个地区或行业开展集体协商的企业职工平均工资增幅与本地区、本行业平均工资增幅的比较；一个地区或行业开展集体协商的企业职工工资增长与 CPI 增长的比较，与GDP 增长是否同步；等等。

（3）理顺企业收入分配关系，缩小企业内部收入分配差距。企业中高层管理人员与一线职工的收入差距是否合理，一线职工收入在工资总额中的比重怎样；国有企业通过集体协商机制合理确定企业管理层和一线职工收入的比例关系。

（4）职工参与企业决策的程度，职工在企业中的主人翁地位是否得到保障。涉及职工切身利益的事项纳入集体协商内容的多寡；通过职工民主测评、第三方调查等反映职工对集体协商工作满意度是否提高。

（三）促进企业发展

（1）改善企业用工环境，促进企业职工队伍稳定。企业、行业职工流动率；是否消除了企业之间相互挖人的用工无序竞争，行业发展更加规范稳定；企业、行业吸引了更多高素质、高技能的人才。

（2）企业决策科学民主程度，促进管理水平不断提高。职工参与企业决策制定的积极性提高；企业发展透明度不断提高，各项决策得到职工充分理解支持；在企业经营困难的情况下，职工理解支持企业，与企业同舟共济，共渡难关；企业关爱职工，视职工为第一资源，企业的竞争力不断增强。

（3）增强职工工作主动性，提高企业经济效益情况。职工积极为企业发展献计献策，努力回馈企业；企业开展集体协商后，在劳动条件不变的情况下劳动生产率有所提高。

（四）发展和谐劳动关系

及时预防、化解劳动关系矛盾。集体协商建立了职工利益诉求表达的渠道，可以有效预防和化解企业因劳动报酬等引发的劳动争议，使劳动关系矛盾可防可控；在出现劳动关系矛盾苗头或者发生劳动关系争议特别是集体争议时，通过集体协商及时预防矛盾发生或及时解决争议，减少劳动争议数量；有效预防群体性事件的发生，本地区、本行业因劳动关系矛盾引发的群体性事件减少。

四、集体协商评估的主体

评估主体在评估活动中发挥着主导作用，决定着评估标准的选取、评估范围的确定以及评估方法的选择，最终决定着评估工作的成效——真实性、科学性、有效性。

如果评估主体和评估对象同属于一个组织体系，由于它们之间存在着千丝万缕的利害关系，这样的评估往往缺乏足够的独立性，也很难保证评估结果的公正客观。因此，只有确保集体协商评估主体构成的合理性，才能保证评估结果的客观、公平、公正。确保评估主体构成的合理性，必须坚持以下几项原则。

（一）评估主体相对独立

确保评估主体的独立性是评估机制顺利实施的前提，也是保证评估结果客观、公平、公正的前提。如果集体协商评估主体缺乏独立性，评估主体同时也是集体协商实施主体，或与集体协商实施主体之间存在特殊利益关系，那么集体协商评估就会受到决策者或决策实施者的影响，甚至偏重于证明自己的决策是正确的，自己的工作是有效的。这样集体协商评估结果就会失去客观、公平、公正，或难以被广大职工接受。因此，只有确保集体协商评估主体的独立地位，确保集体协商评估主体与被评估主体之间不存在利益关系，才能保证评估工作顺利开展，保证评估结果的客观、公平、公正。

（二）评估主体广泛多元

目前，我国集体协商评估大多以地方工会操作为主。这种评估主体的单一化往往使得评估结果带有片面性。要改变这种状况，做到评估工作真实、科学、有效，必须保证评估主体结构合理，即评估主体应该具有广泛的代表性，必须构建由"受到集体协商工作影响的相关利益群体代表"等各方构成的多元评估主体。

（三）评估主体利益相关

集体协商评估主体应能够表达出集体协商所涉及的各个利益群体的愿望，尤其是职工的愿望。如果集体协商评估不能直接与职工利益相关，不能让职工亲身感受到集体协商给他们的生活带来的变化和好处，评估结论就不会很全面。因此，应该增加职工代表直评数量，充分发挥广大职工涉身其中比较了解集体协商在基层具体实践情况的优势。作为集体协商的直接服务对象，广大职工最有发言权、最了解这项工作的实际情况，注重他们的评估意见，有利于评估结果的客观、公平、公正，可以更好地保证评估结果的真实性。这里应该特别强调，工会开展集体协商虽然应该有第三方评估，但尤其需要强调职工的评估（见图 12-1）。职工不是第三方，但职工的评估比第三方更有力、更重要。因为从工会与职工的服务与被服务的关系而言，被服务方面的意见应该具有决定性。工会服务职工并不像商业合同，纠纷出来了一定要找一个中间人去评断，如果职工不满意工会的作为，服务就要改变，这是不能讲条件的。

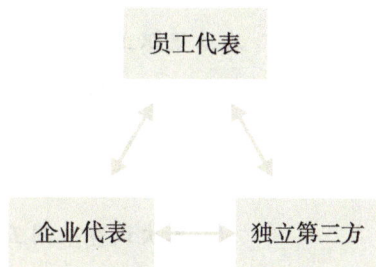

图 12-1　集体协商主要评估主体

总之，在选择评估主体时，一定要突出评估主体的独立性、广泛性、相关性，确保评估结果的真实、客观、可接受度高。

集体协商评估主体之间，更多的是合作关系，基于较高的职业素养，凝聚共识，协同完成集体协商评估工作。

五、集体协商评估的方法

集体协商评估方法是对集体协商评估时采用的技术方法。集体协商评估方法的选择主要取决于评估内容。一般来讲，集体协商评估内容包括定性和定量两方面。在具体实施集体协商评估时，要依据评估的具体内容来选择恰当的评估方法。

（一）定性内容的评估方法

对于定性的内容，比如企业品牌的社会认知、企业社会责任、职工方关系满意度、劳动关系氛围等，可以采用问卷调查的方法来获取相关评估信息，也可以采用民主评议的方法进行信息提取。下面是一个关于职工方对企业集体协商满意度调查的问卷，以作示例。

职工方集体协商满意度调查问卷（示例）

问卷说明

《职工方集体协商满意度调查问卷》是公司与职工方之间交流的平台，在这里职工方可以站在独立客观的角度上，为公司集体协商的发展提出建议与措施，给我们中肯的意见或建议。

本次调查实行记名方式，请职工方畅所欲言，如实地反映自己对各项问题的观点。

本次调查采用五点计分法对题目进行计分，5分为最高分，1分为最低分。请在分数下面的方框中标记"√"即可，每个题目只能选1个分数。具体说明如下：

5分	非常同意或者满意
4分	比较同意或者满意
3分	一般同意或者满意
2分	比较不同意或不满意
1分	非常不同意或者不满意

谢谢您的配合与支持。

被调查人员信息

姓名：_____ 所在部门：_____

岗位：_____ 入职时间：_____

一	职工方对集体协商的满意度						
序号	题目	分数分布					满意度不高的原因（4分以下请填写）
		5	4	3	2	1	
1	公司的集体协商制度明确、公平、合理						
2	公司每两年至少开展一次集体协商						
3	公司的集体协商职工方代表能够代表广大职工方利益						
4	公司的集体协商流程合法规范						
5	通过集体协商，职工方的要求得到了合理的满足						
二	职工方对工作条件和报酬的满意度						
1	我对目前公司提供的薪酬表示满意						
2	公司给予的福利保险措施得当						
3	公司提供的假期安排让我满意						
4	工作中需要的工作工具设备和劳保用品能够得到保障						
5	对工作的意见和提议能够有效地反馈和落实						
6	我的工作和生活很少产生冲突						
7	公司安排的业余生活丰富多彩，有益身心健康						
8	我的工作场所温度宜人，光线明亮，干净整洁，让我感到舒适						
三	开放问题						
1	如果您还希望针对这份问卷中的相关话题发表其他见解，请将您的意见写在以下空白处，并说明是针对哪一条。						
2	您认为公司集体协商目前存在哪些问题？						

（二）定量内容的评估方法

对于定量指标，一方面要确保数据来源的可靠性；另一方面要用专业技术方法对数据进行加工处理。比如，工资增长率、员工离职率、劳动争议发生率及财务、绩效类指标，就要严格按照相应的规则和口径进行数据计算。

六、集体协商评估的程序

集体协商的评估程序是集体协商评估的路线图和施工图，也是集体协商评估质量的重要保障。确保集体协商评估程序的科学性是保证集体协商评估科学、规范、高效的重要环节。一般来讲，集体协商评估应遵循如下程序（见图12-2）。

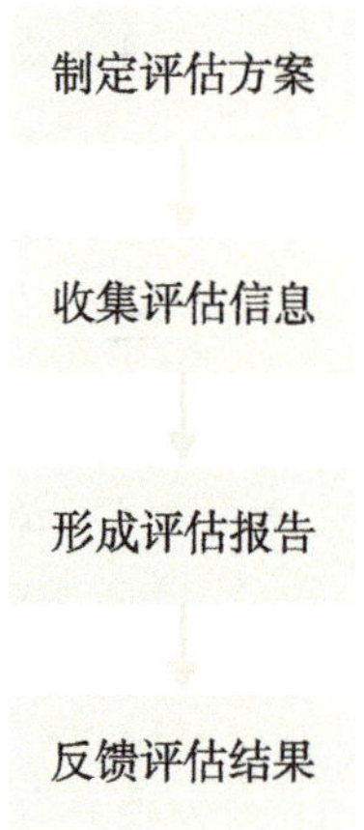

（一）制定评估方案

对确定开展评估的集体协商，要成立专门的集体协商评估小组，组织职工代表开展评估活动，或者组织相关部门和专家、学者或委托有资质的第三方机构进行。集体协商评估方案要准确把握评估重点，明确评估牵头和协助部门责任，并建立专项档案，适时组织实施。

制定评估方案

↓

收集评估信息

↓

形成评估报告

↓

反馈评估结果

图 12-2　集体协商评估程序

（二）收集评估信息

不同的评估视角有不同的评估指标，不同的评估指标的信息获取有不同的渠道和方法。无论评估信息或数据如何获取，都一定要确保准确、可信。

（三）形成评估报告

综合收集掌握的情况，对集体协商评估事项实施的前提、时机及后续工作进行科学的预测分析和研究。

（四）反馈评估结果

评估主体将结果反馈给劳动关系双方，指出问题，提出建议。

总之，对集体协商要建立一套规范的评估机制，应确保评估主体构成合理、评估内容完备、评估程序科学、评估结果客观公正，从而为在更深层次提升集体协商实效奠定基础。

七、有效集体协商的特征

集体协商评估主体对照上述评估指标，依照上述评估程序对集体协商进行评估，对集体协商是否有效给出判断和结论，从而判断集体协商各项目标是否达成，并借此制定出集体协商优化和改进方案。

一般来讲，有效的集体协商具备以下几个特征：

（1）集体协商主体及过程合规、规范。主体和过程的合规、规范是集体协商的底线要求，集体协商只有在此基础上才有进一步讨论是否有效的意义。

（2）集体协商使得主体及各利益相关者关切的评估指标达到预期的目标值。站在集体协商的主要参与主体和其他利益相关者的角度，综合各方关切的指标的达成情况，是评估集体协商是否有效的关键。

（3）集体协商投入-产出比比较高。集体协商的过程需要一定人力、物力、财力等资源的投入。在达成相同效果的情况下，集体协商的综合投入越低，集体协商的效率越高，集体协商就越有效。

第 2 节 集体协商改进

一、集体协商改进的必要性

首先，集体协商是在一定的内外部环境下进行的，内外部环境中的各要素总是动态变化的，内外部环境的变化会对集体协商的内容、程序等产生相应的影响，因此，对集体协商进行动态的改进与完善是必要的。

其次，在开展集体协商时难免会出现一些偏离目标或程序的不规范的地方，对集体协商机制进行适时的复盘、查找问题、纠偏是必要的。

二、影响集体协商的主要因素

影响集体协商的因素有很多种，归纳起来，主要是内部因素和外部因素两大类。

（一）外部因素

1. 法律因素

中华人民共和国成立以来，尤其是改革开放以来，国家的法制化进程不断加快，中国特色社会主义法制体系不断建立和完善，与集体协商相关的劳动法律体系也不断制定和完善。相关法律与政策的修订和完善直接影响着集体协商的基础和依据，进而直接牵引着集体协商的走向，推动着集体协商不断改进和完善。

2. 经济因素

经济条件是集体协商的主要物质基础。良好的经济环境，可以为企业的发展提供较好的发展机会，提高企业的营业收入和利润，从而为集体协商提供可靠的物质保障，使集体协商具有可行性。相反，如果经济环境不理想甚至恶化，企业的发展就会受到制约甚至负面影响，最终也会影响集体协商的开展。

3. 竞争因素

企业总处在一定的行业中，难免与同行业企业进行竞争，尤其是"红海"领域的企业。人才竞争是企业竞争的重要组成部分，为了提高企业竞争力，行业内企业难免通过提高薪酬水平或工作条件来吸引人才。行业内企业薪酬水平或工作条件的提高，势必会对企业开展集体协商产生间接影响。

（二）内部因素

1. 企业的经营业绩

企业经营业绩的好坏直接决定了集体协商的物质基础。通常来讲，企业的经营业绩处在动态变化之中，业绩的变化自然会对集体协商尤其是工资集体协商的标的大小及协商空间产生直接影响。

2. 集体协商的实施过程的规范性

集体协商在我国企业推行的时间还不长，真正开展集体协商的企业还不多。在已开展集体协商的企业中，"不敢谈""不会谈"的问题还很突出，很多企业开展集体协商处于被动应付状态，没有严格执行集体协商的程序，过程很不规范。整体而言，企业集体协商过程的规范性还有一定的改善空间。

3. 集体协商的实施效果

对集体协商效果的评估，也就是检视相关利益主体通过集体协商达成目标的情况。在集体协商评估中发现的问题需要进行针对性的改进和完善。

三、集体协商改进的原则

集体协商改进是集体协商良性发展的主要途径。集体协商改进应遵循如下原则。

（一）针对性原则

集体协商的改进应该以问题为导向，即针对集体协商相关具体问题进行改进，以最终解决问题为目的。

（二）动态性原则

集体协商的改进是根据内外部环境及自身实施情况与时俱进地动态进行的，而不是一劳永逸的。

（三）及时性原则

集体协商的改进应该在集体协商后及时进行，迟滞的改进不仅会积累问题，而且不利于后续集体协商的进行。

（四）客观性原则

集体协商的改进应基于集体协商评估和内外部环境的变化，并非主观随意的。集体协商的改进要改之有据。

四、集体协商改进的路径与方法

集体协商如何才能进行改进？集体协商改进是一个动态的循环过程，

如图 12-3 所示。集体协商改进的基本路径是：在结束一次集体协商之后，要及时对集体协商进行复盘。复盘包括集体协商评估和集体协商内外部环境变化的评测两个方面，集体协商评估的具体内容在本章第 1 节已经讲述，对于集体协商内外部环境变化的评测，主要评测因素包括法律、经济、竞争及企业经营等的变化情况。在集体协商复盘的基础上，要制定集体协商改进方案，改进方案要以问题为导向，要明确哪些地方需要改进，为什么要进行改进，改进的路线图、时间表和任务是什么。

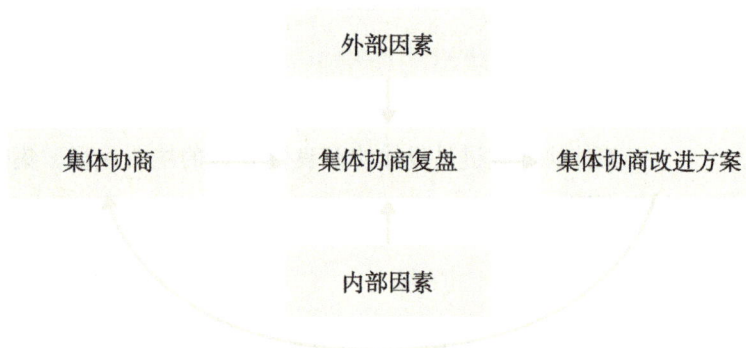

外部因素

集体协商 —— 集体协商复盘 —— 集体协商改进方案

内部因素

图 12-3 集体协商改进循环

第3节　各地集体协商评估和改进的做法

一、各地集体协商评估工作的主要做法

四川省内江市是我国较早开展集体协商评估的地区。该市 2010 年启动企业工资集体协商工作等级评价工作，2013 年《内江市企业工资集体协商工作等级评价体系标准》获得四川省质量技术监督局批准颁布实施，上升为地方标准。

2013 年前后，多数地区集中着手开展相关工作，发布了集体协商评估相关制度或管理办法。从各地制度的名称上看，略有差异，有"质效评价规范/标准""质量等级分类标准""质量达标标准""规范化标准"等，还有个别地区称为"集体协商工作成熟度评价"标准。

实施集体协商评估制度的主体目前多以地方工会组织为主，部分地区是联合三方共同进行评估，如河北省、辽宁省。江苏省是以地方标准的方式确定集体协商的评价规范，由省质检部门发布。天津市则借助"互联网＋"模式，由社会第三方依据本地区行业集体协商工作试行标准开展评估工作。

各地集体协商评估的工作定位虽有不同，方式亦有差别，但目的相同、内容相近。

1. 定位不同

北京市的办法为"工资集体协商规范化建设指引标准"，将其定位为指引，只提供项目内容和规范化标准，不设定具体分数，目的在于引导企业使用这一标准进行对照检查，其他的省份实施统一的标准，多数都有评价的具体内容、指标、标准和对应的分值。据此，对企业的评价结果能进行横向比较，能形成差异化的评定结果，并为进一步部署建制工作目标和促进集体协商工作提质增效提供依据。

2. 方式不同

第一类是规定规范化标准或达标标准，不做等级或分数评定。建制企业或行业（地区）通过与评价体系的一系列标准进行对比，得到规范与否或达标与否的评价结果。例如，北京着眼于推进集体协商建制工作的规范化，发布标准的目的在于对协商准备、主体、程序、效果及合同履行、满意度测评予以规范，指导企业对照参考，自我改进；辽宁设定分阶段的工资集体协商质量达标率目标，推动集体协商工作。

第二类是达标等级评价标准。评价结果不仅可以判定是否达标，还可以进一步区分等级，一般分2～3个等次递进。例如，上海设置6个条件作为基本达标单位评定的依据，在此基础上依次评定达标单位和示范单位，条件逐级递增。河北等地先通过统一的标准进行评价，再设定分阶段、分层次的工作目标，引导企业以"达标"促质量提升。按照河北省的《工资集体协商规范化标准体系》衡量，得分70～85分确定为达到B类标准；86分及以上的，确定为A类标准。逐年对各地区两类标准的企业（行业、区域）依比例提出目标要求，"2018年底，达到B类标准的企业（行业、区域）不低于30%，达到A类标准的企业（行业、区域）不低于40%"。

第三类是百分制评价标准。评价主体能够对建制企业（行业/区域）进行定量评价。如江苏、四川、山西等。

3. 范围不同

评价工作的内容范围以针对工资集体协商为主，覆盖集体协商的较少；评价对象多数仅针对开展协商的单个企业，对区域、行业协商只有参照作用；只有少数地区单独制定了区域、行业集体协商适用的质量评估标准。

4. 评价项目接近

除上海外，其他地区的评价标准总体上可以分为 5～6 个评价项目，其中以对协商准备、协商程序、协商效果、合同履行和满意度的评价最为多见。在满意度评价中，除职工满意度、行政方满意度外，有的地区还针对职代会进行满意度测评。部分地区对职工参与度、知晓率进行了测评。

二、评估结果应用

对于被评估出不同结果的建制企业，各地普遍采用分级管理和双向激励的手段，推动集体协商扩面、提质、增效。

分级管理主要有分级指导和分级（类）监管两种主要思路。分级指导的做法以内江市为例：逐项评定后按百分比值考核，评出 A，B，C 级企业。评为 A 级的企业要注重巩固，在协商制度化、长效化上下功夫，力求在工资增长上有新突破；评为 B 级的企业要注重提升，推动其在 1～2 年内进入 A 级行列；评为 C 级的企业要注重转化，采取领导定点联系、指导员驻点指导等措施，促进转化升级。因拖欠职工工资、职工要求增加工资和改善劳动条件而引发集体停工事件的企业不予评级。

分级（类）监管的办法以江苏滨海县为例。对评定为 A 级的企业和单位，适当减少劳动监察日常巡视的检查次数，工会的工作重点是帮助完善提高、提质增效；对评定为 B 级的企业和单位，适当增加劳动监察日常巡视的检查次数，工会的工作重点是帮助落实整改措施；对评定为 C 级的企业和单位，列入劳动监察重点对象，强化劳动监察日常巡视检查，工会的工作重点是一对一驻点，敦促其集体协商建制，做到一天未建制，驻点人员一天不撤离。

对于评估结果较好的企业，有的地区采用"优先推荐劳动关系和谐企业""劳动用工诚信企业"等正向激励措施。多数地区采用的是与"评先树模"挂钩、与享受政府的政策优惠补助挂钩的工作思路。

辽宁省把集体协商八项内容、八项程序以及行业协商、二次协商、工资增长和建立集体协商履行评估检查制度等涉及职工权益保障的内容，作为全省劳动关系诚信企业的建设标准，纳入省政府信用建设系统。四川省内江市较早实行了"一票否决"办法：未达到 A 级的企业，不得评为协调劳动关系三方（四家）省级以上各类先进，其负责人不得评为省级以上劳动模范、不得评选五一劳动奖章等；未达到 B 级的企业，不得评为三方（四家）市、县级各类先进，其负责人不得评为市级劳动模范、不得评选全国五一劳动奖章等。

↘ 本章小结

集体协商评估是对集体协商实施过程及结果的综合评价，集体协商评估是集体协商改进的基础和重要依据。因企业内外部环境不断变化，集体协商需要与时俱进地动态调整与完善，以达到最佳的协商效果。

如何在集体协商制度的建设过程中进行制度的评估与改进，如今显得格外重要。在本章中，我们回答了谁来评估、怎么评估、评估什么、谁来改进、为何改进、如何改进的问题，从这些方面阐述集体协商评估与改进对于构建和谐劳动关系的意义。

↘ 关键词

集体协商改进　　集体协商评估

↘ 复习与思考题

1. 如果你是一个公司的人力资源经理，你们公司已经进行了两年的工资集体协商。现在公司领导层希望对集体协商的效率进行评估，请你制定详细的评估方案。

2. 如果你是一个公司的人力资源经理，你们公司已经进行了两年的工资集体协商。现在公司领导层希望对集体协商的效率进行评估，请你从企业方和职工方两个角度制定评估指标。

3. 如果你是一个公司的人力资源经理，你们公司今年刚刚进行了第一次集体协商。对今年的集体协商进行评估后，你如何根据今年的评估结果进行改进？

↘ 案例分析

松下电子材料（广州）有限公司工资集体协商复盘总结

公司开展工资集体协商已经走过七个年头。协商是从 2011 年开始的，分为工资和福利两个方面，2011—2014 年工资高速增长，每年都在两位数以上，这段时间的重点在工资。随着基数的扩大，2015—2017 年进入个位数增长，除了工资外，福利及员工关怀更多地体现出来，略做总结与大家共勉。总共分成取得的成绩、成功的经验、失败的教训、未来的思考四个部分。

一、取得的成绩

1. 工资

	2011 年	2012 年	2013 年	2014 年	2015 年	2016 年	2017 年
增幅	114%	113%	112%	110%	108%	108%	108%
累计	114%	129%	145%	160%	173%	187%	202%

2. 福利

住房津贴、伙食津贴、年终奖制度、人事晋升改革、医疗保险、岗位津贴等主要方面进一步完善。

除了以上数字外，更重要的是形成了公司和工会间的一种协商默契。这种默契转化成一种企业文化，根植于公司和员工心中，给公司的长远发展带来一种规律性。

二、成功的经验

2010 年公司第一次开展紧急协商（受外部环境的影响），2011—2017 年顺利地开展了协商，并渐渐使之成为企业的经营构成之一。这期间成功的经验有以下几点。

1. 谈判小组的组建要精心筹备

协商必须是谈判的过程，那么谁来谈，多少人来谈，要谈出什么结果，都要通过谈判小组人员的努力才可以做到。因此，选谈判成员时应充分把握几个方面：

（1）代表必须由全公司民主产生。公司通过无记名投票按 20% 选出员工代表，然后在员工代表中选出谈判代表，确保了代表的民主性。

（2）在员工代表中选谈判代表时，主席要根据自己的经验有倾向性地提名个别候选人，确保谈判代表知识水平较高，谈判能力较强，并且在日常工作中与公司高层有足够的面熟度。

（3）参选候选人必须充分自愿。

2. 会前资料要充分准备

谈判是沟通的高级形式。如何谈，谈的主题由谁决定，如何说服对方，这些都是难点。为了尽量争取得到公司的理解，要做好充分的准备。

（1）每年从 1 月 1 日起公司会从市政府的网页和《广州日报》上注意有关信息，特别是物价指数、工资指导线等数据。

（2）对员工的日常支出做充分的问卷调查。

（3）对公司过去一年的收支数据精确把握。

（4）整理好物价上涨、经济增长、公司业绩提升、个人消费支出增长，因此需要调整工资和福利的资料，让协商做到有理有据。

3. 事前沟通要做足

（1）与公司高层的沟通。事前与公司高层做到充分沟通，稍稍透露工会希望谈的目标，让对方有一定的思想准备。同时把员工的想法事前进行说明，当然这个说明是倾向性的谈话，不能涉及谈判的底线数据等。

（2）工会小组内部的沟通。什么是可以谈的，什么是不能谈的，哪些地方可以让步，我们的底线在哪里，如果出现超过底线的结果怎么办，这些都要先有预案，特别是有些代表可能提出代表极少数人想法的意见并且很坚持，这种情况要坚决控制住，以免影响整体谈判进度。

三、失败的教训

1. 谈判过程气氛没控制好

工资协商毕竟是企业内部的协商，不是你死我活的谈判关系。我们谈的目的是要达成一致，尽可能是双赢的结果，而不是要谈崩。

谈判开始阶段双方都会小心翼翼，但随着谈判的进行，如果始终不能找到共同点，有些代表就控制不住说话的语气了，从而造成气氛异常紧张，以至于本来是很小的问题，却影响到整体的谈判进展。在 2012 年谈判的过程中出现过类似的问题，吸取教训，以后就没发生过了。

2. 个别小集团的利益影响谈判进度

在几轮协商中，不会完全按会前的设想来进行谈判。个别代表在谈判中会受到员工的一些意见的影响而临时对一些只代表小部分人的意见进行深挖。这些关乎小部分人利益的意见很容易被对方拿来做文章，认为谈的内容不具有整体性，从而对整体方案提出质疑。这种情况在 2013 年谈判时出现过。这与代表的认识水平有关，应通过内部沟通让他们意识到整体谈下来才是目的，小部分人的利益可以通过与企业方的日常沟通来解决，不要因为这些影响整体。

四、未来的思考

1. 职工的期待越来越高

（1）通过七年的协商，职工的工资已经翻番，相对于开发区同行来说也是中上水平的。根据工资的刚性原理，只要企业后续没有出现大的生产销售下滑，职工对工资的增长要求就会参考前几年的增长比例。

（2）最近两年协商后虽说已在职代会上向大家说明以后的比例不可能与以前一样，大家要做好思想准备，但对于明年实际操作时大家会如何考虑，还是有点担忧。特别是今年公司生产、效益都创出历年最好成绩，员工的期待又多了几分。但公司只是集团的一个子公司，集团整体并不太好，公司要受到整个集团在中国区的横向比较影响。这使得谈判结果不会只由本公司的经营情况决定，还要受到整体集团情况的影响。

2. 工会在公司的价值如何体现

工会每年对公司提出工资、福利等方面的要求，都是硬指标，都需要公司增加费用来完成，但是工会的工作不能直接体现在增加公司的利益上。这主要受限于工会委员会成员的工作都是兼职的，并且鼓励员工努力生产并不能很方便地直接计算出员工对公司的贡献度。

后面的路如何走，重点要考虑工会的价值如何在公司经营中体现，只有这样才能得到公司的对等回复。这也是同行企业面临的问题，需要共同来考虑。

思考：

1. 请结合实际，谈谈你对我国集体协商改进有何建议。

2. 请分析松下电子材料（广州）有限公司工资集体协商为何会成功。

参考文献

[1] 中华全国总工会组织部，中华全国总工会集体合同部．全国工会工资集体协商培训教材．北京：中国工人出版社，2011.

[2] 刘燕斌．国外集体谈判机制研究．北京：中国劳动社会保障出版社，2012.

[3] 张建国．集体协商工作问答．北京：新华出版社，2012.

[4] 吴清军．集体协商与"国家主导"下的劳动关系治理：指标管理的策略与实践．社会学研究，2012，27（3）：66－89，243.

[5] 张建国，徐微．工资集体协商典型案例分析：企业篇．北京：中国工人出版社，2014.

[6] 宋湛．集体协商与集体合同．北京：中国劳动社会保障出版社，2008.

[7] 程延园．集体谈判制度研究．北京：中国人民大学出版社，2004.

[8] 张军．浅议商务谈判僵局的处理方法与技巧．中国职业技术教育，2004（6）：53－54.

[9] 唐镳，杨振彬．人力资源与劳动关系管理．北京：清华大学出版社，2017.

[10] 纪明波，强磊．集体协商谈判规程与谈判技巧．北京：中国工人出版社，1996.

[11] 刘继臣．共同的约定：集体合同与劳动合同．北京：中国工人出版社，2010.

[12] 周建春．我国集体协商制度下集体合同变更与解除的困境．法商论坛，2011（2）：195－196.

[13] 什么是集体合同的变更或解除，变更或者解除集体合同的条件和程序是什么．劳动和社会保障法规政策专刊，2008（8）：38－39.

[14] 李文军．集体合同法律问题研究．重庆：西南政法大学，2003.

[15] 闻效仪．转型期中国集体协商的类型化与制度构建．北京：社会科学文献出版社，2016.

[16] 张建国，石毅．关于行业集体协商情况的调研报告．中国劳动关系学院学报，2012，26（4）：51－57.

[17] 徐璐，林瑶．新法团主义视角下的中国多雇主谈判：现状、典型实践及政策启示．中国劳动关系学院学报，2016（5）：1－11.

［18］郑东亮，唐鑛.高级劳动关系协调师：国家职业资格一级.北京：人民出版社，2014.

［19］中华全国总工会统计年报.

［20］中国统计年鉴.

［21］Bispinck，R.，&Schulten，T. Sector-level bargaining and possibilities for deviations at company-level：The case of Germany. Paper for the Eurofound Project："The functioning of sector level wage bargaining systems and wage setting mechanisms in adverse labour market conditions"，Düsseldorf，2010.

［22］Adams，R. J. Collective bargaining：The Rodney Dangerfield of human rights. Labor Law Journal，1999，50(3)：204.

［23］Rose，J. B. Legislative support for multi-employer bargaining：The Canadian experience. ILR Review，1986，40(1)：3-18.

［24］Tomassetti，P. The shift towards single-employer bargaining in the Italian car sector：Determinants and prospects at FIAT. E-Journal of International and Comparative Labour Studies，2013.

图书在版编目（CIP）数据

集体协商与集体谈判/唐鑛，嵇月婷主编 . —北京：中国人民大学出版社，2019.11
ISBN 978-7-300-27512-3

Ⅰ.①集… Ⅱ.①唐… ②嵇… Ⅲ.①劳动关系－研究－中国 Ⅳ.①F249.26

中国版本图书馆 CIP 数据核字（2019）第 226925 号

集体协商与集体谈判
主　编　唐　鑛　嵇月婷
Jiti Xieshang yu Jiti Tanpan

出版发行	中国人民大学出版社		
社　　址	北京中关村大街 31 号	**邮政编码**	100080
电　　话	010 - 62511242（总编室）	010 - 62511770（质管部）
	010 - 82501766（邮购部）	010 - 62514148（门市部）
	010 - 62515195（发行公司）	010 - 62515275（盗版举报）
网　　址	http://www.crup.com.cn		
经　　销	新华书店		
印　　刷	固安县铭成印刷有限公司		
开　　本	787 mm×1092 mm　1/16	**版　　次**	2019 年 11 月第 1 版
印　　张	18	**印　　次**	2026 年 1 月第 4 次印刷
字　　数	280 000	**定　　价**	98.00 元

中国人民大学出版社　管理分社

教师教学服务说明

中国人民大学出版社管理分社以出版工商管理和公共管理类精品图书为宗旨。为更好地服务一线教师，我们着力建设了一批数字化、立体化的网络教学资源。教师可以通过以下方式获得免费下载教学资源的权限：

★ 在中国人民大学出版社网站 www.crup.com.cn 进行注册，注册后进入"会员中心"，在左侧点击"我的教师认证"，填写相关信息，提交后等待审核。我们将在一个工作日内为您开通相关资源的下载权限。

★ 如您急需教学资源或需要其他帮助，请加入教师 QQ 群或在工作时间与我们联络。

中国人民大学出版社　管理分社

教师 QQ 群：648333426（工商管理）　114970332（财会）　648117133（公共管理）
教师群仅限教师加入，入群请备注（学校＋姓名）

联系电话：010-62515735，62515987，62515782，82501048，62514760

电子邮箱：glcbfs@crup.com.cn

通讯地址：北京市海淀区中关村大街甲 59 号文化大厦 1501 室（100872）

管理书社

人大社财会

公共管理与政治学悦读坊